LE CAMPUS

Joomla! 1.5

Hagen Graf

PEARSON

Pearson Éducation France a apporté le plus grand soin à la réalisation de ce livre afin de vous fournir une information complète et fiable. Cependant, Pearson Éducation France n'assume de responsabilités, ni pour son utilisation, ni pour les contrefaçons de brevets ou atteintes aux droits de tierces personnes qui pourraient résulter de cette utilisation.

Les exemples ou les programmes présents dans cet ouvrage sont fournis pour illustrer les descriptions théoriques. Ils ne sont en aucun cas destinés à une utilisation commerciale ou professionnelle.

Pearson Éducation France ne pourra en aucun cas être tenu pour responsable des préjudices ou dommages de quelque nature que ce soit pouvant résulter de l'utilisation de ces exemples ou programmes.

Tous les noms de produits ou marques cités dans ce livre sont des marques déposées par leurs propriétaires respectifs.

Publié par Pearson Éducation France
47 bis, rue des Vinaigriers
75010 PARIS
Tél. : 01 72 74 90 00

Collaboration éditoriale : Hervé Guyader

Réalisation PAO : Léa B.

ISBN : 978-2-7440-2251-7

Titre original : *Joomla! 1.5*

Traduit de l'allemand par Olivier Engler

ISBN original : 978-3-8273-2531-0

LE CAMPUS

Partie II Administration de Joomla! 1.5

Introduction

Joomla!, c'est comme la vie !

Ce projet Open Source est sans cesse en mouvement. Il est surprenant, il fait parfois l'objet de rudes débats, et son rythme de développement est variable. Quoi qu'il en soit, voilà plus de deux ans que son succès ne se dément pas auprès de ses millions d'utilisateurs tout autour de la planète.

Au départ, il y avait la version stable et appréciée 1.0.x. Mais depuis deux ans, les développeurs travaillent à la nouvelle version Joomla! 1.5, la peaufinant, lissant, rabotant, revenant en arrière, enrichissant et améliorant encore.

Deux années passionnantes se sont écoulées depuis la création de Joomla! en 2005.

L'équipe Joomla! s'est structurée et renforcée. La lignée Joomla! 1.0.0 est allée jusqu'à la version 1.0.14. Dorénavant, tous les efforts sont concentrés sur la version 1.5.

Et les utilisateurs ont accompagné le mouvement. La plupart d'entre eux avait déjà fait migrer vers Joomla! un ou plusieurs sites Web conçus à l'origine avec Mambo. De nombreux utilisateurs sont venus les rejoindre au cours des deux ans passés, sans compter tous ceux qui ne connaissent pas encore ce système.

Joomla! est le système de gestion de contenu (SGC) Web Open Source le plus répandu au monde.

À l'automne 2006, soit un an après le début du projet, les développeurs pouvaient se targuer d'environ 5 millions d'installations sur des serveurs à accès public, tous niveaux de fréquentation confondus. On pouvait compter 45 000 développeurs inscrits travaillant sur 1 100 projets pour enrichir Joomla!. Le forum de discussions de *joomla.org* comptait 450 000 interventions par 50 000 utilisateurs.

Un an plus tard, soit en décembre 2007, voici les chiffres :

- plus de 20 millions d'installations ;
- 28 membres dont 16 dans l'équipe centrale ;
- plus de 2 000 projets d'extension et d'enrichissement pour Joomla! ;
- les forums de discussion Joomla! contiennent plus de 1 millions d'interventions par plus de 100 000 utilisateurs.

Cela représente plus de 100 % d'augmentation en un an !

Les sites Web pouvant être créés avec cet outil vont de la page personnelle au site de commerce électronique professionnel. Dans ce livre, je vais vous montrer comment s'explique la réussite de Joomla! et comment vous pouvez l'exploiter avec succès à votre tour.

La première édition, qui concernait Joomla! 1.0, avait été écrite dans le petit village de Ausleben en Saxe (Allemagne orientale). Il n'y avait pas de connexion ADSL (toujours pas d'ailleurs), encore moins de points d'accès WiFi public, pas de UMTS et aucune multinationale. Bref, le calme absolu. Le livre que vous tenez entre les mains a été écrit à Fitou dans le Roussillon. Plus aucun problème pour avoir un accès ADSL et un point d'accès public WiFi. Il est devenu indispensable de pouvoir être connecté au Web en permanence. Cela accélère la vie quotidienne (même si ce n'est pas toujours un gage de sérénité). En tout cas, de nombreuses choses deviennent plus simples, surtout la gestion des données personnelles d'un individu sans cesse en déplacement. Il fallait continuellement synchroniser les données d'un ordinateur à l'autre, ce qui prenait du temps et provoquait des erreurs.

Qui suis-je ?

Je me nomme Hagen Graf, j'ai 43 ans, et j'habite à Fitou. J'ai une femme adorable et quatre filles. J'anime un blog personnel depuis août 2004.

Mes activités se répartissent entre l'enseignement, le conseil, l'écoute, les tests, la programmation, l'étude de structures, la création d'applications, les questionnements et encore les tests.

Je suis perpétuellement à la recherche de la meilleure description de mon travail. Les deux termes qui me semblent les plus appropriés dorénavant sont « Exploitant de connaissances » et « Consultant en développement ».

La plupart de ces activités peuvent être effectuées en ligne, à distance. Mais il m'arrive aussi d'être en déplacement : visite de clients dans différents pays, autres langues, autres cultures, longs trajets en voiture, en car ou en train. Des temps de réaction admis très courts pour répondre aux messages des clients.

Cette manière de travailler a d'importantes répercussions sur ce que l'on appelle traditionnellement le bureau.

Voilà encore cinq ans, toutes les données critiques étaient rassemblées sur votre PC localement. De nos jours, une foule de fournisseurs d'accès et de services vous proposent un espace disque quasi infini sur Internet. Les fournisseurs d'accès à Internet (FAI) investissent en équipements et la bande passante ne cesse de croître. Les particuliers achètent dorénavant plus d'ordinateurs portables que d'ordinateurs de bureau. La même tendance se constate dans le monde de l'entreprise et la pénétration du marché par les équipements mobiles reliés à Internet ne cesse de se confirmer.

Il m'arrive souvent de travailler en plusieurs endroits sur des machines différentes. Un jour chez moi, le lendemain ailleurs. Le poste de travail depuis lequel j'accède à mes données devient de plus en plus interchangeable. Il me suffit de disposer d'une connexion stable et bon marché à Internet *via* un réseau WiFi, un téléphone UMTS ou une parabole, un navigateur, un écran confortable, un bon clavier, une souris et, évidemment, de l'électricité. Toutes ces possibilités vous obligent plus que jamais à avoir une idée précise de votre projet !

De n'importe où sur Terre, vous accédez à votre capital de messages, d'images et autres documents. Dorénavant, votre bureau se situe là où vous vous trouvez en ce moment.

Comment travaillez-vous ?

Je ne peux évidemment pas deviner comment vous travaillez, mais la plupart des personnes que j'ai pu rencontrer fonctionnent un peu comme décrit plus haut. Certains salariés en entreprise aimeraient adopter une autre façon de faire, mais les règles en vigueur dans l'entreprise le leur interdisent. Le niveau d'expérience en informatique est lui aussi assez constant. La plupart ont utilisé un vieux PC sous Windows à l'école ou à l'université. Puis sur le terrain ils ont appris les dures réalités des applications bureautiques, les pertes de données, le manque de place sur le disque, les problèmes de configuration et d'impression qui s'en suivent. Les merveilleuses imbrications de toutes ces choses sont rendues plus complexes avec l'arrivée de la nouvelle approche orientée utilisateur du Web 2.0. Si vous n'êtes pas passionné au point de vous réveiller la nuit pour modifier une option du système d'exploitation ou pour trier avec soin vos photos et vos fichiers de musique, vous êtes sans doute comme moi, juste très satisfait de constater que vos appareils et vos programmes fonctionnent comme prévu. Ce qui vous intéresse est de pouvoir accéder à Internet et à vos données personnelles en toute sérénité. La possibilité de rester en permanence opérationnel est encore plus importante si vous utilisez un ordinateur depuis votre domicile. Votre employeur économise de la surface de location de bureau, mais vous gagnez de la souplesse d'organisation. Qu'un logiciel ou qu'un matériel se mette en défaut, et cette idylle devient vite un cauchemar.

Quelles sont les évolutions logicielles et matérielles ?

Pour permettre d'accéder à cette nouvelle manière de travailler, il faut bien sûr que les logiciels appropriés soient disponibles : des applications fonctionnant *via* un navigateur comme la messagerie, le commerce électronique, l'agenda de groupe, la gestion documentaire, les forums, les sites de rencontres et de vente aux enchères, et bien sûr les nouvelles plates-formes de mise en réseau du Web 2.0, sont de plus en plus performantes, fiables et simples à utiliser.

Le terme à la mode de nos jours est « Web 2.0 ». Quand on songe à la montée en puissance des mondes virtuels et des nouvelles manières de naviguer dans les informations, on pourrait songer à passer directement à la version 3.0. Pensez simplement aux cartes Google Maps, aux systèmes de navigation, aux passerelles entre monde réel et mondes virtuels, au stockage de photos sur des sites comme *flickr.com* ou aux annuaires de liens du type *del.ico.us*. Vous trouvez tout ce qui peut intéresser un homme sur *digg.com* et accroître votre réseau d'amis et de connaissances, comme tout homme moderne qui se respecte, sur des réseaux sociaux comme *facebook.com* ou *copainsdavant.com*. Vous pouvez même faire savoir si vous êtes connecté ou non grâce à des sites tels que *twitter.com*.

Voilà plus de dix ans, un chanteur très célèbre en Allemagne, Udo Lindenberg, que l'on ne peut soupçonner d'avoir été influencé par Internet, avait écrit une chanson intitulée « Je jure » dont un passage disait à peu près ceci :

« ... parfois je suis clochard, et parfois un grand homme. Je côtoie des présidents et des vagabonds, mais qui donc est vraiment proche de moi ? La vérité ne se montre que quand nous sommes ensemble... ».

Tous les rôles que l'on endosse, tous les contacts que l'on noue, cette capacité d'»être ensemble» et même cette «vérité» pénètrent de plus en plus le monde virtuel et s'imbriquent dans les réseaux.

En effet, les services cités plus haut peuvent entrer en interaction *via* des interfaces et être intégrés à votre site Web. Vous pouvez par exemple imaginer des annonces immobilières avec une indication cartographique. Sur un site tel que Twitter, les possibilités d'accès à des interfaces multiples ont encore plus d'importance que le site Web.

De nos jours, les téléphones portables se combinent aux assistants personnels, lecteurs MP3 et appareils photos. Et le marché s'est encore accéléré avec l'apparition du iPhone. Dorénavant, vous pouvez surfer sur le Web depuis votre mobile, remplir un formulaire puis le valider, envoyer et recevoir des courriels, prendre des photos et les transmettre, écouter de la musique et bien d'autres choses.

Les PC de bureau se miniaturisent et les ordinateurs portables deviennent de plus en plus courants. Les nouvelles tendances concernent les communications sans fil, la poursuite de miniaturisation des composants, le stockage sans partie mécanique (mémoire flash) et enfin l'augmentation de durée de vie et d'autonomie des batteries.

Quelles conséquences pour votre site Web ?

Dans le monde actuel, toute société, institution ou association se doit d'offrir un site Web agréable et polyvalent. Un site moderne, administrable *via* un simple navigateur, capable de remplacer votre armoire d'archives et votre carnet d'adresses, un site accessible depuis les nombreux types de terminaux et qui soit facile à enrichir.

Votre site Web est votre vitrine. Vous y indiquez aux autres ce que vous ou votre société peut proposer. C'est le lieu disponible 24 heures sur 24, tous les jours de l'année pour répondre aux besoins de vos clients. Pendant son développement, votre site Web peut se comparer à un port dans lequel aborder les applications et les données les plus diverses, vous concernant ou concernant votre société. Votre site Web devra donc prévoir des interfaces pour qu'il puisse être exploité à partir d'autres applications.

Jusqu'à récemment, construire un tel site supposait un travail considérable. Même s'il n'était pas obligatoire d'être un spécialiste, un minimum de ténacité combiné à un intérêt pour ce domaine était indispensable pour obtenir un résultat probant. Vous deviez rédiger des pages HTML statiques dans un éditeur HTML puis les transférer par FTP sur le serveur. La moindre possibilité d'interaction (livre d'or, forum, etc.) supposait d'apprendre un langage de programmation. Beaucoup de candidats ont de ce fait et pour des raisons tout à fait valables préféré ne pas se lancer dans pareille aventure et ont fait appel à une agence de communication ou bien ont relégué le projet aux oubliettes.

Mais la solution existe dorénavant, puisque le livre que vous tenez entre vos mains va être votre guide de voyage dans le monde d'un des meilleurs logiciels de gestion de contenus du monde : Joomla!

De quoi parle ce livre ?

Ce livre est bien sûr consacré à Joomla! et à la manière de l'exploiter. C'est un outil très polyvalent, et vous pourrez l'exploiter dans des contextes très divers pour l'adapter à vos attentes. Pour vous offrir une entrée en matière agréable, j'ai mis en place la structure suivante pour ce livre :

- Le Chapitre 1 rappelle les concepts et conventions qui vous seront utiles dans votre découverte de Joomla!.

- Le Chapitre 2 présente l'installation de Joomla! dans différents environnements d'exploitation.

- Le Chapitre 3 passe en revue les données d'exemples installées en même temps que Joomla!.

- Les Chapitres 4 à 11 se consacrent à l'exploitation de la partie administration, à la configuration et la gestion des contenus.

- Le Chapitre 12 présente quelques possibilités d'extension de Joomla!.

- Le Chapitre 13 montre comment concevoir un site Web et créer ses propres modèles (templates).

- Le Chapitre 14 a été écrit par ma collègue Angie Radtke, une experte dans le domaine de l'accessibilité de Joomla!. Elle a créé avec Robert Deutz le modèle d'accessibilité nommé Beez.

- Au Chapitre 15 vous apprenez comment créer vos propres extensions.

- Le Chapitre 16 propose un exemple concret de création d'un site Web avec Joomla!, de l'idée initiale à la mise en service.

- Le Chapitre 17 présente deux templates (modèles) qui sont fournis sur le CD-ROM livré avec l'ouvrage et que vous pourrez utiliser pour votre site Web.

- L'Annexe donne des détails intéressants au sujet des mises à jour, de la sécurité et d'autres points à ne pas négliger.

Que signifie Joomla! ?

Joomla! est tiré du mot swahili « Jumla » qui signifie « tous ensemble ». En septembre 2007, j'ai reçu un courriel d'un lecteur qui m'a précisé que le terme provenait en fait de l'arabe et a été repris en swahili.

Joomla! est le logiciel qui est issu d'une querelle de fond entre la fondation Mambo créée en août 2005 et ses développeurs d'alors.

Joomla! est un descendant du très réputé logiciel Mambo et offre les mêmes fonctions : créer et administrer en toute simplicité un site Internet *via* un navigateur Web.

Joomla! se présente comme un logiciel sophistiqué de gestion de contenus CMS (*Content Management System*). C'est effectivement un des plus performants logiciels CMS du monde du logiciel libre Open Source. Il a été adopté par des milliers de gens pour construire leur site personnel, tout autant que par de très grandes entreprises. Il est simple à installer, à administrer et son fonctionnement est très fiable.

Ce que vous saurez après avoir lu ce livre

Même si vous êtes débutant en informatique, vous saurez mettre en place votre site Web et le gérer *via* un navigateur.

Si vous connaissez un peu le HTML, CSS et la retouche d'images, vous pourrez également concevoir vos propres modèles.

Si vous êtes rompu aux principes du langage PHP et en avez un minimum d'expérience, vous pourrez créer vos propres composants, modules et plugins (alias mambots).

Des questions ?

Si vous avez la moindre question après avoir lu ce livre, commencez par visiter le site Web de référence de Joomla! en France :

www.joomla.fr

Vous pouvez aussi me faire part de vos remarques en m'écrivant à *hagen@cocoate.com* ! Même si la réponse tardera sans doute à venir. :-)

Le site Web du livre

Vous trouverez également quelques compléments (en allemand bien sûr, mais aussi en anglais et certainement bientôt en français) sur le site compagnon du livre à l'adresse *http://joomla.addison-wesley.de*.

Partie

I

INSTALLATION ET PREMIERS PAS

LE CAMPUS

1 **Concepts fondamentaux**

Avant de nous plonger dans Joomla!, je vous invite à revoir quelques concepts relatifs au domaine qui nous intéresse.

1.1 Les systèmes de gestion de contenus (CMS)

L'expression *Système de Gestion de Contenus* est la traduction de CMS, acronyme dans lequel on trouve *Content* (contenu) et *Management* (administration ou gestion). Elle désigne de façon vague un système (logiciel) pour gérer des contenus d'information. Une ardoise et une craie forment un CMS ; l'encyclopédie libre Wikipedia ou le site de vente aux enchères eBay sont aussi des CMS. Dans ces trois exemples, ce sont des contenus qu'il faut gérer. Dans les deux derniers cas, le nombre de membres participants est phénoménal.

Ces membres ont un rôle majeur dans un CMS — soit en tant qu'administrateurs, soit en tant qu'utilisateurs (*users*) ou rédacteurs.

Nous n'en avons pas fini avec les acronymes. À côté des CMS, il existe des systèmes de gestion de données d'entreprise ERP (*Enterprise Resource Planning Systems*), des systèmes de gestion de la relation client CRM (*Customer Relationship Management Systems*), des systèmes de gestion documentaire DMS (*Document Management Systems*), des systèmes de gestion des ressources humaines HRM (*Human Resource Management Systems*), etc. Même les systèmes d'exploitation tels que Windows ou Linux gèrent des contenus.

Cette inflation d'emploi de la notion de contenu rend ardue la définition du concept de CMS. Je trouve la définition suivante tirée de Wikipédia comme très explicite :

« Les systèmes de gestion de contenu ou SGC (de l'anglais Content Management System ou CMS), sont une famille de logiciels de conception et de mise à jour dynamique de site Web ou d'application multimédia. »

Ces derniers temps, c'est l'acronyme ECMS (*Enterprise Content Management System*) qui a le vent en poupe en tant que concept général englobant tous les autres cités ci-dessus.

Joomla! entre dans la catégorie des systèmes de gestion de contenus Web WCMS (*Web Content Management System*), puisqu'il n'est destiné qu'à gérer des contenus qui seront consultés *via* un navigateur Web.

Dans le langage courant, le terme « gestion de contenus » sans autre précision est le plus souvent associé à des pages Web pouvant être gérées *via* un navigateur. Ce qui ne simplifie pas nécessairement les choses.

1.2   Un peu d'histoire

Pendant que le constructeur informatique Sun déclarait au cours des années 1990 : « Le réseau **est** l'ordinateur », l'éditeur Microsoft maintenait son cap : « Un ordinateur personnel sous Windows sur chaque bureau. » Le désir de Microsoft a été satisfait : il y a quasiment neuf PC sur dix sous Windows.

L'ordinateur auquel Microsoft faisait référence hébergeait un mélange de données binaires (programmes) et de données utilisateurs (informations). Les programmes devaient être achetés et installés par les clients, afin de permettre d'accéder aux données utilisateurs. La suite Microsoft Office a à cette époque envahi quasiment tous les bureaux du monde.

L'ordinateur auquel Sun faisait référence était un terminal non autonome : un équipement bon marché réunissant un clavier, un écran, une souris et un accès réseau. Les programmes et les données étaient stockés non pas sur cette machine, mais quelque part sur le réseau.

La philosophie de Microsoft était plutôt orientée vers l'individuel alors que celle de Sun l'était vers le collectif.

Les motivations de part et d'autre étaient non pas philanthropiques, mais commerciales. Microsoft gagnait de l'argent en vendant des logiciels pour PC aux particuliers et aux PME, Sun vendait aux grandes et moyennes entreprises des serveurs et calculateurs avec les logiciels appropriés.

Au milieu des années 1990 se produisit l'irruption (on pourrait presque parler d'éruption) du réseau Internet pourtant déjà utilisé depuis les années 1960 par les chercheurs et les militaires, notamment grâce au standard HTML (*HyperText Markup Language*, le langage de codage des formats dans les pages Web), à la multiplication des serveurs Web et à la création des logiciels navigateurs (clients Web).

Internet n'est rien d'autre qu'un ensemble de règles du jeu et de conventions auxquelles se plient tous les équipements qui s'y connectent. L'ensemble est si bien conçu qu'il n'a fallu que quelques années pour constituer un réseau planétaire.

L'individu n'est plus accessible s'il ne dispose pas d'une adresse de messagerie. Une entreprise sans site Web semble dépassée, et certains clients ignorent même son existence. Le monde entier s'est rué sur le nouveau réseau, pour faire partie de l'aventure. Des films tels que *Matrix* sont devenus des hits et le cauchemar du livre *1984* de George Orwell ne s'est apparemment pas réalisé.

Ceux qui avaient l'habitude d'acheter leurs programmes ont acheté des éditeurs HTML et ont construit leurs pages Internet. Les autres ont rédigé leurs pages HTML sans outil particulier sauf l'éditeur de texte que possède toute machine. Les agences de création Web firent leur apparition pour faire le travail à la place de leurs clients.

Les deux camps souffraient du même problème : les pages HTML étaient statiques. Modifier une page supposait de charger la page localement dans son éditeur de texte, de la tester puis de la retransférer sur le serveur pour la mettre à jour.

C'était non seulement inconfortable, mais des sites complexes tels que eBay ou Amazon n'auraient pas pu voir le jour.

Dans chaque groupe furent trouvées des solutions plus ou moins satisfaisantes.

Dans le camp des individuels apparurent des programmes performants pour créer et modifier ses pages HTML, puis les faire renvoyer automatiquement sur le serveur. Ces pages contenaient des éléments interactifs (compteur de visites, liens publicitaires, etc.).

Le camp des collectifs s'appropria les applets Java qui rendaient possible l'écriture d'un programme fonctionnant sur le serveur tout en étant piloté depuis un navigateur. Cette technique a permis l'apparition des premiers sites de commerce électronique (ventes aux enchères, réservation de billets d'avion).

Chaque groupe tenta de conquérir des parts de marché. Il en a résulté un marché assez stable pour chacun, le tout animé par une incessante guerre de chapelles pour savoir quel était le meilleur système d'exploitation (Windows ? Linux ? Mac OS X ?), ce qui poussait les éditeurs à accélérer la fréquence de parution des nouvelles versions. Les clients s'y habituèrent en se disant que les choses n'étaient décidément pas simples.

Mais dans un tel contexte, il existe toujours une troisième voie. Dans notre cas, l'autre approche a pris forme dans les langages de script Open Source tels que PHP. L'auteur de PHP, *Rasmus Lerdorf*, cherchait à enrichir sa page personnelle avec des éléments interactifs, et ses efforts ont donné naissance au langage PHP. Dès le départ, ce langage était optimisé pour fonctionner en parfaite harmonie avec la base de données relationnelle libre MySQL (régie comme PHP par la licence GNU/GPL).

Par bonheur sont apparus à la même époque le système d'exploitation libre Linux et le serveur Web Apache. Toute l'infrastructure logicielle d'un serveur était ainsi disponible. Le poste client utilisait un navigateur (le pionnier étant Netscape). L'acronyme LAMP (Linux, Apache, MySQL, PHP) devint le synonyme de la présence interactive sur Internet associée à la puissance d'une base de données.

Une véritable frénésie de création vit apparaître les logiciels les plus divers pour créer des sites Web depuis un navigateur : forums de discussion, communautés, cyberboutiques, pages de sondage, etc.

Après la partie technique incarnée par Linux et Apache pouvait enfin surgir la partie utilisateur.

À la fin des années 1990, la bulle spéculative Internet éclata. Soudain, on se remit à penser en termes de commerce classique et à revenir aux bonnes vieilles méthodes.

En période de restriction économique, il en va toujours ainsi : la chasse aux économies est ouverte. Il y avait, et il y a toujours, quantité de solutions !

Les applications PHP en activité à cette époque se comptaient par millions. Citons par exemple les deux outils phpBB et phpMyAdmin. Le premier est devenu le standard de fait pour créer des forums Internet ; le second est l'interface standard pour exploiter une base de données MySQL *via* une interface Web.

Et le code source du langage PHP comme celui des outils environnants étant librement disponible, il s'améliorait de plus en plus vite, grâce aux contributions de la foule d'utilisateurs et de programmeurs qui s'en souciaient. Plus un point fonctionnel était conçu de façon ouverte, communautaire, plus il avait de succès.

Un expert pouvait à lui seul faire économiser des sommes énormes à une entreprise en très peu de temps.

Les pages HTML statiques étaient reléguées au panthéon de l'histoire. Tout devait dorénavant être dynamique ! Voilà où nous en sommes maintenant depuis plusieurs années. Linux, Apache, MySQL et PHP sont devenus des standards reconnus faisant l'objet de cursus de formation officiels. La recherche d'applications PHP utilisables en milieu professionnel a alors commencé.

Voici les critères pris en compte dans une telle recherche :

- installation simple ;
- facilité de maintenance du code source ;
- sécurité du code source ;
- ergonomie (facilité d'emploi pour l'utilisateur) ;
- facilité d'extension ;
- facilité de prise en mains pour les nouveaux programmeurs ;
- interfaces de programmation standardisées ;
- coût acceptable ;
- indépendance des fournisseurs.
- L'énorme avantage des applications basées sur PHP est l'indépendance du matériel et du système d'exploitation. L'environnement LAMP existe aussi pour Windows (WAMP) et pour Mac OS (MAMP). Le nom générique est XAMPP.
- Et c'est alors qu'est arrivé le fameux Joomla! qui nous intéresse ici.

1.2.1 Joomla! – d'où vient-il ?

Une société australienne nommée *Miro* avait conçu en 2001 un système de gestion de contenus qu'elle avait baptisé *Mambo*. Elle avait décidé de diffuser ce logiciel dans les conditions Open Source, pour que le plus grand nombre l'adopte et aide à le tester. En 2002, la société décida de scinder Mambo en deux variantes : une commerciale et une Open Source. La variante payante a été rebaptisée *Mambo CMS* ; l'autre a été rebaptisée *Mambo Open Source* (abrégée en MOS). À la fin de 2004, tous les participants au projet estimèrent d'un commun accord que MOS pouvait dorénavant s'appeler *Mambo* tout court et décidèrent qu'il fallait coopérer pour assurer l'évolution de ce CMS qui était alors celui qui progressait le plus.

Les avantages de la variante payante pour les entreprises (Mambo CMS) étaient une plus grande sécurité ainsi que la disponibilité de la société Miro comme interlocuteur et fournisseur d'extensions et de prestations spécifiques.

La variante Open Source (Mambo) a comme avantages sa gratuité et le libre accès au code source. De cette manière, on était sûr qu'un nombre important d'utilisateurs et de développeurs participait à l'évolution du logiciel. Cela n'empêchait nullement une entreprise d'opter pour la variante Mambo comme point de départ puis à partir d'elle de concevoir une solution spécifique.

Au cours de l'année 2005, toutes les parties concernées ont réfléchi à l'opportunité de créer une fondation afin de garantir la pérennité et l'évolution de Mambo (la variante Open Source).

Durant l'automne 2005, tout a alors démarré : la page Web officielle de Mambo annonçait la naissance de la fondation Mambo. Passé les premières heures d'enthousiasme, il apparut assez vite évident que cette fondation avait été créée par la société Miro en Australie sans la participation effective de l'équipe de développement au titre de membres fondateurs. Il s'ensuivit des discussions enflammées sur les forums de la communauté. L'équipe de développement s'enferma quelques longs jours dans un mutisme complet.

Peu de temps après, les développeurs se manifestèrent enfin par une prise de position sur le site *opensourcematters.org* pour annoncer qu'ils allaient prendre un conseil impartial auprès du centre *Software Freedom Law Center* et qu'ils prévoyaient toujours de poursuivre le développement de Mambo. Déjà à cette époque avait été émise l'idée de refondre le code source dans une version améliorée de Mambo.

Comme dans un ménage en déroute, l'animosité ne fit que croître de plus en plus vite entre la donation Mambo pilotée par Miro (qui venait de perdre son indispensable équipe de développeurs), cette équipe de développeurs, qui avait décidé de partir créer une nouvelle branche du logiciel et devait bien sûr lui trouver un nouveau nom, et une communauté mondiale composée de centaines de milliers d'utilisateurs fort énervés qui s'invectivaient en mots peu tendres dans les blogs, les forums et les pages respectives des deux projets.

Les deux projets se sont poursuivis en parallèle. La nouvelle lignée Open Source a adopté le nom Joomla!.

L'équipe de Joomla! a pris soin d'instituer des règles démocratiques. Lorsqu'il a été question de choisir le logo du projet, un concours a été lancé parmi la communauté naissante. En quelques jours, plus de 8 000 utilisateurs s'étaient inscrits sur le forum. Les projets et les résultats sont toujours disponibles sur le site officiel.

Pendant ce temps, la fondation Mambo a rapidement mis en place une nouvelle équipe de développeurs.

Le 17 septembre 2005 a été lancée la version 1.0 de Joomla!.

Au niveau des développeurs tiers, c'est-à-dire des groupes de programmeurs qui créaient des composants complémentaires pour Mambo, plusieurs projets importants ont vite basculé vers Joomla!, et notamment Simpleboard (qui s'appelle maintenant FireBoard), DOCman et d'autres. Cela n'a fait que renforcer la légitimité de la nouvelle lignée. Les trois lettres mos qui servaient de préfixe dans de nombreux noms de variables et d'identifiants dans le code source de Mambo ont été vite remplacées par jos.

Vous trouverez sur Internet une description détaillée du déroulement de ces opérations, mais en langue anglaise.

Deux ans après sa fondation, Joomla! est l'un des projets Open Source les plus réputés du monde.

Au cours de ces deux années, la mise sur pied d'une nouvelle organisation a entraîné bien des débats animés et bien des incompréhensions dues aux différences culturelles.

Pendant ce temps, le Web 2.0 apparaissait. Le contenu généré par les utilisateurs ne cessait de croître. Le monde entier a découvert l'univers virtuel de Second Life. Le langage de programmation Ruby et sa déclinaison Ruby on Rails ont été de plus en plus adoptés pour créer des sites Web. Les interfaces de programmation ont pris une importance particulière.

Dans un domaine à l'évolution si rapide, la version 1.0.x de Joomla! a commencé à paraître un peu dépassée. À cette époque il n'était pas question d'en abandonner le développement. Mais les utilisateurs commençaient à lorgner d'un œil triste les nouvelles capacités de systèmes comme Plone, TYPO3, Drupal et plusieurs autres. Tous ces projets n'avaient pas à gérer l'héritage de Mambo et pouvaient prendre en compte les nouvelles techniques directement.

Il est vrai que la version 1.0.x n'était depuis deux ans plus vraiment enrichie. Elle recevait pour l'essentiel des correctifs de sécurité et quelques petites retouches de code. Mais faire attendre deux ans la nouvelle version d'un logiciel n'est pas sans risque. Des mauvaises langues ont alors prétendu que Joomla! était un projet mort. La presse spécialisée n'a pas manqué d'articles incendiaires prétendant que l'on tenait là un bel exemple de la ruine un projet logiciel prometteur.

Mais la nouvelle version Joomla! 1.5 est vraiment un bon produit. À voir les nombreuses discussions sur les forums et listes de diffusion, les multiples échanges de courriels et rencontres physiques, il me semble que l'avenir de Joomla! est devenu plus brillant que jamais.

Sous un certain angle, la migration de la version 1.0.x à la version 1.5.x réclamera des efforts. En effet les profonds remaniements du code source ne permettent pas de garantir une compatibilité descendante complète. D'un autre côté, cette nouvelle version permet à Joomla! de faire partie des systèmes de gestion de contenu de niveau entreprise. Le choix stratégique qui consiste à faire de Joomla! une boîte de construction (Joomla! Framework) simplifiant l'ajout de fonctions par les programmeurs est une décision intelligente qui montrera sa justesse.

Il est dorénavant enfin possible de choisir parmi plusieurs méthodes d'authentification et de construire des sites Web multilingues avec une accessibilité améliorée. La création de sites Web composites (*mashup*) réutilisant les données de plusieurs autres sites devient accessible à Joomla! tout comme la création de composants à partir d'un environnement de création riche du style Eclipse.

Quant on songe au nombre de membres de la communauté, de développeurs et à la quantité d'installations actuelles, Joomla! saura sans aucun doute répondre aux attentes dans ces différents domaines. De nombreux fournisseurs d'accès et hébergeurs proposent déjà Joomla! préinstallé à leur client. La nouvelle version 1.5 est suffisamment compatible avec la version 1.0.x pour qu'il n'y ait aucun problème sérieux lors de la migration d'un site pas trop complexe.

1.3 Structure fonctionnelle d'un CMS

Je vais me baser sur Joomla! pour illustrer la structure d'un système de gestion de contenu Web.

1.3.1 Frontend (Frontal) et Backend

Un système CMS se base sur le couple Frontend et Backend. Le *Frontend* (partie vitrine) consiste en la page d'accueil et toutes les autres pages du site telles que les voient les visiteurs et les utilisateurs identifiés.

Le *Backend* (partie arrière-boutique) contient l'interface de gestion des pages par l'administrateur. Les activités de Backend comprennent la configuration, la maintenance, la création des statistiques et des nouveaux contenus. Le Backend est situé à une adresse Web différente de la page d'accueil du site (donc du Frontend).

1.3.2 Droits d'accès

Dès que l'on parle d'administration, il faut introduire des règles pour garantir l'utilisation organisée des ressources disponibles : ce sont les droits d'accès. Dans un CMS, toutes les personnes concernées se voient attribuer un identifiant (nom d'utilisateur) et un profil d'accès y est associé. Cohabitent ainsi des utilisateurs simplement reconnus, des créateurs et correcteurs de contenus qui ont plus de droits et un ou plusieurs administrateurs, qui ont accès à tout. Selon le profil de droits d'accès, la page d'accueil du site se présente différemment ou bien l'utilisateur bénéficie d'une interface d'administration distincte de la page d'accueil.

1.3.3 Contenus

Les contenus peuvent prendre des formes très diverses : fichiers textes, images, liens, fichiers audio, données extraites d'une application comme Google Maps ou une combinaison de ces éléments. Pour que la gestion de tous ces contenus soit simplifiée, ils sont systématiquement intégrés à des structures d'accueil. Les textes sont ainsi répartis dans des catégories. Ces catégories consistent elles aussi en des contenus qui doivent être administrables. Les flux d'informations RSS (*RSS feeds*) sont devenus très populaires, d'autant que la version 7 d'Internet Explorer permet enfin de les exploiter.

Au début 2008, plus de 75 % des internautes se servent encore de ce navigateur. Les flux RSS permettent d'intégrer des données provenant de sources diverses. L'intégration, le classement, la valorisation, l'hybridation et la mise à jour de ce genre de contenus externes vont jouer un rôle de plus en plus important et finiront par constituer un liant pour fondre ensemble des sites Web distincts au départ.

1.3.4 Extensions

Les composants, modules, templates et plugins sont réunis sous le terme collectif « extensions ». Ils apportent des enrichissements fonctionnels par rapport à ce que propose le noyau de Joomla!.

1.3.5 Templates (modèles ou gabarits)

Un template est une sorte de gabarit visuel prêt à recevoir des contenus. Il détermine les couleurs, les polices, les tailles de caractère, l'image d'arrière-plan, les espacements et la distribution des sous-éléments d'une page. Il constitue donc une mise en page. Un template réunit au moins un fichier HTML décrivant la structure de la page et un fichier CSS décrivant les styles d'affichage. Un template peut être beaucoup plus complexe et rendre (afficher) des données de Joomla! accessibles de multiples manières ou en autoriser le recyclage.

1.3.6 Plugins

Un plugin est un bloc de code qui vient se brancher en un point précis de l'infrastructure de Joomla! pour en modifier le fonctionnement. Vous pouvez par exemple utiliser un plugin dans un contenu pour charger le contenu d'un module dans un texte. Pour pouvoir étendre la fonction de recherche d'un site Web à un composant supplémentaire, il faut lui associer un plugin. Les plugins peuvent parfois être vus comme une langage de macros pour Joomla!.

1.3.7 Modules

Un module est une extension du domaine des contenus de la partie utilisateur. Il permet de disposer de nouvelles données provenant d'un composant. Les modules peuvent être mis en place à des positions prédéfinies dans le template. Un module lié à un composant permet de visualiser le contenu sous un format précis ailleurs que dans le domaine des contenus du template. Par exemple, le module des dernières infos permet d'extraire les titres des cinq derniers articles produits par les composants de contenu et de les transmettre au template. Il existe un autre module pour déterminer le nombre d'utilisateurs actuellement connectés et afficher le résultat.

1.3.8 Composants

Joomla! doit être extensible pour s'adapter à l'évolution des besoins. Le terme composant désigne dans Joomla! des extensions qui ajoutent de nouvelles fonctions et sont en général gérées par un domaine dédié de la partie administrative de Joomla!. Les principaux composants apparus ces derniers temps sont une boutique en ligne, une galerie de photos, une gestion de news et un forum de discussion. Les attentes actuelles en ce domaine sont notamment l'optimisation des moteurs de recherche, la gestion des droits d'accès, les formulaires multipages et les structures de contenus variables.

Les composants incarnent la logique de traitement de votre site. Ils affichent les données du domaine de contenu de votre site Web (Main Body).

1.3.9 Chaînes de production (workflows)

Une chaîne de production (workflow, souvent non traduit ou bien traduit en flux de travaux) est une manière d'organiser formellement les interactions entre les processus et les personnes dans un objectif commun. Le service Expédition d'une entreprise incarne une chaîne de production ; une recette de gâteau en constitue une autre. Du fait qu'en général plusieurs personnes participent à la gestion des contenus d'un système CMS, il est capital de définir de bonnes chaînes de production.

Un concept fréquemment utilisé dans ce contexte est celui de réservoir de tâches d'un utilisateur. Par exemple, un réviseur voit s'afficher en permanence la liste des nouveaux articles qu'il doit relire. Après lecture, il valide (ou non) chaque article, qui apparaît alors dans la liste d'entrée du chef de rubrique qui décide (ou non) de le placer en première page.

1.3.10 Configuration générale et charte graphique

Ce paramétrage concerne toutes les pages du site : texte du titre dans la fenêtre du navigateur, mots clés pour les moteurs de recherche, options pour autoriser ou non l'enregistrement du visiteur sur la page, pour rendre une page temporairement inaccessible, etc.

1.3.11 API

API est un acronyme (*Application Programming Interface*) anglais qui désigne une interface de programmation. Il s'agit d'une convention stricte permettant à deux programmes d'entrer en interaction et de dialoguer. Il est devenu indispensable de pouvoir faire interagir Joomla! avec d'autres programmes voire même de le télécommander. Cela ouvre de tous nouveaux horizons. L'interface API constitue la passerelle entre les créations des développeurs tiers et le noyau Joomla!.

1.4 Joomla! en tant que bâtiment ?

Joomla! est une sorte de boîte de construction, qui vous permet, après mise en place sur un serveur, de créer puis de faire évoluer votre site personnel. Joomla! ressemble à une maison que vous décidez de construire sur le terrain de votre choix et que vous agrandissez ensuite à votre rythme. La métaphore immobilière est donc pertinente.

Stop ! J'ai encensé la mobilité et voilà que je parle de choses immobiles ?

Ne prenez pas peur. L'immeuble que vous allez bâtir va résider physiquement quelque part (sur votre serveur), mais le monde entier pourra venir vous rendre visite quasiment à la vitesse de la lumière. Pour rendre un immeuble habitable, il faut ajouter les équipements indispensables que sont le chauffage, l'électricité et l'eau courante. Voilà d'ailleurs une raison pour faire héberger votre site Joomla! sur un serveur qui ne souffrira jamais de pannes secteur puisqu'il s'engage à une disponibilité « 24h/24 – 7j/7 ».

Comme dans une maison, Joomla! distribue l'espace en pièces : une pièce pour accueillir les visiteurs, une pour préparer les repas, une autre pour discuter, un bureau et une pièce intime que vous ne montrez qu'aux vrais amis. Certains préfèrent les espaces ouverts, de style loft, qui combinent toutes les fonctions.

Quelle que soit votre préférence en matière de distribution des espaces, il faut ensuite aménager le tout (revêtements de sol et de murs, meubles et décoration) puis faire périodiquement le ménage. Tous vos visiteurs laissent des traces pas toujours désirables.

Pour que vos visiteurs puissent trouver votre maison, il vous faut une adresse que vous ferez connaître au plus grand nombre. Mais il n'y a pas de répertoire général sur Internet ; vous devrez donc vous soucier de comment mieux faire référencer votre site.

Vous jouissez peut-être d'un jardin avec plusieurs portes d'accès : un portail principal, une entrée par une autre rue voire une porte dérobée dans un coin du jardin, réservée aux bons amis.

Ou bien vous n'êtes pas du style à construire en dur, et préférez les camping-cars, les tentes, les hôtels ou encore les résidences communautaires. Ou alors vous choisissez de louer et de ne pas vous soucier de tous ces problèmes.

Si vous reliez les phrases précédentes à votre site Web, vous devinez qu'il est essentiel de déterminer ce que vous voulez faire, qui vous êtes et comment vous désirez paraître aux yeux du monde.

On ne peut pas ne pas communiquer ! En revanche, on peut trop aisément mal communiquer et être mal compris.

Vous planifierez donc votre site Internet avec grand soin. Réfléchissez aux textes, mais aussi aux couleurs, aux éléments interactifs (calendrier, forum) et prévoyez toujours une zone réservée aux membres.

N'oubliez pas de guider vos visiteurs, sans pour autant les contraindre. Visitez de nombreux autres sites et voyez ce qu'il en ressort.

Prenez le temps de rencontrer des personnes représentatives de vos futurs visiteurs. Vous vous féliciterez plus tard d'avoir enquêté préalablement et d'avoir recueilli leurs avis. Vous serez étonné du nombre de choses auxquelles vous n'aviez pas pensé. C'est une tactique rentable et efficace pour trouver de nouvelles idées et éviter les plus grossières erreurs. Consacrez beaucoup d'efforts sur ces points, car ils sont déterminants pour le succès de votre présence sur le Web.

1.4.1 Versions de Joomla!

Comme pour tout logiciel, Joomla! évolue par étapes. L'équipe Joomla! a rendu publique le 1er septembre 2005 une feuille de route (*roadmap*). La première version publiée est la 1.0.

Cette nouvelle numérotation visait à éviter toute confusion avec le logiciel Mambo dont Joomla! est issu. La version 1.0 est une version retouchée de la version 4.5.2.3 de Mambo. Les retouches concernaient le changement de nom, quelques erreurs en attente et des correctifs de sécurité. À l'heure où nous mettons sous presse, Mambo est arrivé à la Version 4.6.2.

Dans les deux années qui viennent de s'écouler, il y a eu treize versions de Joomla! 1.0.x. Elles ont permis d'améliorer une foule de petits détails dans le code. Si vous en avez suivi l'évolution, vous aurez remarqué avec joie que Joomla! est devenu de plus en plus fiable.

1.4.2 Convention de versionnage de Joomla!

Les versions de Joomla! obéissent à la convention X.Y.Z :

- **X = Numéro majeur.** Ce chiffre progresse lors de modifications radicales du code source. Une nouvelle version majeure n'est en général pas compatible avec les versions précédentes.

- **Y = Numéro mineur.** Ce chiffre progresse, en cas de modifications importantes au niveau fonctionnel. En général, la compatibilité est maintenue (moyennant quelques aménagements).

- **Z = Numéro de maintenance.** Ce chiffre augmente de 1 dès qu'une nouvelle version est diffusée suite à des corrections et suppressions de failles de sécurité. La quantité de modifications est limitée et les nouveautés fonctionnelles sont très rares. La compatibilité est assurée avec les versions précédentes de mêmes numéros majeur et mineur (mêmes valeurs X et Y).

Toute évolution au niveau majeur (X) ou mineur (Y) correspond à une *full release*. Dans ce cas prennent place des périodes probatoires en état Alpha puis Bêta. La durée de ces périodes de test n'est pas figée et dépend de l'équipe de développement. Les versions Bêta sont normalement mises à disposition pendant trois semaines, ce qui permet aux concepteurs de composants de les adapter à la nouvelle version.

En revanche, une *release* de maintenance est immédiatement opérationnelle.

La version 1.5.0 correspond à la première version majeure au bout de deux ans. Elle a d'abord donné lieu à des versions Alpha, puis Bêta puis à des versions candidates à diffusion RC. Les créateurs de composants tiers ont eu le temps d'adapter leurs produits à la nouvelle version. La communauté a effectué des tests intensifs et les incompatibilités par rapport à l'ancienne version ont été répertoriées.

Vous pouvez lire les déclarations et les résolutions de problèmes sur le site Web de Joomla! (dans le Bug-Tracker). N'hésitez pas à apporter votre contribution si vous découvrez une erreur non encore déclarée. Vous y trouverez également la liste des améliorations les plus attendues.

Le développement de Joomla! 1.5 a commencé à l'automne 2005, sans faire trop de bruit au départ. Les idées étaient déjà très claires à cette époque, et la première version Alpha est sortie en février 2006.

1.4.3 Feuille de route (prévisions d'évolution)

Cette feuille de route (*roadmap*) est bien sûr sujette à modification éventuelle, mais elle donne une idée de la tendance générale.

Tableau 1.1 : Feuille de route de Joomla! (décembre 2007)

Version	Date prévue	Remarques
Mambo 4.5.2	17 février 2005	Dernière version stable de Mambo
Joomla! 1.0.x	Septembre 2005	Reprise de la version Mambo 4.5.2.3, correction d'erreurs et de failles de sécurité, dernière version stable de Joomla!
Joomla! 1.5 Bêta 1	Oct 2006	Internationalisation (support complet de UTF8)
		Localisation de l'interface d'administration dans toutes les langues
		Plugins utilisateurs
		Base de données : support de MySQL et de MySQLi
		Système de transfert FTP permettant de contourner le problème du mode sécurisé Safe Mode de PHP chez les fournisseurs d'accès
		Révision profonde de la structure en vue de permettre de créer des sites Web accessibles avec Joomla! (au niveau infrastructure)
		Séparation de la logique de programmation de celle de présentation
		Optimisation de l'exploitation par les moteurs de recherche (SEF)
		Mécanisme de mise en cache amélioré
Joomla! 1.5 Bêta 2	Mai 2007	Documentation des programmeurs (API, Howto)
		Optimisation de l'interface API
		Amélioration du cache
		Meilleur support des URL pour les moteurs de recherche
		Introduction de l'infrastructure JavaScript Mootools
		Intégration du Template accessible Beez dans le noyau

Version	Date prévue	Remarques
Joomla! 1.5 RC1-4	Juillet-Décembre 2007	Documentation utilisateur
		Texte d'aide
		Suppression d'erreurs
		Optimisation de sécurité et de performances
		Tests multi-plates-formes et multinavigateurs
Joomla! 1.5 stable	Janvier 2008	La vraie version stable
Version suivante	Pas de date	Nouveau système de contrôle des accès utilisateurs
		Versionnage des contenus
		Installation multisites (plusieurs pages Joomla! avec la même installation)
		Mécanisme de mise à jour
		Système de fichiers virtuel
		Support de plusieurs bases de données

1.4.4 Quelques détails des évolutions

Comme le Tableau 1.1 le laisse deviner, la version 1.5 est la première version vraiment complète de Joomla!. Dans un premier temps, l'équipe de Joomla! a d'abord pris en compte l'héritage provenant de Mambo avant de trouver sa propre voie. Les enrichissements incorporés dans Joomla! 1.5 montrent clairement dans quelle direction s'oriente le logiciel.

Internationalisation

- Tous les textes statiques peuvent dorénavant être traduits dans des fichiers en plusieurs langues. Cela concerne notamment la partie administrative qui n'était au départ disponible qu'en anglais ;

- Support de l'écriture de droite à gauche (RTL, par exemple pour l'arabe, l'hébreu, le farsi et l'urdu) ;

- Conversion intégrale vers le jeu de caractères UTF-8 pour coder et afficher tous les caractères au format Unicode 16.

Plugins utilisateurs

Ce qui s'appelait auparavant Mambot s'appelle dorénavant un plugin. Aux premiers plugins de contenu (content), d'édition et de recherche sont venus se joindre des plugins utilisateur (User), d'authentification, xmlrpc et système.

Ces nouveaux plugins permettent de mettre en place des mécanismes d'identification d'accès à partir de programmes externes.

Support de XML-RPC

Le mécanisme XML Remote Procedure Call constitue une spécification permettant à des logiciels situés sur des plates-formes différentes et des environnements différents de communiquer. Cette spécification supporte tous les langages courants de programmation. Vous trouverez des librairies pour convertir le code vers XML-RPC. Joomla! est doté d'une telle interface de programmation. Elle permet par exemple à un utilisateur de transmettre une image depuis Flickr ou bien de rédiger un article avec OpenOffice pour le diffuser ensuite dans Joomla!. Les développeurs ne sont pas en reste ; ils peuvent dorénavant dialoguer avec Joomla! *via* cette interface depuis un programme Java.

Support de plusieurs bases de données

Joomla! 1.5 est doté d'une couche logicielle de séparation grâce à laquelle il est possible d'exploiter plusieurs versions de bases de données. Pour chaque installation Joomla!, il n'est possible d'utiliser qu'une seule base à la fois. À l'heure actuelle, les deux versions MySQL 4.x et 5.x sont supportées mais d'autres SGBD le seront ultérieurement.

Système FTP pour gérer le problème du mode sécurisé de PHP

Pour éviter les problèmes fréquents de droit d'accès aux données, il a été ajouté une couche FTP. Elle permet d'installer de nouveaux composants et d'effectuer des transferts par téléchargement PHP et par FTP. Les paramétrages contraignants (mais justifiés) imposés par les FAI au niveau du langage PHP rendaient souvent difficile l'installation d'extensions et le téléchargement des fichiers.

Mise à jour de l'infrastructure Joomla!

Dans les premières versions, il n'y avait pas d'infrastructure au sens strict, c'est-à-dire une boîte à outils aux limites bien définies pouvant servir d'interface de programmation API. Peu après la rupture avec Mambo, il est devenu évident qu'il fallait modifier quasiment partout l'ancien code source. Il fallait reformuler et reprogrammer proprement les fonctions de Joomla!. Une infrastructure digne de ce nom (framework) doit être souple, évolutive, totalement séparée de la partie affichage et surtout, aisée à prendre en main. Il faut que les développeurs tiers puissent créer en peu de temps des composants de bonne qualité. Une interface API est donc devenue incontournable. Joomla!1.5 en possède une.

Accessibilité

L'accessibilité pour les personnes handicapées est un sujet important, puisque depuis début 2006 tous les sites gouvernementaux d'Allemagne doivent être conformes aux standards édictés par l'organisation W3C. Joomla!1.5 est livrée avec un template offrant une accessibilité complète (il s'appelle Beez). La conformité aux standards est ainsi assurée.

Pour garantir cette accessibilité, il faut se conformer à des standards du Web (du code HTML/ XHTML validable) Il faut aussi séparer rigoureusement les contenus (les textes et les images) de la manière de les présenter, en utilisant des feuilles de styles en cascade CSS. Actuellement, seule la partie visible par les visiteurs est conforme. La partie administrative le sera dans une version ultérieure. Elle est déjà pilotable par un non-voyant.

Adaptation aux moteurs de recherche

Le support des adresses URL exploitables par les moteurs de recherche a été extirpé du noyau de Joomla! pour constituer dorénavant un plugin. Il devient ainsi d'en utiliser les possibilités à partir de composants d'autres programmeurs, ce qui était très difficile auparavant.

Les projets Google Summer of Code

Depuis l'année 2005, la société Google parraine les programmeurs talentueux dans leurs projets Open Source. Elle attribue à chacun 4 500 $ US dans le cadre d'un projet appelé Summer of Code (programmation d'été). Cela évite à des étudiants de chercher un job d'été et leur permet de se consacrer totalement à leur passion, au profit de la communauté mondiale, et bien sûr à celui de Google. Chaque année, Summer of Code donne à Google l'occasion de se faire connaître, de recueillir de bonnes idées et de repérer de bons programmeurs. Les projets Open Source y trouvent leur compte aussi grâce à ce brassage d'idées, aux contacts noués et aux résultats concrets. Chaque étudiant est suivi par un membre issu de la communauté de chaque projet qui est désigné comme mentor.

Les résultats des projets ont été et sont toujours intégrés peu après dans Joomla!. Au cours de l'année 2007, plusieurs nouveaux projets concernant Joomla! ont été ainsi financés par Google.

Voici les projets concernés :

- **Extension du modèle des ensembles imbriqués grâce à des ensembles imbriqués à liaisons figées.** Enno Klasing (mentor Louis Benton Landry). Un projet permettant d'imbriquer des catégories sans limite de niveaux.

- **Interface de messagerie pour diffusion.** Aini Rakhmawati (mentor Mateusz Krzeszowiec). Permet de créer des contenus Joomla! en envoyant des courriels.

- **Intégration sémantique du Web.** Charl van Niekerk (mentor Robert Schley). Production du code généré par Joomla! dans un format XHTML valide afin de servir de base pour constituer des sites Web accessibles et avancer dans la voie du Web sémantique.

- **Géo-composant pour Joomla!.** Mickael Maison (mentor Andrew Eddie). Intégration des standards géographiques tels que KML et GeoRSS pour exploiter ces données dans Joomla!, par exemple pour afficher le domicile de l'utilisateur sur une carte.

- **Plugin Eclipse pour modules et composants Joomla!.** Muhammad Fuad Dwi Rizki (mentor Laurens Vandeput). Consiste à produire un plugin Joomla! approprié à l'environnement de développement Eclipse, ce qui permet de construire des composants Joomla! de façon très confortable.

- **Composant de recommandation générale pour les contenus Joomla!.** Faolan Cheslack-Postava (mentor Samuel Alexander Moffatt). Permet de proposer automatiquement des contenus par analyse du contexte et du moment.

1.4.5 Caractéristiques actuelles de Joomla!

Voici la liste résumée des caractéristiques actuelles de Joomla! :

- code source disponible ;
- grande base installée d'utilisateurs et de développeurs ;
- système de gestion de workflow simple ;
- système de diffusion des contenus ;
- gestionnaire de téléchargement et la gestion des fichiers distants ;
- exploitation des contenus dans le format RSS ;
- corbeille pour les contenus effacés ;
- adresses URL compatibles avec les moteurs de recherche ;
- gestion de bannières publicitaires ;
- frontal et administration disponibles en de nombreuses langues ;
- interface d'administration séparée de l'accès Web normal ;
- langage de macros pour traiter les contenus (Mambots) ;
- mécanisme de cache pour assurer une génération rapide des pages choisies ;
- installation facile des modèles et composants complémentaires ;
- système de modèles simple mais complet (HTML, CSS, PHP) ;
- groupes d'utilisateurs hiérarchisés ;
- statistiques de fréquentation simples ;
- éditeur de contenus visuel (WYSIWYG) ;
- gestion de sondages ;
- mécanisme d'évaluation des contenus.

Vous trouverez de nombreuses extensions sur le site *http://extensions.joomla.org*. Citons notamment :

- gestion de forums ;
- gestion de galeries de photos ;
- système de gestion documentaire ;
- calendriers.

Et presque 2 000 autres.

1.4.6 Exemples de sites gérés par Joomla!

Pour vous faire une idée de ce que l'on peut obtenir en utilisant Joomla!, nous vous proposons une courte liste de sites réels.

joomla.fr, France

C'est le site de référence officiel en langue française (voyez aussi *joomla.fr*).

Figure 1.1

http://www.joomla.fr

Travel Shop, Irlande

Un site touristique exploitant un système de menu original provenant de *joomlart.com*.

Figure 1.2

http://www.travelshopireland.com

Mário Moraes, Brésil

Le site Web officiel d'un coureur automobile. Le template accueille de nombreux objets animés au format Flash.

Figure 1.3

http://www.mmoraes.com

Frank Lüdtke, Allemagne

Un bel exemple de combinaison de Joomla! avec la galerie de photos Coppermine.

Figure 1.4

http://www.livinggallery.de/

Feuille blanche, France

Le site de deux créateurs graphiques.

Figure 1.5

http://www.feuilleblanche.com

Urth.tv, USA

Un site citoyen s'adressant au monde entier !

Figure 1.6

http://www.urth.tv

unric.org, Europe

Les Nations Unies ont adopté Joomla!. Dans ce cas précis, il fallait gérer treize langues, et certaines devaient s'afficher en même temps sur la même page.

Figure 1.7

http://www.unric.org

porsche.com.br, Brésil

Pour finir en beauté, voici le site de l'importateur brésilien des voitures Porsche. Il a accompagné toute l'histoire de Joomla! depuis l'époque de Mambo et vient de basculer vers la version Joomla!1.5.

Figure 1.8

http://www.porsche.com.br

Vous trouverez d'autres sites propulsés par Joomla! en vous rendant dans la section Forum du site *www.joomla.org*. Cherchez le terme « Showcase ».

2 Installation

Installer Joomla! ne prend que cinq minutes la première fois et même moins ensuite. Mais pour réussir cette installation, il faut d'abord mettre en place localement une sorte d'Internet privé réunissant un serveur Web, avec support du langage PHP, et un système de gestion de base de données (SGBD) exploitable par Joomla!.

Les fichiers de Joomla! seront ensuite installés dans cette structure de dossiers puis configurés *via* un installateur à interface Web. Il s'agit d'un exemple typique d'environnement client-serveur.

2.1 Les systèmes client-serveur

Un système client-serveur est une configuration informatique en réseau dans laquelle un serveur centralisé propose des services à un nombre illimité de clients incarnés par des postes de travail. Le serveur est chargé de maintenir les services disponibles en permanence. Le client échange des données avec le serveur et assure la partie affichage des données reçues. De nos jours, le client est un navigateur Web. La partie serveur est dans notre contexte constitué du trio Apache, PHP et MySQL.

2.1.1 Déroulement d'un accès à un site Web Joomla!

Pour vous faire une idée générale de ce qui se passe en coulisses, parcourons les étapes successives de l'accès d'un ordinateur client à un site Web propulsé par Joomla! :

1. Établissement d'une connexion Internet *via* un fournisseur d'accès.

2. Saisie de l'adresse Web (URL) dans le navigateur client.

3. Entrée en contact du navigateur avec le serveur Web.

4. Le serveur Web retransmet une requête à son interpréteur de langage PHP qui exécute les commandes PHP appropriées à Joomla!.

5. L'interpréteur PHP transmet les données d'entrée à la base de données.

6. L'interpréteur PHP génère du code d'habillage HTML ou XHTML (selon le modèle/*template* utilisé) et retransmet les données de la base avec l'habillage au serveur Web.

7. Le serveur Web envoie la page complète au navigateur du client.

8. Le navigateur interprète les balises de style HTML et CSS et intègre les données externes (images, éléments Flash, etc.) en allant les chercher un à un auprès du serveur Web.

9. Pendant le chargement des différentes ressources, le navigateur réalise le plus fidèlement possible le rendu de la page, c'est-à-dire son affichage.

Vous comprenez que l'affichage d'une page d'un site Web Joomla! suit de nombreuses étapes. Plusieurs d'entre elles ne concernent d'ailleurs pas Joomla! lui-même.

2.2 Prérequis techniques pour Joomla!

Joomla! nécessite la configuration suivante :

- Un serveur Web opérationnel, par exemple Apache à partir de la version 1.13.19 ou Microsoft IIS.
- Le langage de script PHP à partir de la version PHP 4.3. Le support de MySQL et de Zlib intégré à PHP. Zlib est une librairie de fonctions qui permet à PHP de lire des paquets de données compressées au format ZIP.
- Le système de gestion de bases de données MySQL à partir de la version 3.23.x. Dans le cadre de l'utilisation du jeu de caractères Unicode, il faut utiliser MySQL à partir de la version 4.1.x.

2.3 Éléments requis pour installer un système Joomla!

Il vous faut d'abord réunir tous les éléments indiqués ci-dessus pour mettre en place un système Joomla!.

Vous disposez normalement d'au moins un PC avec un navigateur Web et une connexion Internet. Au niveau du serveur Web, du langage PHP et de la base de données, de nombreux choix sont possibles.

Vous pouvez en effet :

- installer la totalité du système localement sur votre PC ;
- implanter le système sur un intranet d'entreprise ou un serveur de l'entreprise ;
- louer un serveur virtuel (partagé) à un fournisseur d'accès ;
- louer ou acheter un serveur dédié à un fournisseur d'accès (avec accès à la racine).

Mieux encore, vous pouvez :

- installer le serveur Web et le gestionnaire de bases de données sur des machines distinctes.

Vous pouvez enfin exploiter :

- différentes marques de serveurs Web ;
- différentes versions de l'interpréteur PHP ;
- différentes versions du gestionnaire de bases de données MySQL.

De plus, tous ces composants sont utilisables sur plusieurs systèmes d'exploitation.

Cette grande liberté dans le choix des ressources techniques peut effrayer au premier contact. Passons donc en revue quelques situations typiques.

2.3.1 Environnement de test local

Vous êtes chez vous ou à votre bureau et vous voulez construire un site Joomla!.

Système d'exploitation Windows

Variante 1

Dans Windows XP Professionnel et Vista Ultimate, vous disposez en standard d'un serveur Web appelé Internet Information Server (IIS). Il ne reste plus qu'à y ajouter le langage PHP et un gestionnaire de bases de données.

Variante 2

Vous installez un paquetage préconfiguré de type XAMPP et vous pouvez immédiatement travailler.

Système d'exploitation Linux

Dans ce cas, tout dépend de la distribution. Toutes permettent d'installer facilement *via* la souris les paquets logiciels de Apache, PHP et MySQL. Dans certaines distributions, ces différents composants sont installés dès le départ.

Variante 1

Vous vous servez des programmes qui ont été installés avec la distribution.

Variante 2

Vous installez un paquetage préconfiguré de type XAMPP (LAMPP dans ce cas) et vous pouvez immédiatement travailler.

Système d'exploitation Mac OS X

Vous disposez en standard d'un serveur Web (Apache), mais il faut encore l'activer. En revanche, le langage PHP n'est pas installé. Il n'existe aucune version de PHP officielle pour Mac OS X. Vous pouvez en revanche mettre en place un module Apache-PHP. Il existe également des versions de MySQL pour Mac OS X, que vous devrez télécharger.

Variante 1

Vous utilisez le serveur Web Apache déjà installé et vous ajoutez les composants manquants.

Variante 2

Comme dans les deux autres systèmes, vous vous procurez le paquetage préconfiguré XAMPP dans sa version Mac OS X. Vous l'installez et c'est prêt. Dans l'environnement Mac OS X, vous pouvez préférer la version dédiée qui s'appelle MAMPP.

2.3.2 Environnement de production

Vous avez ici aussi plusieurs possibilités.

Serveur virtuel en location

Vous signez un contrat de location de serveur Web auprès d'un fournisseur d'accès avec une fonction de gestion de bases de données, le support du langage PHP et souvent aussi votre propre nom de domaine. Vous disposez alors d'un environnement permettant d'installer Joomla!. Vous devez vérifier avec votre fournisseur quelles versions de PHP et de MySQL il peut mettre en place. Il arrive que le fournisseur propose Joomla! préinstallé avec plusieurs templates. Il ne vous reste plus alors qu'à activer Joomla! à la souris pour en profiter.

Serveur dédié

Vous louez auprès d'un fournisseur un serveur dédié et vous y installez un système d'exploitation à votre convenance. Vous êtes l'administrateur du système et vous pouvez vous en servir comme si la machine était posée chez vous ou dans votre bureau.

2.4 D'abord localement

Avant de plonger dans le monde sauvage d'Internet, nous vous conseillons de vous entraîner à la maison sur votre PC. Cela vous offre l'avantage de ne pas subir les éventuels ralentissements de votre connexion à Internet.

Mais vous avez déjà peut-être chez vous un petit réseau reliant plusieurs PC. Vous pouvez alors installer Joomla! sur un PC (qui devient le serveur) et y accéder depuis un autre PC (le client).

Pour vous épargner de nombreux téléchargements, nous fournissons tous les programmes dont vous avez besoin sur le CD-ROM. Les différents paquetages logiciels sont indiqués dans l'Annexe. Ces programmes conviennent à une installation locale et vous permettent de réaliser tous les exercices présentés dans le livre.

Rappelons néanmoins que ces logiciels sont en évolution continuelle. Vous pourrez sans doute récupérer des versions plus récentes sur les sites Web officiels des différents composants.

 Lorsque vous déploierez Joomla! sur un serveur Web réel (public), vérifiez que vous installez la version stable la plus récente et compatible avec vos données afin de profiter des derniers correctifs de sécurité. N'installez pas dans ce cas de version préliminaire.

2.5 Préparation locale de l'infrastructure d'exploitation

Pour installer Joomla! localement sur un PC, vous devez avant tout mettre en place l'infrastructure logicielle dont le logiciel a besoin : Apache-MySQL-PHP.

2.5.1 Sous Windows

Windows (XP et Vista) est réputé pour sa convivialité et son énorme diffusion, dans la mesure où plus de 90 % des PC au monde en sont dotés. Les trois applications Apache, MySQL et PHP ne sont pas fournies par Microsoft, puisqu'elles émanent du monde du logiciel libre.

Figure 2.1

Gestion des utilisateurs sous Windows.

Vous pouvez installer chacun des trois logiciels l'un après l'autre, mais il existe des paquets préconfigurés qui vous simplifient la vie.

Sous XP comme sous Vista, vous devez avoir ouvert la session de travail en tant qu'administrateur. En cas de doute, ouvrez le module de gestion des utilisateurs par DÉMARRER > PARAMÈTRES > PANNEAU DE CONFIGURATION > COMPTES D'UTILISATEURS et modifiez vos droits (voir Figure 2.1). Sous Vista, choisissez DÉMARRER > PANNEAU DE CONFIGURATION > COMPTES D'UTILISATEURS ET PROTECTION DES UTILISATEURS.

XAMPP pour Windows

XAMPP est un projet de Kai Seidler et Kay Vogelgesang. Ces deux collègues produisent depuis plusieurs années déjà un environnement de développement complet à partir des ingrédients Apache, MySQL, PHP, Perl et plusieurs autres extensions appropriées puis mettent le fruit de cette synthèse à disposition sur leur site Web au format ZIP pour plusieurs systèmes d'exploitation. Cela constitue un énorme avantage pour vous comme pour moi, puisque c'est Joomla! qui nous intéresse ici, et qu'il nous importe de ne pas perdre de temps avec l'infrastructure qu'il lui faut. Le programme peut même être désinstallé par simple clic sur votre PC sous Windows.

Passons maintenant aux choses concrètes : l'installation.

Commencez par récupérer le fichier nommé *xampplite-win32-1.6.5* depuis le CD-ROM ou depuis le site Web (*http ://www.apachefriends.org*).

Vous décompressez l'archive par double-clic sur le nom de fichier (voir Figure 2.2). Vous pouvez désigner directement une autre unité de disque. Le résultat est une arborescence de dossiers dont la racine se nomme *xampplite* (voir Figure 2.3).

Figure 2.2

Extraction vers le disque C:

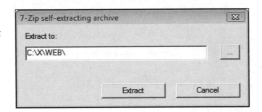

Figure 2.3

L'explorateur Windows dans Vista.

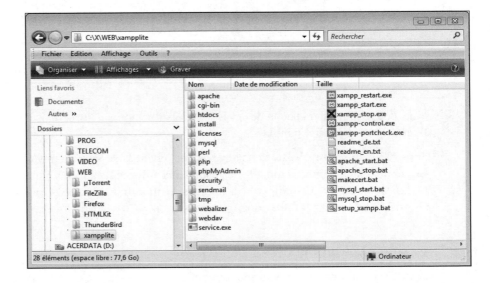

Double-cliquez sur le programme appelé *xampp-control.exe* situé dans le dossier *xampplite*. Utilisez ensuite les boutons START pour démarrer Apache, puis MySQL. PHP sera démarré en même temps que le serveur en tant que module Apache (voir Figure 2.4). Sachez que XAMPP ne crée aucune entrée dans la base de registre de Windows et n'utilise aucune variable système.

Il peut arriver que le pare-feu Windows vienne bloquer votre enthousiasme. Il peut par exemple vous avertir que vous essayez de lancer deux serveurs et vous demande de confirmer. Confirmez que vous ne voulez plus que votre programme soit bloqué par le pare-feu (voir Figure 2.5). Sous Vista, vous devez confirmer dans une seconde boîte.

Figure 2.4

Le panneau de commande
de xampp-control.exe.

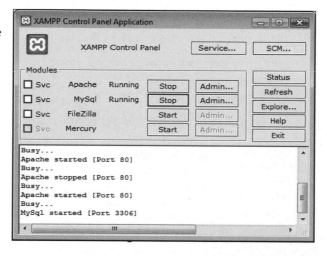

Figure 2.5

Boîte d'avertissement du
pare-feu de Windows Vista.

Il faut maintenant tester l'accessibilité du serveur. Dans votre navigateur Web, saisissez l'adresse locale
dans l'un des deux formats suivants :

```
http://127.0.0.1/
http://localhost/
```

Vous devez voir s'afficher la page d'accueil de XAMPP. Cliquez sur le lien intitulé FRANÇAIS pour accéder à la page suivante :

Figure 2.6

Page d'accueil de XAMPP sous Windows.

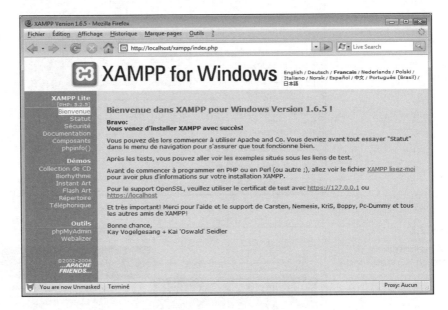

Le répertoire racine des documents de votre page d'accueil est :

```
[disque]\xampplite\htdocs
```

Ce répertoire contiendra toutes les pages qui devront être accessibles depuis d'autres machines sur Internet. Parcourez le fichier *readme_fr.txt* pour connaître les détails au sujet des mots de passe requis et découvrir d'éventuelles remarques relatives à la sécurité.

La désinstallation est fort simple. Après avoir arrêté les deux serveurs, vous effacez le contenu du répertoire de *xampplite*.

Si le serveur Web Apache ne réussit pas à démarrer depuis XAMPP lite, il est possible qu'un autre service utilise déjà le port 80. C'est par exemple le cas de l'outil de téléphonie Skype. Dans les anciennes versions, il occupait le port 80 et empêchait ainsi un autre service d'y accéder. Affichez les options de Skype pour modifier le numéro de port utilisé. Vous pouvez aussi démarrer XAMPP lite avant Skype.2007

2.5.2 Linux

Sous Linux, les choses sont souvent très simples. Plusieurs distributions sont déjà dotées de configurations standardisées. Le trio Apache-MySQL-PHP est en général déjà installé et n'attend que d'être démarré.

Vous pouvez aussi installer la version Linux de XAMPP. D'après moi, il est plus logique d'installer les programmes d'origine un à un. Ces installations sont très simples puisqu'elles se déroulent dans le gestionnaire de paquets.

SuSE (10.x), OpenSuSE

Sous SuSE et OpenSuSE, le programme YaST permet de s'assurer que Apache, MySQL et PHP sont déjà en place. Si ce n'est pas le cas, il suffit de sélectionner les paquets correspondants pour installation et de laisser faire YaST.

Les paquets logiciels concernés sont les suivants :

```
apache2, apache2-devel, apache2-mod_php5
mysql,
php5-mysql
```

Repérez ces paquets dans l'interface de YaST (voir Figure 2.7) sur les supports de la distribution ou sur des pages Web dédiés.

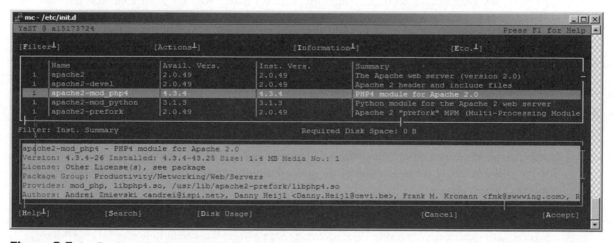

Figure 2.7 Le Gestionnaire de paquets YaST.

Démarrez le serveur Web Apache ainsi :

```
/etc/init.d/apache2 start
```

Démarrez ensuite le SGBD MySQL ainsi :

```
/etc/init.d/mysql start
```

Vous arrêtez les deux programmes en remplaçant dans la commande la mention start par stop. La mention help rappelle les paramètres autorisés.

Debian/Ubuntu

Dans le cas de Debian (et de ses dérivés, tels que Ubuntu), l'outil de gestion d'installation est apt.

```
apt-get install [nompaquet]
```

Les paquets à installer sont les suivants :

- **apache-common.** Fichiers de support pour tous les serveurs Apache.
- **php5.** Langage de script du côté serveur imbriqué dans le HTML.
- **mysql-common.** Fichiers principaux de MySQL (par exemple */etc/mysql/my.cnf*).
- **mysql-server.** Exécutables du serveur de base de données.

Vous trouverez ces paquets *via* apt sur Internet ou sur les CD/DVD de la distribution.

Démarrez ensuite Apache puis MySQL par les deux commandes indiquées plus haut pour SuSE.

Mise en place d'un serveur chez un fournisseur d'accès

Lorsque vous avez décidé de louer l'infrastructure d'un site Web chez un fournisseur, vous avez normalement le choix entre plusieurs distributions Linux et un accès en mode Commande au système. Le système est normalement préconfiguré avec tous les paquets logiciels et fichiers de configuration nécessaires. Le paramétrage se base en général sur un outil dédié à interface Web comme Confixx ou Plesk qui permet notamment de démarrer, d'arrêter et de configurer les services Apache et MySQL.

2.6 Sur un serveur virtuel en réseau

Ce thème est rendu plus complexe, en raison de la grande disparité des configurations proposées par les nombreux hébergeurs de sites Web, même si la plupart utilisent le trio gagnant Apache-PHP-MySQL. Tous n'utilisent pas la même version et les outils d'administration de l'espace Web sont très divers (Confixx, Visas, etc.).

Voici les principaux points à surveiller :

- l'état actif éventuel d'un mode PHP sécurisé (Safe Mode) dans le fichier *php.ini* (PHP-Safe) ;
- l'éventualité d'une non-conversion des adresses URL par Apache à cause de la désactivation de sa fonction Rewrite Engine ;
- les droits d'accès aux sous-dossiers (permissions) qui sont définis autrement sous Linux et sous Windows.

L'approche qui est en général la plus susceptible de vous mener au succès est la suivante :

1. Récupérez le fichier *Joomla_1.5.x-Stable-fr.zip* (la plus récente version stable) sur votre PC local et désarchivez le contenu dans un dossier temporaire.

2. Transférez les fichiers de l'archive par FTP sur le serveur Web dans un dossier à accès non restreint. Le nom du dossier est souvent *htdocs*, *public_html* ou encore *html*. Vous pouvez créez un sous-dossier pour Joomla!. La plupart des hébergeurs autorisent le renvoi vers un sous-dossier à partir du nom de domaine. Ce nom est capital, car c'est celui que devront indiquer les visiteurs de votre site.

3. Vous devez découvrir le nom de votre base de données. La plupart des hébergeurs mettent une ou plusieurs bases de données à disposition dans le cadre du forfait. Parfois les identifiants d'administrateur et de base et les mots de passe sont figés, parfois ils doivent être créés, et parfois ils existent déjà, mais sont personnalisables. Vous intervenez à ce niveau *via* un outil à interface Web. La figure suivante donne un exemple d'un tel outil. Notez ces informations qui vous seront nécessaires pour installer Joomla!.

Figure 2.8

Exemple d'outil de configuration Web.

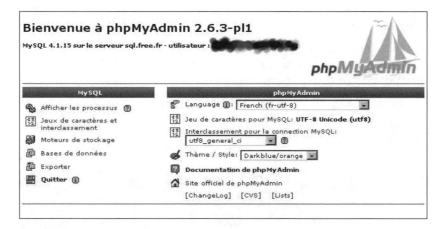

Une fois que vous avez transféré les données sur le serveur et disposez des informations d'accès (à la base notamment), vous pouvez vous engager dans l'installation de Joomla!.

2.7 Installation de Joomla!

Pour installer Joomla!, procurez-vous la plus récente version stable, par exemple *Joomla_1.5.x-Stable .tar.gz*. Stockez le fichier dans un dossier spécifique de votre système.

2.7.1 Choix du dossier d'installation

Vous devez choisir entre implanter le programme Joomla! directement dans le dossier racine des documents du serveur (*/xampplite/htdocs*) ou dans un sous-dossier. Le choix influe sur l'adresse publique que devront saisir les visiteurs pour accéder à votre page d'accueil.

Exemple

Si vous installez Joomla! directement dans le sous-dossier */htdocs*, vous accédez à votre page d'accueil en indiquant le nom de votre domaine du style *http://www.monsite.fr* (ou *http://localhost/* pour les essais locaux). Si vous créez un sous-dossier dans */htdocs/* du type */htdocs/Joomla150/*, puis y implantez les fichiers de l'archive, il faut ensuite indiquer *http://localhost/Joomla150/* pour accéder au site. Pour les essais locaux, cela ne pose pas de problème, mais l'adresse est moins facile à mémoriser pour les visiteurs.

Votre environnement d'exploitation local xampplite sous Windows installe quelques fichiers HTML et quelques sous-dossiers dans */htdocs*, par exemple pour la page d'accueil de xampplite (voir Figure 2.6). Il en va de même sous Linux, avec d'infimes variations selon la distribution et les réglages du serveur.

Répertoire racine

Nous vous proposons d'opter pour l'approche du sous-dossier. Créez dans */xampplite/htdocs*, un sous-dossier nommé *joomla150*. Sous Windows, utilisez l'Explorateur et, sous Linux, la ligne de commandes ou votre navigateur de fichiers préféré (Konqueror, Nautilus, Midnight Commander) :

```
[Installation de XAMPP]/htdocs/joomla150/
```

Après cette opération, la structure arborescente devrait se présenter ainsi (exemple sous Windows en Figure 2.9).

Figure 2.9

Le dossier devant recevoir Joomla!.

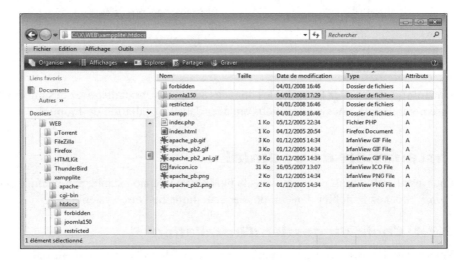

Si vous tentez maintenant d'accéder à l'adresse locale *http://localhost/joomla150/*, vous voyez avec Xampplite une page vide (voir Figure 2.10).

Figure 2.10

Affichage du sous-dossier
vide par Apache.

Sous Linux ou si la configuration est différente, vous recevrez peut-être un message vous indiquant que vous n'avez pas accès en écriture à ce dossier. Cette situation dépend de la configuration du serveur Web qui empêche, pour des raisons de sécurité, l'affichage du contenu des dossiers. En effet, un attaquant potentiel pourrait se servir de ces informations pour préparer un mauvais coup.

Souvent, vous ne pouvez même pas au départ aller modifier le paramètre dans le serveur Web Apache car le fichier est protégé. Si vous avez supprimé cette interdiction, laissez malgré tout la protection précédente en vigueur (masquage des contenus des dossiers).

Désarchivage

Vous pouvez maintenant extraire les fichiers de l'archive (paquet) Joomla! et les placer dans le sous-dossier que vous venez de créer (y compris tous les sous-dossiers, tels quels). Le fichier d'archive est au format Tarball compressé. Sous Windows XP ou Vista, vous avez d'office accès au contenu dans l'explorateur. Dans les anciennes versions de Windows, vous devez disposer d'un utilitaire du style TUGZip (*www.tugzip.de*).

Cette structure est la même quelle que soit la plate-forme, seul l'affichage pouvant varier. La figure suivante montre la fenêtre d'un logiciel client FTP. Le volet gauche est le disque local et le volet est le serveur Web.

Installateur Web de Joomla!

À partir de maintenant, tout va aller très vite, car Joomla! est doté d'un installateur fonctionnant dans votre navigateur. Allez à l'adresse *http://localhost/Joomla150/*.

Figure 2.11

Les fichiers de Joomla! installés.

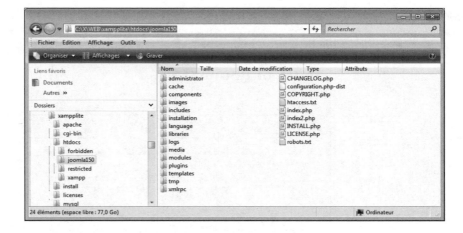

Figure 2.12

Transfert de Joomla! *via* FTP sur un serveur.

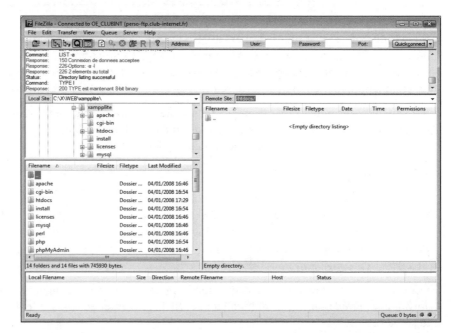

Étape 1 – Choix de la langue

L'installateur vous demande en français de choisir votre langue. Vous êtes face à la première des sept étapes de l'installation. Une fois votre choix fait, cliquez sur le bouton SUIVANT en haut à droite (voir Figure 2.13).

Figure 2.13

Installateur – Choix de la langue.

Étape 2 – Vérification de préinstallation

Vous passez alors à l'étape de vérification (voir Figure 2.14). Cette précaution permet de vérifier que l'environnement logiciel convient à l'installation de Joomla!.

Figure 2.14

Installateur – Vérification de préinstallation.

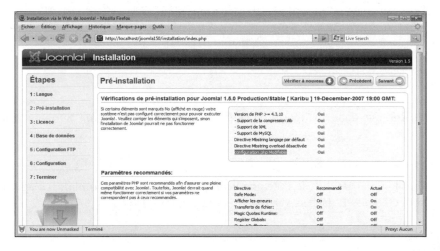

Si vous voyez une grande majorité de témoins verts, c'est bon signe. Les détails varieront selon votre configuration. L'installateur de Joomla! tient comptes des options de configuration du serveur Web Apache, de PHP et du système d'exploitation. Vous devez notamment vous souciez des droits d'accès en écriture si vous utilisez un système de type Unix (Linux, Mac OS X). Intéressez-vous particuliè-rement au fichier nommé *configuration.php* qui est généré en fin d'installation avec des valeurs spécifiques. Si l'installateur n'a pas le droit d'écrire dans le dossier concerné, Joomla! ne peut pas générer ce fichier et l'installation échoue. Prenez donc le temps de configurer correctement les droits d'accès. Vous pouvez alors cliquer sur le bouton VÉRIFIER À NOUVEAU.

Tous les systèmes d'exploitation actuels (Windows, Linux, Mac OS X) sont multi-utilisateurs et tous disposent d'un mécanisme de contrôle des accès aux fichiers et aux dossiers utilisant plusieurs niveaux : lecture, écriture, lecture/exécution, modification et accès complet. Les détails des droits d'accès varient d'un système à l'autre.

Dans la lignée des systèmes Windows, une ligne de démarcation peut être tracée entre les systèmes antérieurs à Windows NT (dont Windows 98 et Me) et les systèmes postérieurs à NT (XP et Vista). À partir de NT, les dossiers, les fichiers et les processus sont gérés par des listes de contrôle d'accès ACL. Si ces listes ACL ne sont pas définies, tous les utilisateurs ont un accès complet à tous les objets. Voilà pourquoi vous n'aurez au départ aucun problème pour exploiter XAMPP et Joomla! sur un tel système. En revan-che, dans Vista, la sécurité a été renforcée pour l'exécution des processus. C'est pourquoi vous devez en général autoriser expli-citement l'exécution d'un serveur Web et d'un gestionnaire de bases de données.

Dans les systèmes de style Unix (Linux, Mac OS X) les droits d'accès sont gérés pour trois groupes d'utilisateurs (le propriétaire, son groupe et les autres) avec les niveaux lecture, écriture et exécution. Vous modifiez les attributs de droits d'accès des utilisateurs au moyen de la commande **chown** et les droits d'accès aux fichiers au moyen de la commande **chmod**. Votre outil de transfert FTP dispose de ces deux commandes (il suffit en général de faire un clic droit sur le nom du fichier dont vous voulez modifier les droits). Pour une explication complète, voyez par exemple la page suivante :

http://fr.wikipedia.org/wiki/Permissions_Unix

Dans le cas d'un serveur partagé chez un fournisseur d'accès, il peut arriver que le serveur Web soit configuré avec des droits et des permissions différents de ceux dont dispose l'utilisateur de FTP. Lorsque vous transférez un fichier, il hérite des droits d'accès du serveur Web (par exemple avec l'utilisateur **wwwrun**). Il peut arriver que vous ne puissiez plus ensuite supprimer le fichier à partir de votre compte d'utilisateur FTP (par exemple, *Bertrand*). La raison en est que l'utilisateur FTP n'est pas dans le même groupe d'utilisateurs que le serveur Web.

Si vous optez pour la solution rapide XAMPP lite sous Windows, vous devriez obtenir le même résultat que dans les figures de ce livre. Cliquez sur le bouton SUIVANT pour passer à l'étape de la licence.

Étape 3 – Licence

Tout logiciel est diffusé avec une licence. Dans le cas de Joomla!, il s'agit de la licence de logiciel libre GNU/GPL dans sa version 2.0 (voir Figure 2.15).

Vous trouverez une traduction française non officielle de la licence à l'adresse suivante : *http://www.linux-france.org/article/these/gpl.html*

Prenez le temps de parcourir ce texte. Il s'agit d'un des textes les plus connus dans le monde du logiciel.

Figure 2.15

Installateur – Licence.

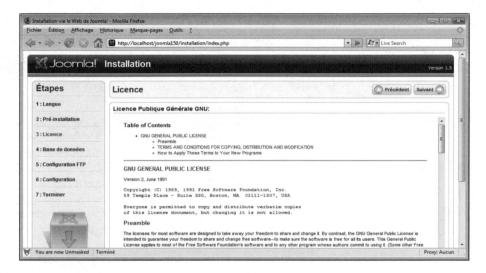

Étape 4 – Base de données

L'étape suivante propose un formulaire concernant les paramètres d'accès à la base de données (voir Figure 2.14). Dans l'environnement xampplite, vous pouvez exploiter autant de bases que nécessaire. Un utilisateur existe avec le nom *root* sans mot de passe. Dans le SGBD MySQL, l'utilisateur nommé *root* est l'administrateur. Il a plein accès à ce système. L'installation sans définir de mot de passe est une brèche de sécurité qui n'est acceptable que lors d'une installation locale, en vue de prendre en main le système rapidement. Une fois votre site prêt à être publié, vous devez absolument le protéger au moyen d'un mot de passe (*http://localhost/security/*).

Uniquement dans le cadre d'une installation locale, vous pouvez spécifier les valeurs suivantes :

- nom du serveur : `localhost` ;
- nom d'utilisateur : root ;
- mot de passe : [laisser vide – mais attention à la sécurité !].

Il vous reste encore à choisir le nom de la base de données. Dans une installation locale XAMPP, vous pouvez définir plusieurs bases auxquelles l'utilisateur root aura accès. Dans un environnement de production sur un serveur distant, une limite au nombre de bases de données vous sera sans doute imposée. De plus, les paramètres d'accès à vos bases sont prédéfinies par le fournisseur d'accès.

Nous pouvons dans notre situation indiquer le nom d'une base qui n'existe pas encore (joomla150).

Cliquez ensuite dans le triangle vert des paramètres avancés.

Figure 2.16

Installateur – Configuration
de la base de données.

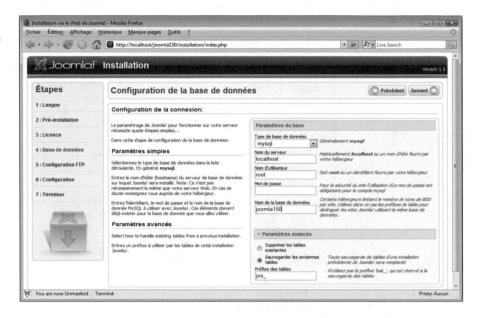

Vous pouvez alors choisir de supprimer ou de sauvegarder les tables de données d'une installation Joomla! antérieure en remplaçant le préfixe actuel par le préfixe bak_.

Le préfixe de table MySQL est un paramètre très pratique. Il est ajouté en début de nom de toutes les tables générées par l'installateur ; il est ainsi possible de distinguer les tables des différentes bases. Par défaut, l'installateur propose jos_.

Ce préfixe sert notamment lorsque l'hébergeur ne fournit qu'une seule base de données. Dans ce cas, le préfixe est le seul moyen de distinguer les tables lorsque vous créez deux sites Web avec Joomla!. Vous pouvez ainsi jongler avec les tables, comme dans jos_dubois_ ou jos_dupont_. Conservez le préfixe proposé, jos_. Ce préfixe permet ensuite de distinguer les données sauvegardées (bak_).

Étape 5 – Configuration FTP

À partir de la version 1.5, Joomla! permet d'éviter les problèmes de droits d'accès provoqués par un éventuel mode sécurisé PHP (*Safe Mode*). Vous pouvez dorénavant exploiter les fonctions FTP de PHP pour transférer et gérer les données distantes. Cela ne vous concerne pas dans le cas d'une installation locale de XAMPP lite. En revanche, si vous comptez installer Joomla! sur un serveur Web partagé, spécifiez les paramètres FTP ici, tels que vous les a transmis votre fournisseur. S'il autorise cette fonction, vous avez également pour des raisons de sécurité tout intérêt à créer des comptes FTP différents pour vous en tant qu'utilisateur et pour Joomla!. N'autorisez le compte FTP Joomla! que pour le dossier Joomla! correspondant (voir Figure 2.17).

Figure 2.17

Installateur – Configuration FTP.

Étape 6 – Configuration du site

Cette importante étape de configuration de Joomla! compte trois parties.

Dans la première partie, vous devez fournir le nom de votre site Web. Il apparaîtra par exemple dans la barre de titre du navigateur de vos visiteurs. Il est également utilisé en différents autres endroits, par exemple dans les courriels de confirmation d'inscription. Dans notre exemple, nous choisissons le nom Joomla! 1.5.0 (voir Figure 2.18).

Figure 2.18

Installateur – Configuration du site (mot de passe).

Dans la deuxième phase, vous devez définir les chemins d'accès au site Web, l'adresse de messagerie de l'administrateur et son mot de passe. **Notez bien ce mot de passe** et placez votre note dans un endroit sûr (ne la collez pas sur l'écran ni sous le clavier).

Dans la dernière phase, vous pouvez décider quelles données doivent être disponibles dès le départ dans Joomla! (voir Figure 2.19).

Figure 2.19

Installateur – Configuration du site (données d'exemples).

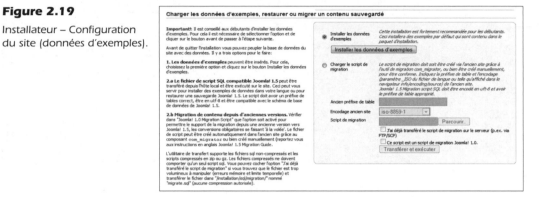

Installation des données d'exemples

L'installateur de Joomla! vous invite fortement à installer les données d'exemples pour peupler votre site Web initial. Cela vous permettra d'explorer le programme sans crainte.

Charger le script SQL local

Lorsque vous avez construit un site Web Joomla! local, vous aurez besoin de transférer les données vers votre site sur Internet. Cette option permet d'indiquer les fichiers *.sql* de la version locale qui contiennent vos données Joomla!. Le contenu des fichiers doit coïncider parfaitement avec le schéma de base de données de Joomla! 1.5 et utiliser le codage de caractères UTF8. Nous donnons d'autres détails à ce sujet dans l'Annexe.

Charger le script de migration

Cette option permet de convertir une ancienne installation Joomla! 1.0.x vers la version 1.5. Nous décrivons la migration dans l'Annexe.

Vous constatez que l'installateur propose par défaut d'installer les données d'exemples. Acceptez cette option car nous découvrirons Joomla! en nous servant de ces exemples.

Cliquez donc sur le bouton INSTALLER LES DONNÉES D'EXEMPLES. L'installateur s'exécute puis modifie l'affichage (voir Figure 2.20). Observez bien car il n'est pas très évident de s'assurer que l'opération a réussi. Le bouton disparaît au profit d'une petite fenêtre contenant du texte.

Figure 2.20

Installateur – Confirmation d'installation
des données d'exemples.

Il ne reste plus qu'à cliquer sur le bouton SUIVANT pour que vos données soient prises en compte.

Étape 7 – Terminer

Cette dernière étape vous félicite pour avoir réussi l'installation (voir Figure 2.21). Lisez bien le message écrit en rouge et en gras. Vous devez absolument aller supprimer le sous-dossier nommé installation (dans *xampplite\htdocs\joomla150*). Si vous ne le faites pas, votre site Web ne pourra pas fonctionner.

 Les lecteurs qui désireraient voir comment construire un site Web à partir de zéro trouveront une réponse au Chapitre 16.

 Un fichier nommé *configuration.php* a été généré dans votre dossier *joomla150*. Si vous devez relancer l'installation, il faut supprimer ce fichier avant de tenter de supprimer le dossier principal d'installation. Cela permet à l'installateur de redémarrer à partir de zéro lorsque vous demanderez à accéder depuis votre navigateur à l'adresse à laquelle se situent les données Joomla!

Votre identifiant d'administrateur est toujours admin. Vous avez bien noté le mot de passe ?

 Si vous avez oublié ou perdu le mot de passe, l'Annexe donne une solution.

Figure 2.21

Installateur – Terminer.

L'installation est terminée. Vous pouvez maintenant personnaliser votre site et y insérer des contenus. Vous avez le choix entre accéder à la page d'accueil (bouton SITE en haut à droite) ou la partie administrative (bouton ADMIN).

Allez donc d'abord voir à quoi ressemble la partie publique de votre site en cliquant sur SITE. Si vous n'avez pas encore supprimé le sous-dossier *installation*, un message vous redemande de le faire. Vous pouvez ensuite actualiser la page.

Le résultat est tout à fait encourageant (voir Figure 2.22).

Prenez possession de votre propriété, cliquez, trouvez vos repères. Ce site d'exemple présente de nombreuses fonctions de Joomla!. Nous allons les découvrir une à une dans le chapitre suivant.

Figure 2.22

La page d'accueil du site juste après installation de Joomla!.

3 Visite guidée du site d'exemple

Votre site est installé et paramétré. Nous pouvons maintenant aller voir ce qu'il permet d'envisager. Au premier coup d'œil, la page peut sembler assez chargée. Il s'agit de la page publique (Frontend). Il existe aussi une page d'accueil pour l'administration (Backend). Seule la partie publique est accessible aux visiteurs, comme une boutique. La partie arrière, l'atelier, n'est connue que des administrateurs, auteurs et rédacteurs de contenus.

3.1 Partie publique Frontend

Si vous analysez la page, vous découvrez des régions distinctes qui correspondent à autant de fonctions. Le choix d'implanter des données d'exemples lors de l'installation permet de visualiser l'effet de ces différentes fonctions.

Pour simplifier la découverte, nous avons ajouté des légendes aux différentes sections, dans la figure suivante.

Figure 3.1

Structure de la page d'accueil du site d'exemple.

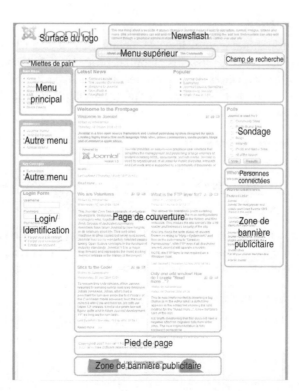

L'art de la conception Web a comme objectif de permettre au visiteur de repérer le plus vite possible les éléments essentiels, en ignorant dans un premier temps ce qui l'est moins, en somme d'organiser le placement des informations de façon logique, agréable et facile à appréhender. Le résultat est toujours un compromis entre richesse fonctionnelle et esthétique.

L'architecture d'une page Web peut faire penser à un journal ou à un portail comme celui de Yahoo! ou de Wanadoo. Des colonnes à gauche et à droite proposent des encadrés (modules) aux contenus prédéterminés. La partie centrale (Main Body) reçoit les informations.

La mise en page est définie par un template (*modèle*). Vous pouvez changer de modèle sans changer de contenu ou bien modifier le template courant, souplesse que la presse quotidienne envie au Web.

Découvrons la maquette d'exemple. Elle contient cinq catégories de sections :

- des menus ;
- des contenus ;
- des publicités ;
- des fonctions complémentaires ;
- des éléments décoratifs.

3.1.1 Les menus

Les menus doivent permettre au visiteur de naviguer sur le site le plus aisément possible. Il existe des menus différents selon les besoins. Joomla! propose dans l'exemple six menus prédéfinis, et vous pouvez en ajouter d'autres ou en masquer certains. À vrai dire, un des menus n'est pas visible dans l'exemple. Il s'agit du type *usermenu*, qui n'est visible que par les utilisateurs enregistrés une fois qu'ils ont ouvert une session.

Le menu supérieur (topmenu)

Figure 3.2

Le menu supérieur.

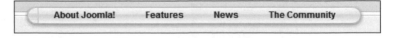

Joomla! propose tout en haut de page un menu horizontal dont le nom technique est *topmenu* (voir Figure 3.2). Il doit permettre au visiteur d'accéder depuis n'importe quelle page aux contenus essentiels : retour à la page d'accueil, actualités, contact et liens.

Le menu principal (mainmenu)

Le menu principal (nom technique *mainmenu*) est le moyen de navigation principal de toute page (voir Figure 3.3). Ce menu doit toujours proposer un lien pour revenir à la page d'accueil (Home) et se trouver au même endroit sur toutes les pages. Il participe au confort de la visite en évitant à l'utilisateur de se perdre dans le dédale de pages. Vous disposez aussi de la technique des miettes de pain. (*breadcrumbs*) Elle consiste en liens déposés sur les pages pour revenir en arrière dans la navigation ou se diriger vers des sections apparentées à la page actuelle.

Figure 3.3

Le menu principal.

Les menus complémentaires (othermenu)

Vous pouvez ajouter un menu complémentaire (nom technique *othermenu*) en différents points prédéfinis (des positions de modules). L'ajout de tels menus dépend des particularités des pages. Un site de e-commerce aura par exemple souvent besoin de menus complémentaires.

Figure 3.4

Un menu complémentaire.

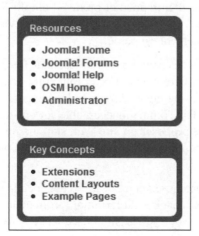

3.1.2 Les contenus

Les voici enfin, ces contenus ! Ce sont les informations à diffuser et à administrer.

Qu'est-ce qu'un contenu ?

Un contenu peut prendre la forme statique d'un communiqué, d'un article rédactionnel ou d'une page d'explications. Il peut aussi s'agir de données générées à la demande, donc dynamiques, comme les résultats d'une recherche dans Google, une liste d'articles dans un cybermagasin ou un site de vente aux enchères.

Les contenus peuvent aussi être modifiables par tout visiteur. C'est le cas de l'encyclopédie libre Wikipedia (*http://www.wikipedia.fr/*) dont l'approche communautaire se nomme d'ailleurs Wiki. Cette liberté de modifier n'importe quel contenu semble jusqu'à présent fonctionner. Personne ne tente de rédiger ni de modifier du contenu sans avoir les compétences requises (hormis quelques débats passionnés relatifs à la structure ou aux contenus).

L'exact contraire de l'approche Wiki est le contenu statique. Une fois rédigé, il reste valable tel quel pendant une période de temps assez longue, comme un livre imprimé. Si le sujet abordé est en évolution perpétuelle (comme c'est le cas de ce livre), certains aspects du contenu statique deviennent rapidement obsolètes. Il offre néanmoins l'avantage de constituer un point de référence et une présentation complète et didactique du thème. L'auteur de contenus doit les mettre à jour, ce qui constitue une forme de gestion de contenus, les outils étant dans ce cas par exemple Joomla! et OpenOffice.org.

Les prospectus, dépliants, communiqués d'entreprise et modes d'emploi sont par nature statiques. Ils sont destinés à documenter un objet concret ou un événement et deviennent obsolètes lorsque l'objet n'est plus en usage ou que l'événement est passé.

Les anciens sites Web ne proposaient que des contenus statiques, mais Internet accélère le temps. Ce qui est toléré, voire souhaitable, pour un livre, une notice et tout autre document imprimé (ce qui y est décrit devient un lot de connaissances partagés entre tous les lecteurs, une source en termes de formation et de recrutement) sera considéré comme inacceptable sur un site Web. Il est très dommageable pour l'image d'une entreprise de proposer un site Web statique dont les contenus n'ont pas évolué depuis des années, avec un joli bouton « *Powered by...* » menant à un logiciel de création qui n'a plus cours depuis des lustres.

Les possibilités de mise en forme des contenus sont très variées et dépendent d'abord des contraintes de bande passante (vitesse d'accès), des capacités du terminal (ordinateur, assistant personnel, téléphone), donc des possibilités du visiteur. Vous devez par conséquence vous soucier d'abord de votre cible d'audience. Comment la déterminer ?

Une règle très simple s'impose :

L'essentiel, c'est le contenu !

C'est le contenu qui fait l'audience. Les agences de publicité Web sourient de ce postulat puis retournent à leur conception de sites Web à la chaîne. Après tout, les milliards dépensés en publicité pour des épinards surgelés et des automobiles sont la meilleure preuve qu'il est possible de communiquer efficacement sans attirer l'attention par la qualité du contenu.

Le principe consistant à considérer le contenu comme déterminant reste valable, l'expérience le prouve. Si vous n'avez rien à dire ni à proposer, personne n'aura envie de vous lire ni de vous écouter si vous ne comptez pas consacrer des millions à attirer l'attention par la publicité. C'est peine perdue que de peaufiner l'aspect visuel de vos pages pour le plus grand nombre de périphériques possible si ces pages sont quasi vides. Personne ne viendra vous voir.

Réfléchissez sérieusement à la teneur de vos contenus ! Une fois publiés, ils vont devenir accessibles au monde entier et chacun peut se retourner contre leur auteur. Vous pourriez devenir la cible de procès, des critiques de vos collègues et autres péripéties désagréables.

Mais cette communication planétaire est aussi un formidable atout : tout le monde peut y accéder, réagir et prendre contact avec vous. Une opportunité incomparable !

Tenez compte de ces deux points lorsque vous rédigez tous vos contenus.

Première page ou page d'accueil (Frontpage)

C'est sur cette page que sont présentés les articles mis en vedette.

Figure 3.5

La page d'accueil d'un site.

Tout contenu a comme attributs le nom de l'auteur, la date de rédaction, le titre, le chapeau (introduction) et parfois des illustrations. Le chapeau doit être rédigé pour donner envie au visiteur de lire la suite en cliquant sur le lien automatique Lire la suite.... À chaque article peuvent être associées plusieurs autres commandes : imprimer, accéder au fichier PDF, envoyer comme courriel à un ami, etc.

Derniers articles/Articles les plus consultés

Les articles peuvent se présenter sous différentes formes mais, dans tous les cas, les visiteurs s'intéressent d'abord aux plus récentes informations et à celles qui sont les plus lues (voir Figure 3.6).

Figure 3.6

Derniers articles/Articles les plus consultés.

Latest News
- Content Layouts
- The Joomla! Community
- Welcome to Joomla!
- Newsflash 4
- Newsflash 5

Popular
- Joomla! Overview
- Extensions
- Joomla! License Guidelines
- Welcome to Joomla!
- What's New In 1.5?

Le modèle d'exemple prévoit une section dans laquelle sont affichés les titres des cinq articles les plus récents (LATEST NEWS) et une autre qui affiche les titres des cinq articles les plus consultés (POPULAR). Joomla! gère en effet des compteurs de lecture pour tous les articles qui sont incrémentés lors de chaque accès à l'enregistrement d'un contenu dans la base de données.

3.1.3 La publicité

Si votre site génère assez d'affluence par l'intérêt de ses contenus, vous pouvez envisager de louer un espace publicitaire. La principale forme de publicité Web est la bannière, une image rectangulaire à l'italienne (plus large que haute) au format .GIF, .JPG, .PNG ou .SWF. L'attrait visuel de la bannière doit inviter le visiteur à cliquer sur l'image pour se rendre sur le site de l'annonceur, et donc quitter le vôtre. Si vous acceptez cela, il suffit d'utiliser la section réservée à cet effet dans le modèle de page en laissant clairement comprendre qu'il s'agit d'une publicité.

Section de bannière

La section de bannière accepte des liens texte (voir Figure 3.7) ou des graphiques (voir Figure 3.8). Le format de bannière graphique devenu standard est un bandeau de 468 pixels de large sur 60 pixels de haut.

3.1.4 Les fonctions

Les fonctions d'un site Web sont les éléments interactifs. Dans Joomla!, elles correspondent à des modules. Un module est un élément qui occupe un certain espace sur les pages et qui remplit une certaine fonction dynamique.

Figure 3.7

La section de bannière
avec des liens texte.

Figure 3.8

La section de bannière avec une bannière graphique.

Section de connexion (Login Form)

Ce module permet de trier les visiteurs du site en deux catégories : ceux qui restent anonymes, et ceux qui désirent devenir utilisateurs réguliers et qui ont alors accès à la partie privative du site. Ces utilisateurs doivent pouvoir se faire connaître en créant un compte (en s'enregistrant) puis pouvoir ouvrir une session lors de leurs prochaines visites. Il faut aussi prévoir le cas des utilisateurs qui oublient leur mot de passe. Le module Login prend en charge toutes ces situations.

Figure 3.9

Le module d'ouverture
de session Login Form.

Login Form

Username

Password

Remember Me ☐

[Login]

- Forgot your password?
- Forgot your username?
- Create an account

Module de sondage (Polls)

Puisque vos contenus sont *a priori* ciblés, il est intéressant de demander régulièrement à vos visiteurs de donner leur avis sur un sujet qui les concerne. C'est la solution la plus simple pour savoir notamment ce qu'ils pensent de votre site.

Figure 3.10

Le module de sondage (Polls).

Joomla! intègre un module de sondage qui affiche un pavé sur la page d'accueil.

Le module de témoin de présence (Who's online ?)

Cet autre module est clairement orienté communauté. Le visiteur apprécie de savoir combien de personnes sont actuellement en train de visiter le même site. Les visiteurs anonymes sont distingués des utilisateurs enregistrés.

Figure 3.11

Le module de témoin de présence (Who's online ?).

Who's Online
We have 1 guest online

 Réfléchissez avant d'activer l'affichage de ce genre de module sur votre site. Si vous prétendez dans le contenu que vous êtes site français d'échanges de sonneries pour portables le plus important, et que les visiteurs voient qu'ils sont seuls sur le site, vous perdez toute crédibilité et donc toute chance de réaliser votre rêve.

En revanche, si vous avez presque en permanence 10 à 20 visiteurs en ligne, le fait de le signaler augmente l'intérêt du site et son dynamisme.

Fils d'actualité (NewsFeeds)

Les fils d'actualité sont de plus en plus courants. Il s'agit de sélections de vos contenus pouvant être envoyés à ceux qui s'y abonnent. C'est en quelque sorte du contenu sans son habillage. Le module d'abonnement *Syndicate* sait exploiter plusieurs standards de Feeds. Nous en reparlons au Chapitre 10.

Figure 3.12

Le module d'abonnement Syndicate.

Le champ de recherche

Un autre élément systématique que tout visiteur s'attend à trouver sur votre site est la fonction de recherche locale. Cette fonction est souvent disponible sur les sites Web, mais il n'est pas rare qu'elle soit incomplète, c'est-à-dire qu'elle ne scrute pas tous les contenus. Dans Joomla!, absolument toutes les pages sont prises en compte.

Il suffit de cliquer dans le champ de saisie, d'indiquer le critère et de valider avec la touche ENTRÉE. Vous obtenez en réponse une liste de liens dans lesquels le critère est mis en exergue.

Figure 3.13

Le module de recherche.

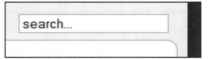

3.1.5 Les éléments décoratifs

Après avoir découvert les contenus, les modules et les fonctions, voyons la partie visuelle, celle qui donne son identité, sa personnalité au site, qu'il s'agisse d'une entreprise ou d'un particulier.

L'aspect visuel est déterminé par le modèle (*template*) qui joue le rôle d'une structure invisible dans laquelle sont versés les contenus et les modules à des positions prédéfinies. Afin que les préférences de chacun soient satisfaites, le modèle en vigueur sur un site peut être changé avec les mêmes contenus. Vous pouvez par exemple adopter un modèle en hiver et un autre en été ou un modèle particulier pendant la coupe du monde de football. Nous abordons la création des modèles au Chapitre 13.

L'essentiel d'un modèle est de définir des zones pour les contenus, une combinaison de couleurs, un ou plusieurs logos, un choix de polices pour les textes, le tout en sorte d'offrir un résultat cohérent et attrayant. Le modèle d'exemple comporte deux logos et un pied de page.

Figure 3.14

Exemple de logo.

3.1.6 Le point de vue global

Après ce tour d'horizon concret, vous devinez sans doute que la maintenance et la mise à jour d'un tel site peuvent représenter un travail non négligeable. Joomla! simplifie ces tâches autant que faire se peut. L'essentiel est de conserver un point de vue global sur le site.

3.2 Administration (Backend)

L'administration du site se déroule dans la partie arrière (Backend) qui est une sorte de site bis appelé Joomla! Administration. Vous accédez à la page d'accueil de l'administration par l'adresse suivante :

[NomDomaine]/administrator/

Dans le cas de l'installation locale de notre exemple, l'adresse réelle devient :

http://localhost/joomla150/administrator/

Figure 3.15

Ouverture de session pour l'administration de Joomla!.

Comme nom, indiquez admin. Comme mot de passe, saisissez celui généré par l'installateur ou choisi par vous pendant l'installation (dernière étape de l'installation).

La page d'accueil propos une barre de menus, une barre d'outils avec des boutons et des onglets de pages d'options, c'est-à-dire une interface conforme aux canons actuels de l'ergonomie.

Vous remarquerez que l'interface n'est que partiellement en français.

Figure 3.16

Page d'accueil de l'interface
d'administration de Joomla!.

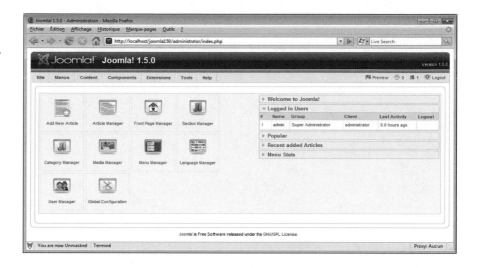

Nous verrons dans au prochain chapitre comment intervenir sur les langues de l'interface. Les données d'exemples de la partie publique resteront en anglais, car elles ne sont pas encore traduites et seront très vite remplacées par vos propres contenus.

Dans un environnement de production, vous devriez protéger le dossier suivant par un fichier caché `.htaccess` :

`[InstallJoomla!]/administrator/`

Le grand succès de Joomla! laisse craindre que les tentatives d'intrusion dans la partie administrative vont se multiplier. Cherchez sur le Web comment établir ce fichier de protection. Voyez par exemple la page suivante :

http://www.joomlafacile.com/Questions-diverses/Securisez-votre-administration.html

Partie

E

ADMINISTRATION DE JOOMLA! 1.5

LE CAMPUS

4 Adapter Joomla! – Langue et modèle

Nous avons vu au chapitre précédent que la partie administrative permettait d'adapter la structure de votre site Web et de lui injecter des contenus.

Tout utilisateur non anglophone doit réaliser en premier ces deux opérations : vérifier et modifier la langue de l'interface puis personnaliser les structures des menus et les couleurs du template.

Voyons donc tour à tour ces deux étapes primordiales.

4.1 Vérifier et changer la langue du site public et de l'administration

Si vous prévoyez de vous adresser à des visiteurs francophones, soit environ 100 millions de personnes, vous devez bien sûr commencer par basculer votre site Web entièrement en français.

En revanche, si vous prévoyez une fréquentation internationale, vous opterez plutôt pour la langue anglaise. Pour le français, vous pourriez même, si le site est destiné aux enfants, envisager une formulation des expressions fondées sur le tutoiement. Mais cette variante n'est actuellement pas disponible dans Joomla!

Quel que soit votre choix, vous pourrez avoir besoin d'un fichier de langues. Pour le français, les traductions ont déjà été intégrées. Pour d'autres langues, il faudra récupérer les fichiers de langues sur le site Web officiel approprié.

4.1.1 Installation d'un fichier de langues

Si nécessaire, récupérez les fichiers de langues depuis le site officiel de Joomla!. Normalement, vous devez disposer d'un fichier de langues pour la partie publique et d'un second pour la partie administrative.

Pour installer les fichiers, ouvrez une session d'administration comme indiqué au Chapitre 2. Ouvrez ensuite le menu EXTENSIONS et choisissez INSTALLER/DÉSINSTALLER (voir Figure 4.1).

Figure 4.1

Installation d'un
fichier de langues.

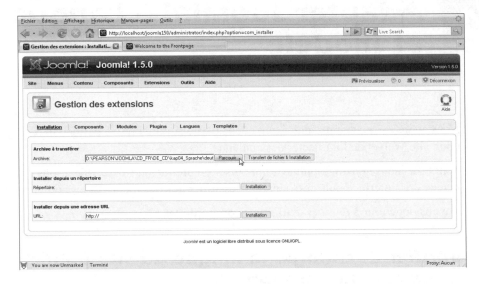

Vous pouvez installer les fichiers de langues de trois manières :

- en effectuant un transfert local des fichiers déjà situés sur le PC ;

- en accédant à un dossier du domaine des documents de votre serveur Web ;

- en fournissant une adresse URL qui mène au fichier désiré.

Supposons la première approche. Dans ce cas, vous cliquez sur le bouton PARCOURIR de la première section puis vous désignez le fichier compressé *.zip*. Vous cliquez ensuite sur l'autre bouton, TRANSFERT DE FICHIERS ET INSTALLATION. Si tout se passe bien, vous obtenez ensuite un message dans ce style :

```
Install Language Success
```

Faites de même avec le second fichier de langues.

Rendez-vous ensuite au niveau du Gestionnaire de langues par la commande EXTENSIONS > GESTION DES LANGUES. Notez bien qu'il y a deux onglets dans la partie inférieure, Site et Administrateur. Au départ, vous voyez que les deux langues anglais et français sont installées (*french FR*).

Vérifiez que la coche verte est bien située dans la ligne du français. Si ce n'est pas le cas, cliquez dans le bouton radio à gauche dans la ligne désirée puis cliquez sur l'icône DÉFAUT en haut à droite (voir Figure 4.2). C'est toujours dans ce coin supérieur droit que sont réunis les boutons-icônes des actions applicables.

N'oubliez pas également de vérifier la langue de la partie administrative. Votre Joomla! doit maintenant se présenter en français dans les deux parties. C'est une chose que les utilisateurs francophones attendaient depuis longtemps. Dans Joomla! 1.5, ce désir est enfin satisfait.

Figure 4.2

Sélection de la langue
(Gestionnaire de langues).

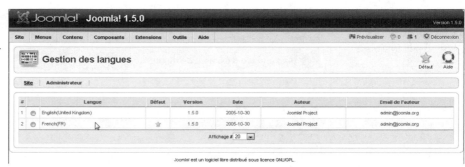

4.1.2 Traduction d'un élément de menu

Si vous accédez à votre site Web local, vous constatez qu'il est en français, mais pas totalement. Rappelons que vous accédez à votre site *via* l'adresse *http://localhost/joomla150/*. Saisissez par exemple le terme contenu dans le champ de recherche en haut.

Vous constatez qu'il n'y a aucun résultat. En effet, l'interface est en français, mais pas les données d'exemples. Si vous effectuez une recherche du terme anglais content, vous obtiendrez plusieurs réponses.

Pourquoi cela ?

Les contenus constituent un autre ensemble de données. L'équipe française de Joomla! a d'abord concentré ses efforts sur la localisation (traduction) de l'interface visible par le public, puis de celle d'administration. D'autre part, les contenus d'exemple vont rapidement être remplacés par vos contenus véritables, et c'est vous qui choisirez la langue dans laquelle ils sont rédigés.

Si vous observez bien la page d'accueil, vous constaterez que certains éléments pourraient néanmoins être déjà francisés. Voyez par exemple la première entrée du menu principal qui indique Home. Voyons comment traduire cette entrée, puis comment traduire le titre du menu Main Menu.

Dans le cas de l'entrée de menu, choisissez MENUS > MAIN MENU. Vous arrivez dans la partie de gestion des éléments de menu. Cliquez sur la ligne du lien HOME (voir Figure 4.3) pour basculer en mode ÉDITION DANS UN FORMULAIRE (voir Figure 4.4).

Pour l'instant, ne cherchez pas à découvrir les nombreuses possibilités de configuration qui s'offrent à vous. Sélectionnez le contenu du champ TITRE et saisissez la traduction Accueil. Frappez la touche TAB pour entrer dans le champ ALIAS et saisissez à nouveau accueil. Cliquez enfin en haut à droite sur le bouton SAUVER. Allez vérifier la page d'accueil en la réactualisant.

Figure 4.3

Le Gestionnaire des
éléments de menu.

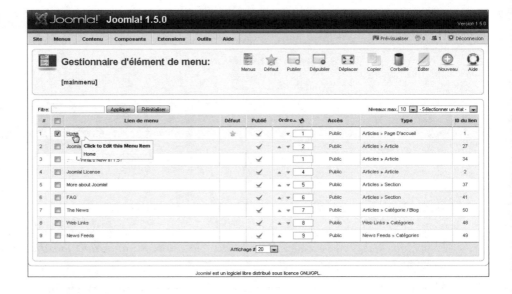

Figure 4.4

Édition d'un élément
de menu.

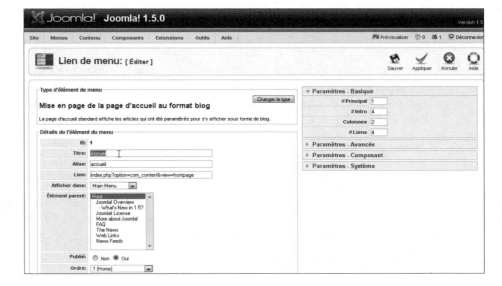

Joomla! distingue les trois actions, Appliquer, Sauver et Fermer :

- Appliquer valide vos modifications et reste en mode Édition ;
- Sauver valide les modifications mais quitte le mode Édition et revient au niveau précédent ;
- Fermer ou Annuler abandonne les modifications en quittant le mode Édition.

4.1.3 Modification d'une entrée (élément) de menu

Pour franciser le titre du menu Main Menu, accédez au Gestionnaire des modules *via* la commande EXTENSIONS > GESTION DES MODULES (voir Figure 4.5). Cliquez sur le lien MAIN MENU pour basculer en mode Édition.

Figure 4.5

La gestion des modules

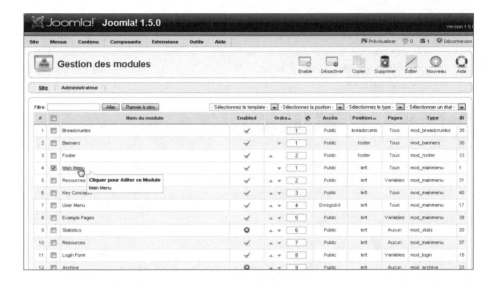

Indiquez comme titre Menu principal puis cliquez sur APPLIQUER ou sur SAUVER. Allez recharger votre page d'accueil pour voir votre menu principal.

4.2 Changement de modèle (template)

Après cette première incursion dans les coulisses de Joomla!, voyons comment modifier en un seul geste l'aspect général du site.

Dans sa version actuelle, Joomla! 1.5.0 est livré avec deux templates : le template par défaut *rhuk_ milkyway* (Kepri) et un nouveau template, qui garantit l'accessibilité des sites aux personnes handi-capées. Il porte le nom de *beez*. Il a fallu remanier une grosse partie du code source de Joomla! 1.0 pour satisfaire aux normes d'accessibilité. Les deux concepteurs allemands Angie Radtke et Robert Deutz ont proposé ce template. Ils ont engagé avec la communauté Joomla! une longue discussion quant à l'intérêt de l'accessibilité des sites Web. Ce template a en conséquence été incorporé à la livraison standard de Joomla!. Cela ne pourra que favoriser la diffusion de Joomla! sur le territoire européen (nous décrivons Beez en détail au Chapitre 14).

Actuellement se déroule un concours sur le site de joomla.org afin de choisir un autre template à incorporer en standard avec Joomla!.

LE CAMPUS

Il est très facile de passer d'un template à l'autre. Voyons d'abord comment ajouter un troisième template aux deux qui sont fournis en standard.

 Le dossier *CHAP17* du CD-ROM contient des modèles complémentaires. Le Chapitre 16 exploite un modèle spécifique au site de vente direct d'un viticulteur (Bertrand).

Pour charger le fichier du nouveau template, servez-vous de la commande EXTENSIONS > INSTALLER/ DÉSINSTALLER, comme pour le fichier de langues en début de chapitre. Cherchez sur le CD-ROM, dans le dossier *CHAP17* le fichier *ngo1.5.zip*. L'installateur indique que le transfert a réussi (voir Figure 4.6).

Figure 4.6

Installation d'un nouveau modèle.

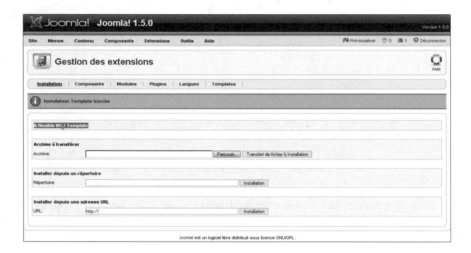

Accédez ensuite à la section de gestion des templates par EXTENSIONS > GESTION DES TEMPLATES. Le template actif une étoile jaune. Lorsque vous amenez le pointeur sur le nom d'un template, vous voyez apparaître un aperçu (voir Figure 4.7).

Figure 4.7

Le Gestionnaire des Templates (modèles).

Pour activer un template, cliquez dans le bouton radio à gauche du nom puis cliquez sur le bouton-action DÉFAUT en haut à droite. L'étoile est placée dans la ligne correspondante. Rafraîchissez l'affichage de votre site Web pour juger de la différence. La Figure 4.8 montre le template Beez. Nous expliquons comment créer de nouveaux templates au Chapitre 13 et verrons un template spécifique au Chapitre 16.

Figure 4.8

Le modèle Beez d'accessibilité.

4.2.1 Personnalisation des couleurs du modèle

Même le template standard *rhuk_milkyway* offre quelques paramètres de personnalisation au niveau des couleurs du premier plan et du fond.

Réinstituez ce template comme expliqué plus haut puis basculez en mode ÉDITION en cliquant dans le bouton radio à gauche du nom du template puis sur le bouton ÉDITER. Certains paramètres ne sont pas modifiables pour le template par défaut. Vous pouvez en revanche changer deux paramètres de couleurs et la largeur du template (voir Figure 4.9).

Figure 4.9

Personnalisation du modèle par défaut rhuk_milkyway.

Vous pouvez essayer de modifier les couleurs et juger du résultat dans votre site Web.

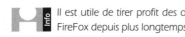 Il est utile de tirer profit des onglets de navigateurs avec Joomla!. Internet Explorer dispose de tels onglets depuis sa version 7, FireFox depuis plus longtemps. Vous pouvez ainsi établir un onglet sur la partie d'administration et un autre sur la partie publique. Il suffit de frapper la combinaison **CTRL+TAB** pour passer d'un onglet à l'autre. Notez que les navigateurs Firefox, Opera, Safari et Konqueror possèdent des onglets depuis plusieurs années. Ils sont cependant pour l'instant moins répandus que IE.

5 Structure de l'administration Joomla!

Joomla! offre à peu près le même confort qu'une application locale à interface graphique, telle que le proposent Windows, Linux (KDE, Gnome) ou Mac OS (Aqua). Ce n'est pourtant pas une chose simple que de produire un progiciel de gestion de site Web ergonomique. L'arme secrète est ici une utilisation intensive du langage de script JavaScript et une intégration poussée de composants Ajax. Ce langage est exécuté localement sur votre machine. Il peut avoir été désactivé dans votre navigateur. Dans ce cas, vous ne pouvez pas utiliser l'interface d'administration de Joomla!. Voilà plusieurs années que les navigateurs savent intégrer JavaScript correctement et qu'il n'y a plus de problèmes majeurs de sécurité. C'est pourquoi vous pouvez activer le support de JavaScript. Je profite de l'occasion pour suggérer aux utilisateurs de Windows d'adopter l'un des navigateurs Open Source Mozilla ou Firefox. Tous deux sont nettement plus sûrs et plus confortables que le navigateur Internet Explorer. À la différence de ce dernier, ces navigateurs se maintiennent en conformité avec les standards Internet édicté par l'organisme W3C.

5.1 Organisation de l'affichage

5.1.1 La barre de menus

Comme la partie publique du site Web, la partie administrative de Joomla! est constituée de plusieurs éléments. La barre de menus en haut (voir Figure 5.1) présente les différents menus. Du côté droit se trouve quatre éléments :

- un lien direct vers le site Web (Prévisualiser) ;
- un témoin d'affichage du nombre de nouveaux courriels reçus ;
- un témoin d'affichage du nombre d'utilisateur actuellement connecté ;
- le bouton Déconnexion.

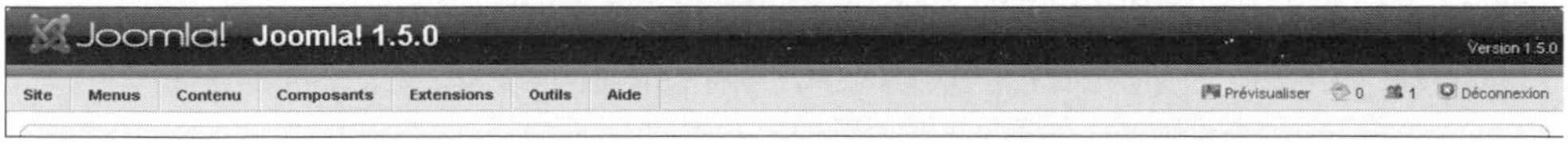

Figure 5.1

La barre de menus.

5.1.2 La barre d'outils

Juste sous la barre de menus se trouve la barre d'outils (voir Figure 5.2). Voici par exemple celle des éléments du menu principal Main Menu.

À gauche est rappelé le nom de la sous-section courante avec son icône. Plus à droite se trouve un nombre variable de boutons-action. Lorsque vous amenez le pointeur sur un tel bouton, il est mis en valeur. Il suffit de cliquer avec le bouton gauche pour lancer la commande correspondante. Le tableau suivant présente les boutons-action que vous rencontrerez le plus souvent.

Tableau 5.1 : Principaux boutons-action de la barre d'outils

Bouton-action	Description
Affecter	(ASSIGN) L'élément sélectionné est associé à un autre élément
Aide	(HELP) Accès à l'Aide en ligne de Joomla!
Annuler	(CANCEL) Les modifications sont abandonnées
Aperçu	(PREVIEW) L'élément sélectionné s'affiche dans une fenêtre indépendante en aperçu
Appliquer	(APPLY) Les modifications sont enregistrées mais la boîte reste ouverte
Archiver	(ARCHIVE) L'élément sélectionné sera envoyé dans l'archive
Copier	(COPY) L'élément sélectionné est récupéré d'une autre section, d'une autre catégorie
Corbeille	(TRASH) L'élément sélectionné sera envoyé dans la Corbeille
Créer	(CREATE) Un sous-répertoire est créé sur le serveur
Défaut	(DEFAULT) L'élément sélectionné devient l'élément standard
Déplacer	(MOVE) L'élément sélectionné est envoyé dans une autre section ou une autre catégorie
Dépublier	(UNPUBLISH) L'élément sélectionné sera retiré de la partie publique
Éditer	(EDIT) L'élément sélectionné est chargé en mode Édition
Nouveau	(NEW/NEW ITEM) Crée un nouvel élément (lien, contact, actualité)
Publier	(PUBLISH) L'élément sélectionné sera publié
Restaurer	(RESTORE/UNTRASH) L'élément sélectionné est récupéré de la Corbeille
Sauver	(SAVE) L'élément sélectionné est enregistré et la boîte fermée
Supprimer	(DELETE ou REMOVE) L'élément sélectionné sera effacé
Transférer	(UPLOAD) Le fichier sélectionné est transféré sur le serveur

5.1.3 Les sous-menus

Souvent, la barre d'outils surplombe des sous-menus. La Figure 5.3 montre les trois sous-menus de la gestion des bannières, avec les trois onglets BANNIÈRES, CLIENTS et CATÉGORIES. Il arrive qu'un message du système soit affiché à cet endroit (voir Figure 5.4).

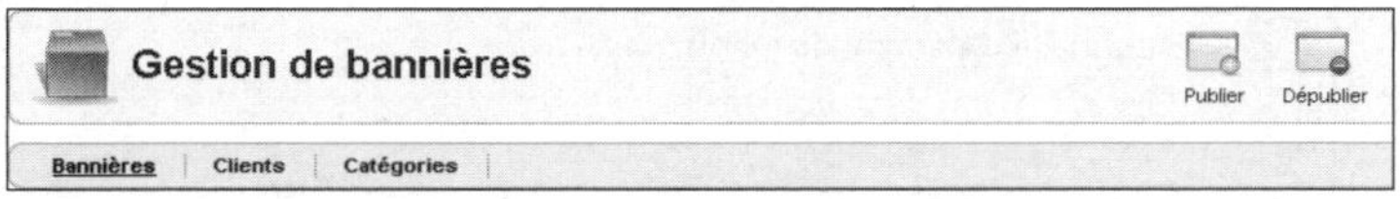

Figure 5.3

Les sous-menus de la gestion des bannières.

Figure 5.4

Les sous-menus de la configuration générale.

5.1.4 Composants de filtrage

De temps à autre, vous avez accès à des composants de filtrage sous les sous-menus. Ils permettent de filtrer les données affichées dans la partie inférieure selon différents critères (voir Figure 5.5). Vous pouvez lancer une recherche ou par exemple n'afficher que les modules situés à une position spécifique. Lorsque vous sélectionnez par exemple un template (*modèle*) dans la liste de filtrage, seuls les modules qui font partie de ce template sont présentés.

Figure 5.5

Composants de filtrage.

5.1.5 Zone d'affichage du contenu

Sous les éventuels composants de filtrage se situe la vaste surface d'affichage des contenus. Elle existe en trois variantes principales.

5.1.6 Listes

Ce format sert à présenter des éléments sous forme de liste. Une case à cocher ou un clic dans une ligne permet de choisir l'élément sur lequel intervenir. La case à cocher du haut de la colonne sert à sélectionner tous les éléments en un seul geste. Ce genre de liste contient souvent une fonction de tri.

Fréquemment, vous pouvez activer ou désactiver un élément en cliquant directement sur son nom. Sous la liste apparaissent parfois des boutons de navigation. En bas de fenêtre, un champ permet de définir le nombre d'éléments listés pour chaque page écran. L'exemple correspond au contenu du menu Key Concepts (voir Figure 5.6).

Figure 5.6

Exemple de contenu au format liste.

5.1.7 Format boîte de dialogue

Ce format permet d'afficher les détails d'un seul élément (voir Figure 5.7). Il peut s'agir d'un contenu, d'un module, d'un menu, d'un élément de menu, d'un template ou autre. En général, la partie gauche contient les paramètres généraux, et la partie droite les paramètres détaillés pour l'élément de gauche. Mais il n'est pas simple de toujours séparer clairement les propriétés générales des propriétés détaillées. Vous trouverez donc parfois du côté gauche des valeurs directement paramétrables.

Figure 5.7

Exemple de format boîte de dialogue.

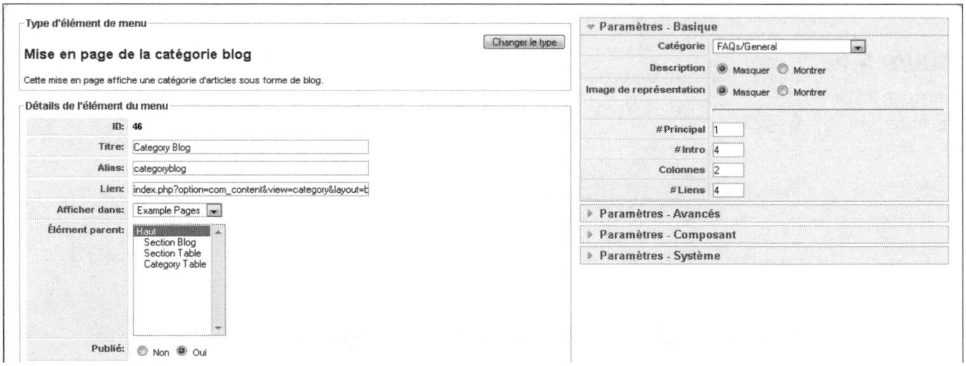

5.1.8 Format divers

Nous englobons sous ce terme les affichages spécifiques comme celui du Panneau d'administration (voir Figure 5.8) qui s'affiche au départ lorsque vous vous connectez à la partie administrative. La partie gauche réunit des boutons pour les principales commandes. La partie droite donne des informations concernant le site Web. Certains contenus de Joomla! ne pouvant pas être affichés en utilisant le format liste, ou le format boîte, vous rencontrerez de temps à autre des sections avec un format particulier. La systématique des affichages est difficile à maintenir dans le cas des composants additionnels complexes.

Figure 5.8

Exemple d'affichage spécifique.

5.2 Aide

Un accès facile à l'aide est indispensable de nos jours. Joomla! tente d'offrir un tel accès dès que possible.

5.2.1 Le bouton-action Aide

Dans la plupart des listes et des boîtes de dialogue, vous trouverez un bouton du côté droit de la barre d'outils pour accéder à l'aide. Lorsque vous cliquez sur ce bouton, et si vous disposez d'une connexion Internet, vous voyez apparaître une page d'aide extraite du serveur d'aide du site *joomla. org* dans une fenêtre flottante. Pour le moment, les travaux sont en cours. Le but est de mettre à disposition un serveur d'aide par langue, avec une possibilité de mise à jour centralisée.

Figure 5.9

Accès au système d'aide.

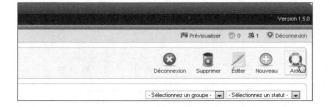

5.2.2 Bulles d'aide

Une forme d'aide locale très pratique sont les Bulles d'aide (voir Figure 5.10). Pour les faire apparaître, il suffit de maintenir le pointeur sans bouger sur l'objet désiré. Le texte de cette aide locale fait partie des fichiers de langues, ce qui permet d'y avoir accès même sans connexion Internet et d'en voir une version traduite.

Figure 5.10

Une Bulle d'aide.

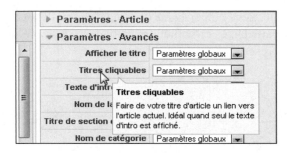

5.3 Le menu Aide

Le menu AIDE est le dernier dans la barre de menus. Il contient deux commandes : Aide Joomla! et Infos système. Cliquez d'abord sur AIDE JOOMLA!.

5.3.1 Aide Joomla!

La zone d'affichage est divisée en trois parties. En haut, vous disposez d'un champ de recherche et d'une barre de liens (voir Figure 5.11).

Figure 5.11

Fenêtre de l'aide
en ligne.

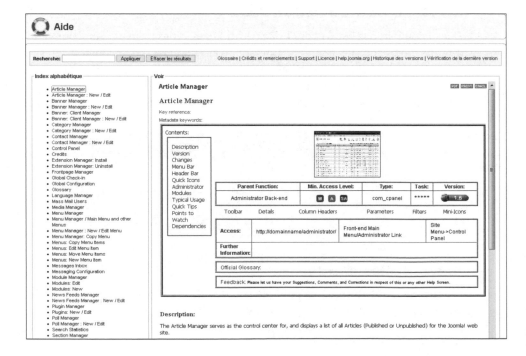

Le volet gauche contient une table des articles d'aide et le volet droit affiche les détails de l'article sélectionné. Les articles sont lus sur le serveur d'aide à l'adresse *http://help.joomla.org/.* Vous pouvez reconfigurer l'adresse du serveur d'aide (voyez le Chapitre 6). La fonction de recherche accède au même serveur. Il faut donc dans tous les cas disposer d'une connexion Internet. Mais ce genre de logiciel suppose de toutes les manières de pouvoir accéder au Web.

Les autres liens concernent l'affichage du texte de la licence GPL, le journal des modifications qui permet d'apprendre par exemple qu'un certain Johan Janssens a ajouté des traductions en octobre 2007.

5.3.2 Infos système

La commande AIDE > INFOS SYSTÈME centralise toutes les informations concernant votre machine, en cinq catégories :

- Infos système ;
- Paramètres PHP ;
- Fichier de configuration ;
- Permissions des dossiers ;
- Informations PHP.

La page Infos système. Récapitule les paramètres du système d'exploitation et du serveur qui sont indispensables au fonctionnement de Joomla!. La Figure 5.12 montre qu'il s'agit d'un environnement Windows avec XAMPP lite (nous l'avons installé au Chapitre 2). Dans un tel environnement de test local, vous disposez de versions plus récentes des logiciels (Apache 2.2.6 et PHP 5.2.5) que sur un serveur loué.

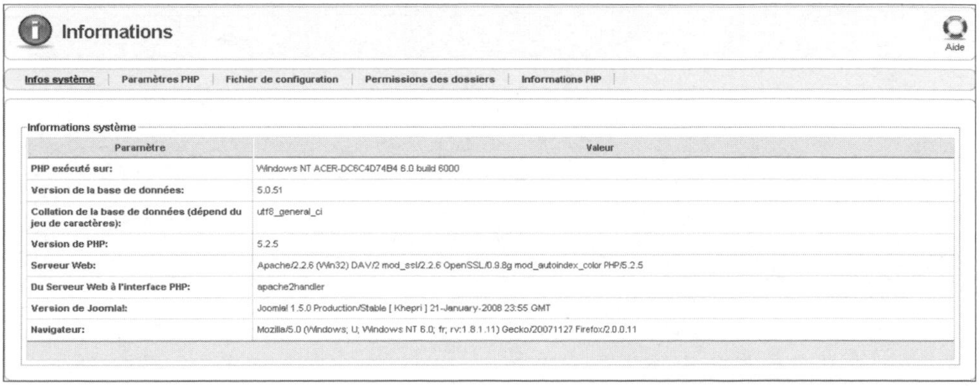

Paramètre	Valeur
PHP exécuté sur:	Windows NT ACER-DC6C4D74B4 6.0 build 6000
Version de la base de données:	5.0.51
Collation de la base de données (dépend du jeu de caractères):	utf8_general_ci
Version de PHP:	5.2.5
Serveur Web:	Apache/2.2.6 (Win32) DAV/2 mod_ssl/2.2.6 OpenSSL/0.9.8g mod_autoindex_color PHP/5.2.5
Du Serveur Web à l'interface PHP:	apache2handler
Version de Joomla!:	Joomla! 1.5.0 Production/Stable [Khepri] 21-January-2008 23:55 GMT
Navigateur:	Mozilla/5.0 (Windows; U; Windows NT 6.0; fr; rv:1.8.1.11) Gecko/20071127 Firefox/2.0.0.11

Figure 5.12
Les informations système.

La page Paramètres PHP. Donne des informations issues du fichier *php.ini*. C'est dans ce fichier que vous décidez de l'état du mode sécurisé Safe Mode de PHP. Dans le cas d'un serveur loué chez un fournisseur d'accès, vous ne pouvez généralement pas modifier *php.ini*.

La page Fichier de configuration. Valeurs des variables trouvées dans le fichier configuration.php généré pendant l'installation. Les paramètres de base de données sont masquées pour des raisons de sécurité.

La page Permissions des dossiers. Affiche tous les droits d'accès des sous-dossiers. Pour que Joomla! fonctionne correctement, tous ces dossiers doivent être accessibles en écriture. Rappelons que vous modifiez les permissions des dossiers dans votre programme FTP au moyen de la commande chmod.

La page Informations PHP. Affiche les données qui sont renvoyées par la fonction phpinfo(). Elle décrit toute la configuration de l'interpréteur PHP. Chez certains fournisseurs d'accès, vous pourrez intervenir sur la configuration *via* ce fichier, par exemple pour augmenter la quantité d'espace mémoire.

6 Le menu Site

Un certain nombre de paramètres s'appliquent à toutes les pages et à votre serveur. Ils sont réunis dans le premier menu appelé Site.

Ce menu contient cinq commandes (voir Figure 6.1) :

- Panneau d'administration ;
- Gestionnaire des utilisateurs ;
- Gestion des médias ;
- Configuration globale ;
- Déconnexion.

6.1 Panneau d'administration

Cette première commande vous ramène à la page présentée au démarrage de la section administrative. Vous pouvez depuis ce Panneau d'administration utiliser les menus ou bien les boutons-action qui donnent un accès direct aux rubriques les plus utilisées de l'administration.

Figure 6.1

Le Panneau d'administration.

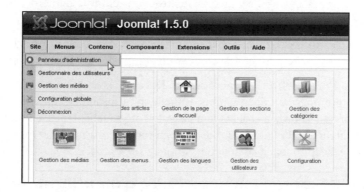

6.2 Gestionnaire des utilisateurs

Les utilisateurs sont une des ressources fondamentales de votre site Joomla!. Vous pouvez en définir autant que vous voulez. Vous pouvez leur permettre de créer certains contenus ou bien seulement d'en visualiser en fonction des permissions qui leurs sont octroyées.

Au départ, il n'y a qu'un utilisateur : l'administrateur de Joomla!. Son identifiant, vous le savez déjà, est admin. Il peut modifier toute l'installation de Joomla!. Si vous activez la possibilité de s'enregistrer sur votre site Web comme nous le verrons plus loin dans ce chapitre, le nombre de comptes d'utilisateurs va vite augmenter.

La rubrique Gestionnaire des utilisateurs (voir Figure 6.2) permet de modifier les comptes, d'en supprimer, de modifier leurs permissions et bien sûr de créer de nouveaux comptes.

Figure 6.2

Site > Gestionnaire
des utilisateurs.

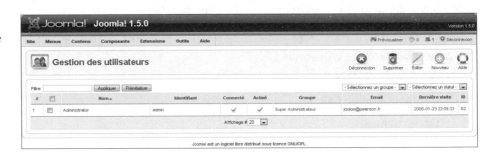

La vue Liste affiche les informations essentielles pour chaque compte. Nous y trouvons le nom complet (Administrator), l'identifiant (admin), l'état connecté ou non (une coche verte ou une croix rouge), l'état activé du compte, le groupe auquel il appartient (Super Administrator), son adresse de messagerie et la date de sa dernière visite. Cette donnée tient compte des visites de la partie publique et de la partie administrative. Nous trouvons enfin le numéro unique permettant d'identifier ce compte dans la base, par exemple ID (62).

Vous pouvez filtrer l'affichage par groupe et par état de connexion. Le champ de saisie de critères de recherche à gauche permette de trouver un compte en indiquant le début d'un nom d'utilisateur.

La barre d'outils offre les cinq boutons Déconnexion, Supprimer, Éditer, Nouveau et Aide. Vous pouvez appliquer certaines actions à plusieurs utilisateurs, par exemple Supprimer. Il suffit de les sélectionner d'abord en cochant leur case du côté gauche. La case de tête de colonne sélectionne tous les utilisateurs de la liste. Pour basculer en mode Édition d'un compte, cliquez directement dans le nom (ou sélectionnez le compte puis cliquez sur Éditer).

6.2.1 Déconnexion autoritaire d'un utilisateur

Cette fonction est très pratique lorsque vous avez besoin en tant que modérateur de bannir un utilisateur de votre site.

6.2.2 Supprimer un compte d'utilisateur

Utilisez cette fonction avec précaution car elle supprime les utilisateurs sélectionnés *via* leur case à cocher (ce qui en fait des candidats à la prochaine action).

6.2.3 Éditer un compte d'utilisateur

Cette commande permet de modifier les paramètres d'un compte. Prenons comme exemple le seul compte qui existe au départ, celui de l'administrateur. Cliquez sur le lien de son nom ou bien cochez sa case puis cliquez sur le bouton ÉDITER.

Figure 6.3

Menu Site > Gestionnaire des utilisateurs > Éditer.

La page qui apparaît se compose de trois volets :

- Détails de l'utilisateur ;
- Paramètres ;
- Informations sur le contact.

Détails de l'utilisateur

Nom. Le nom complet de ce compte d'utilisateur (ici *Administrator*).

Identifiant. L'identifiant est le nom qu'il faut saisir pour ouvrir une session avec ce compte. Il doit être court et facile à mémoriser. À partir du nom Emile Dioux, nous pourrions dériver l'identifiant `edioux`. Joomla! autorise les espaces, les signes spéciaux et tout autre caractère du jeu Unicode. Sachez cependant qu'il faudra parfois saisir cet identifiant sur un clavier qui ne possède pas les caractères spéciaux. Restreignez-vous aux caractères alphabétiques anglais et aux chiffres.

Email. Son adresse de messagerie.

Nouveau mot de passe. Le mot de passe doit être saisi deux fois pour plus de sécurité. Si vous ne saisissez rien ici, vous conservez votre ancien mot de passe. Le mot de passe doit compter au moins six caractères.

Groupe. L'appartenance à un groupe se divise en deux parties. Les utilisateurs classiques qui se connectent seulement à la partie publique (*Public Frontend*) (voir Tableau 6.1). Les utilisateurs qui doivent accéder à l'interface d'administration de Joomla! voir Tableau 6.2). Tout contenu de Joomla! peut être associé à ces deux groupes.

Tableau 6.1 : Groupes d'utilisateurs de la partie publique (Frontend)

Groupe	Droits
Enregistré	Un utilisateur enregistré peut accéder à un plus grand nombre de pages qu'un visiteur normal.
Auteur	L'auteur peut rédiger des contenus et en modifier s'ils sont les siens. Il dispose d'un lien à cet effet dans son menu d'utilisateur.
Éditeur	Peut réaliser tout ce que fait l'auteur et modifier tous les contenus publiés.
Publication	Dispose des droits de l'éditeur et peut décider de rendre ou non public certains contenus.

Tableau 6.2 : Groupes d'utilisateurs de la partie administration (Backend)

Groupe	Droits
Gestion	Le manager peut créer des contenus et afficher des informations concernant le système. Il n'a pas le droit : de gérer les utilisateurs ; d'installer des modules et des composants ; de promouvoir un utilisateur en superadministrateur ni de modifier un superadministrateur ; d'accéder à la configuration du site (Menu site) ; d'émettre un message global à tous les utilisateurs ; de modifier et d'installer des modèles et des fichiers de langues.
Administrateur	L'administrateur n'a pas le droit : de promouvoir un utilisateur en superadministrateur ni de modifier un superadministrateur ; d'accéder à la configuration du site (Menu site) ; d'émettre un message global à tous les utilisateurs ; de modifier ni d'installer des modèles et des fichiers de langues.
Super Administrateur	Le superadministrateur peut exécuter toutes les fonctions de l'administration de Joomla!. C'est le seul à pouvoir créer un autre superutilisateur.

Vous pouvez décider dans le volet des détails si l'utilisateur doit recevoir ou non les courriels du système.

Vous voyez enfin la date d'enregistrement (d'inscription) de l'utilisateur et la date de sa dernière ouverture de session réussie.

INFO

Un mot au sujet des utilisateurs spéciaux (*Special Users*) qui seront intégrés à Joomla! dans une toute prochaine version. Un utilisateur spécial est quelqu'un qui possède plus de droits qu'un administrateur. Dans la mesure où il n'est pas encore possible de définir plusieurs groupes d'utilisateurs dans Joomla!, le groupe des utilisateurs spéciaux permet de restreindre l'accès à certains contenus à un groupe en particulier. C'est ce qui permet par exemple de créer une zone privée dans un site, auquel n'auront accès que les utilisateurs spéciaux. Ce mécanisme avait été annoncé comme pouvant être intégré à la version 1.5.0, mais il a été repoussé. Un des projets Google Summer of Code s'y consacre.

Paramètres

Le volet PARAMÈTRES contient deux listes pour choisir la langue pour cet utilisateur. Vous pouvez également choisir l'éditeur de texte avec lequel il pourra modifier les contenus ainsi que l'adresse du serveur d'aide, en fonction de la langue.

Dans Joomla! 1.5, vous pouvez choisir des langues différentes pour la partie publique et pour la partie administrative. Notez que cela peut aboutir à des combinaisons étranges.

Au niveau du choix de l'éditeur, celui qui est intégré en standard Joomla!1.5 est un éditeur telécran-telécrit Wysiwyg, l'éditeur TinyMCE (voir Figure 6.4).

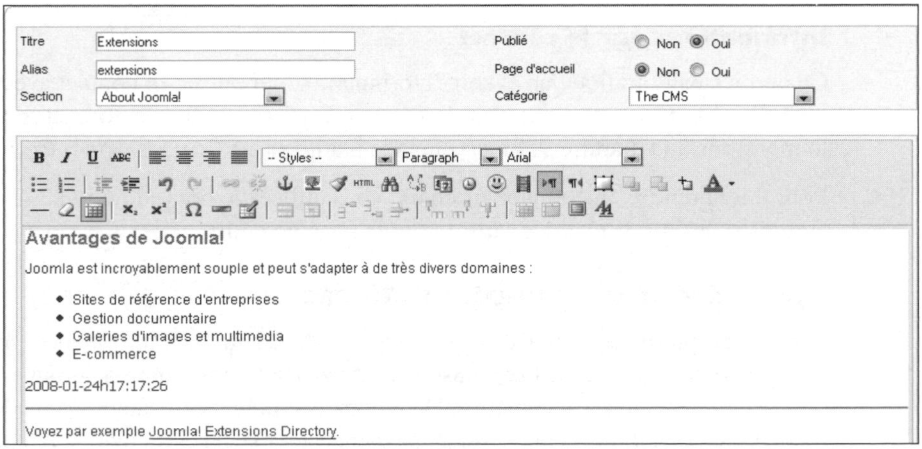

Figure 6.4

Exemple de session d'édition avec TinyMCE.

Vous pouvez enrichir TinyMCE avec des extensions pour gérer les fichiers et les images depuis le site Web de l'éditeur, mais ces extensions sont payantes. Il existe bien d'autres choix au niveau de

l'éditeur dans Joomla!. Citons par exemple JCE et FCKEditor. Pour rédiger du code XHTML validé, procurez-vous la version gratuite de l'éditeur XStandard-lite (*www.xstandard.com*). C'est un éditeur visuel très puissant qui produit du code HTML validé et offre de nombreuses options d'intégration. Cet éditeur n'étant pas fourni avec Joomla!, vous devrez le télécharger depuis le site. Il existe également une version payante Pro. Le navigateur FireFox sait détecter le changement d'éditeur et charge au besoin celui que vous avez choisi en tant que Plugin. Une fois que vous l'avez installé puis désigné au niveau du compte d'utilisateur, c'est lui qui apparaît en mode ÉDITION (voir Figure 6.5).

Figure 6.5

Exemple de session d'édition avec l'éditeur XStandard XHTML.

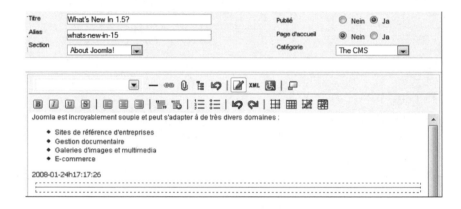

Vous pouvez enfin choisir un site d'aide dans la liste. C'est ici que vous pourrez choisir la version française de l'aide lorsqu'elle sera achevée. Nous en avons également parlé au Chapitre 5.

Informations sur le contact

Ce dernier volet indique un éventuel formulaire pour entrer en contact avec l'utilisateur. Joomla! est doté d'un composant permettant de générer des formulaires de contact individualisés, comme nous le montrons au Chapitre 9. La commande à utiliser est COMPOSANTS > CONTACTS > CONTACTS.

Pour faire prendre en compte vos choix, vous utilisez le bouton-action SAUVER. Le bouton APPLIQUER enregistre les modifications sans quitter la page en cours.

6.2.4 Créer un compte d'utilisateur

Après cette première découverte de l'interface de gestion des utilisateurs, procédez à la création d'un premier compte en plus de l'administrateur. Associez cet utilisateur au groupe des utilisateurs enregistrés puis décidez des autres paramètres. Dans notre exemple, l'utilisateur s'appelle Emile Dioux, son identifiant est emile, il n'est pour l'instant pas connecté (mais il est activé), il fait partie du groupe Enregistré et son identifiant numérique ID vaut 63. Vous recevrez un message d'erreur si le courriel de bienvenue ne peut pas lui être transmis. C'est normal ici car nous travaillons localement et qu'il n'y a aucun serveur de messagerie configuré. L'interpréteur PHP ne peut donc pas envoyer le courriel (voir Figure 6.6).

Figure 6.6:

Création d'un nouveau compte utilisateur.

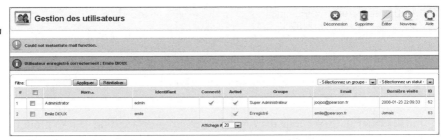

Vous pouvez dorénavant vous déclarer dans la partie publique du site. L'administrateur peut se charger de créer les comptes d'utilisateur ou bien laisser les visiteurs créer les comptes eux-mêmes. Nous reviendrons sur ce point plus loin dans ce chapitre, dans la configuration globale.

6.3 Gestion des médias

La rubrique de gestion des médias peut être comparée à un explorateur de fichiers combiné à un programme de téléchargement FTP (voir Figure 6.7). Les formats de fichiers manipulables sont très nombreux. Vous pouvez gérer les fichiers portant les extensions suivantes :

- .csv, .doc, .odg, .odp, .ods, .odt, .ppt, .txt, .xls (formats bureautiques) ;
- .bmp, .epg, .gif, .ico, .jpg, .pdf, .png, .swf et .xcf (formats graphiques).

Vous pouvez télécharger des fichiers vers votre serveur en les distribuant dans des sous-dossiers. Ce gestionnaire est très pratique lorsque vous disposez des droits d'administration sans avoir un accès FTP.

Figure 6.7

Site – Gestion des médias.

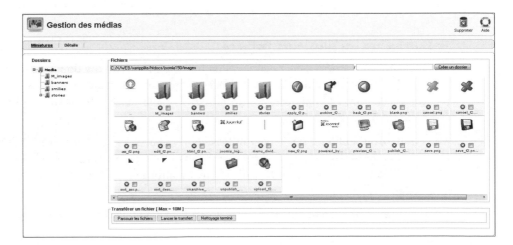

Cet outil offre deux volets :

- **Les Miniatures.** Elles permettent de voir des aperçus réduits des fichiers.
- **Les Détails.** Affichent le nom et la taille des fichiers sous forme de liste.

Vous constatez qu'il y a un volet pour les dossiers à gauche et un volet pour les fichiers. Dès que vous sélectionnez un dossier à gauche, vous voyez apparaître les fichiers qu'il contient à droite.

L'outil permet de gérer tous les types de fichiers que Joomla! sait exploiter en standard. C'est par exemple le cas du dossier *Smilies* (les émoticônes) et les graphiques du dossier *M_images*.

Voici les fonctions disponibles dans ce gestionnaire :

- Vous pouvez créer et supprimer des dossiers (la suppression n'est possible qu'en vue détaillée) ;
- vous pouvez télécharger un ou plusieurs fichiers et les supprimer (la suppression n'est elle aussi possible qu'en vue détaillée).

Création d'un sous-dossier

Le volet principal des fichiers comprend dans sa partie supérieure un champ affichant le chemin d'accès au dossier courant (voir Figure 6.8). À sa droite se trouve un champ de saisie suivi d'un bouton CRÉER DOSSIER. Saisissez le nom de votre sous-dossier (par exemple *france*) puis cliquez sur le bouton. Pensez ensuite à vous rendre éventuellement dans ce sous-dossier.

Figure 6.8

Gestion des médias >
Création d'un sous-dossier.

Rapatrier un ou plusieurs fichiers

La partie inférieure de la fenêtre contient un bouton PARCOURIR qui donne accès à une boîte de dialogue standard du système d'exploitation pour désigner un ou plusieurs fichiers. Vous pouvez effectuer une multisélection en appliquant les normes en vigueur dans votre système (touches CTRL ou MAJ) (voir Figure 6.9).

Vous n'avez qu'à cliquer sur le bouton LANCER LE TRANSFERT pour copier les fichiers récupérés dans le dossier courant. Ils sont ensuite présentés sous forme de miniatures (voir Figure 6.10). Il ne reste plus ensuite qu'à les distribuer dans différentes sections de contenu comme nous le verrons dans un autre chapitre.

Lorsque vous cliquez dans une miniature, l'écran principal de Joomla! s'estompe et l'image apparaît en taille réelle.

Figure 6.9

Gestion des médias >
Transfert de fichiers.

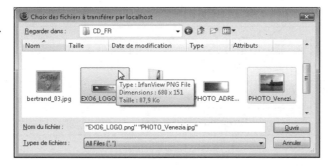

Figure 6.10

Gestion des médias >
Transfert de fichiers II.

Joomla! exploite les fichiers tels qu'ils sont. Il est fortement déconseillé de mettre en place dans une page Web des images tirées directement d'un appareil photo numérique si le volume dépasse 3 ou 4 Mo. Sur Internet, il est préférable de limiter la taille de la plupart des images à 50 ou 100 Ko. Pensez à ceux qui n'ont pas encore de liaison à haut débit !

Comme règle de base pour le transfert, partons du cas typique d'un fichier de 100 Ko (la taille moyenne d'une page d'accueil avec quelques images). Le tableau suivant indique les temps de transfert correspondants. Notez qu'une seule image pesant 300 Ko peut détourner de votre site tous les visiteurs qui n'ont qu'un accès lent à Internet, analogique ou numérique.

Tableau 6.3 : Durée d'un téléchargement de 100 Ko

Mode d'accès	Transfert de 100 Ko de données
ADSL	Moins de 1 seconde
NUMERIS	Environ 15 secondes
Modem analogique(56 Ko)	Environ 25 secondes

6.4 Configuration globale

Cet espace de travail permet d'accéder aux paramètres stockés dans le fichier *configuration.php*, qui sont essentiels au fonctionnement du système. Vous y trouvez notamment les paramètres pour accéder au serveur de bases de données, mais également des paramètres moins cruciaux, comme le nombre prédéfini de lignes pour les affichages Listes. Cette rubrique comprend trois pages et donc trois onglets (voir Figure 6.11).

- Site ;
- Système ;
- Serveur.

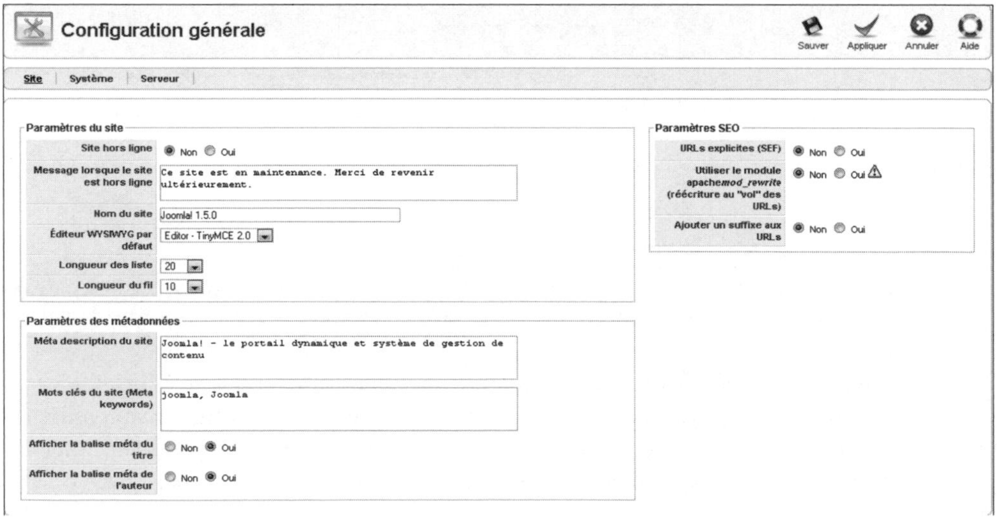

Figure 6.11

Configuration globale > Site > Paramètres du site.

6.4.1 Configuration du Site

La page de configuration du site propose trois volets :

- Paramètres du site ;
- Paramètres des métadonnées ;
- Paramètres SEO.

Site hors ligne. Vous activerez ce mode pour mettre le site temporairement hors service afin de réaliser des modifications.

Message lorsque le site est hors ligne. Le texte saisi ici est celui affiché sur le site Web lorsque le site n'est pas accessible. Vous pouvez l'essayer tout de suite. Basculez le site hors ligne en cliquant sur le bouton OUI puis en cliquant sur le bouton APPLIQUER en haut à droite. Par une autre fenêtre de navigateur ou un autre onglet, essayez d'accéder au site Web. Il n'est plus accessible. En revanche, les utilisateurs ayant au minimum un profil Gestion peuvent accéder à la partie administrative (voir Figure 6.12).

Figure 6.12

Message apparaissant sur le site lorsqu'il est hors ligne.

Nom du site. Vous retrouvez ici le nom que vous aviez choisi pendant l'installation. Ce nom s'affiche dans la barre de titre du navigateur, dans le cartouche d'expéditeur des courriels du système, dans les flux d'actualités et en différents autres endroits dans lesquels il est utile d'identifier le site Web.

Éditeur WYSIWYG par défaut. WYSIWYG est l'abréviation de What you see is what you get, qui a été francisé en « Tel écran, tel écrit ». L'expression date des débuts des interfaces utilisateur graphiques dotées d'une souris. Il était devenu possible à cette époque de créer et de modifier des textes en les affichant de manière assez fidèle au résultat qui sera imprimé. Dans notre cas précis, c'est moins la fidélité à l'impression qui nous intéresse que la fidélité au résultat affiché par le visiteur.

Figure 6.13

L'éditeur par
défaut TinyMCE.

Figure 6.13

L'éditeur par
défaut TinyMCE.

Sur Internet, vous remplissez en temps normal les formulaires sans pouvoir appliquer des options de format. En effet, le contrôle du format se base sur des balises HTML ou des abréviations spécifiques à l'application. En utilisant un éditeur WYSIWYG, vous disposez d'un plus grand confort parce que vous pouvez utiliser les icônes de la barre d'outils pour enrichir le texte. Cet éditeur est automatiquement activé dans tous les champs texte pour lesquels des options de format sont appropriés (voir Figure 4.17). L'éditeur fonctionne dans l'ensemble des navigateurs actuels, comme par exemple l'éditeur XStandard lite (voyez plus haut dans le même Chapitre).

En standard, Joomla! définit par défaut l'éditeur TinyMCE.

Longueur des listes. Sur un site Web, de nombreuses pages présentent des listes, par exemple pour les actualités et les liens. Cette option permet de contrôler le nombre d'entrées standard d'une liste.

Paramètres des métadonnées

Cette page d'options concerne les métadonnées, c'est-à-dire les données qui servent à décrire la nature des données que contient votre site Web.

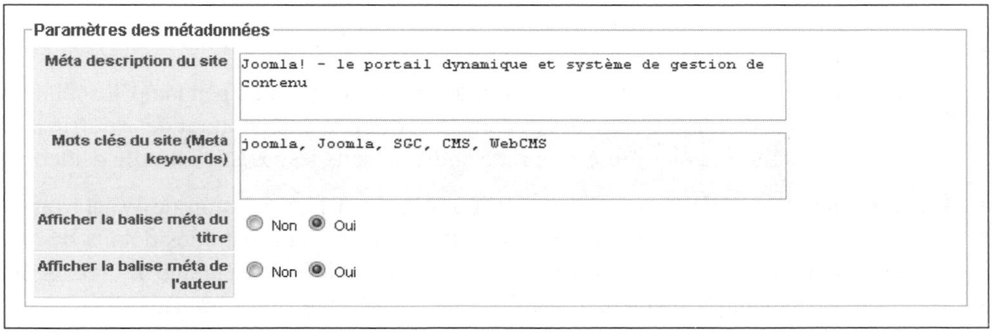

Figure 6.14

Configuration
globale > Site >
Paramètres des
métadonnées.

Paramètres des métadonnées	
Méta description du site	Joomla! - le portail dynamique et système de gestion de contenu
Mots clés du site (Meta keywords)	joomla, Joomla, SGC, CMS, WebCMS
Afficher la balise méta du titre	○ Non ● Oui
Afficher la balise méta de l'auteur	○ Non ● Oui

Ces métadonnées jouent un grand rôle auprès des robots d'indexation des moteurs de recherche Internet. Bien qu'il ne faille pas systématiquement espérer un bon référencement de la simple présence de ces métadonnées, elles permettent de présenter en quelques mots ce qui est proposé sur le site. Si vous chargez le code source HTML d'une page Joomla!, vous pourrez voir dans la partie supérieure les métadonnées (du code XHTML) comme ceci :

```
<meta http-equiv="Content-Type" content="text/html; charset=utf-8" />
<meta name="robots" content="index, follow" />
<meta name="keywords" content="joomla, joomla!, Joomla, Joomla!, J!" />
<meta name="description" content="Joomla! - un portail et un SGC dynamique" />
<meta name="generator" content="Joomla! 1.5 - Gestion de contenus Open Source" />8
```

Méta description du site. Cette description du contenu est souvent affichée dans les résultats des moteurs de recherche. Vous devez donc rédiger cette expression avec soin, car de sa précision dépend parfois la décision pour un internaute de visiter votre site. Vous pourrez ajouter d'autres descriptions sur chaque page de contenu individuel en complément de cette description globale.

Mots clés du site (Meta Keywords). Il s'agit des mots clés du document. Mentionnez au minimum les concepts principaux. Certains robots de recherche sont friands de ces mots clés. Séparez les mots par des virgules et des séries de mots par plusieurs virgules et des espaces. Ne dépassez pas 1 000 caractères, le surplus ne serait pas pris en compte. Notez bien : moins vous indiquez de mots clés, plus ceux qui sont mentionnés possèdent d'influence au niveau du moteur de recherche. Réfléchissez aux mots clés qui risquent d'être le plus souvent recherchés. Vous pourrez ajouter d'autres descriptions sur chaque page de contenu individuel en complément de cette description globale.

Afficher la balise Meta du titre. Cette option permet d'afficher le titre du contenu de chaque page en tant que balise de métadonnées, par exemple : `<meta name="title" content="Bienvenue dans Joomla!" />`.

Afficher la balise Meta de l'auteur. Comme pour l'option précédente, mais concerne le nom de l'auteur, par exemple : `<meta name="author" content="Administrateur" />`.

Paramètres SEO (Search Engine Optimization)

Cette page d'options concerne l'optimisation du moteur de recherche, et notamment l'activation d'une fonction permettant de convertir les adresses pour les rendre moins fluctuantes (voir Figure 6.15).

Figure 6.15

Configuration globale > Site > Paramètres SEO.

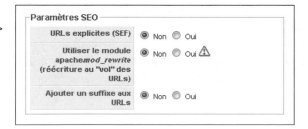

En temps normal, l'adresse URL d'une page dans un système de gestion de contenus prend l'aspect suivant :

http://localhost/Joomla!/index.php?option=com_contact&Itemid=3

Ce genre d'adresse n'est pas stocké par les moteurs de recherche. Ils supposent que le contenu est généré dynamiquement, ce qui a pour effet de rendre l'adresse très vite obsolète.

URL explicites (SEF). Cette option permet de convertir les adresses URL dynamiques en adresses URL compatibles avec les moteurs de recherche. Lorsque l'option est active, le lien précédent est converti en celui-ci :

http://localhost/joomla150/contact

Cette option se base sur un mécanisme du serveur Web Apache appelé *Rewrite Engine*, qui permet de convertir des adresses URL. Pour que la fonction soit en vigueur, il faut également modifier le nom du fichier *htaccess.txt* du répertoire principal de Joomla! en *.htaccess* (avec un point initial). Cette modification n'est possible sous Windows qu'avec certains éditeurs de texte, comme UltraEdit (*ultraedit.com*) ou bien sur la ligne de commande de la façon suivante :

```
rename htaccess.txt .htaccess
```

Sous Linux, le changement de nom ne pose aucun problème, mais le fichier n'est généralement plus affiché ensuite dans le client FTP (tout dépend de la configuration du serveur). Certains fournisseurs d'accès interdisent la mise en place de fichiers *.htaccess* car ils peuvent représenter un risque en termes de sécurité pour le serveur.

Pour profiter aussi sous Windows avec XAMPP des adresses URL optimisées pour les moteurs de recherche, il faut modifier le fichier suivant :

`[LettreDisque]:\xampplite\apache\conf\httpd.conf`

Chargez ce fichier dans un éditeur de texte sous Windows (par exemple WordPad) et cherchez la ligne suivante :

`#LoadModule rewrite_module modules/mod_rewrite.so`

Supprimez le signe # en début de ligne pour la rendre active :

`LoadModule rewrite_module modules/mod_rewrite.so`

Enregistrez le fichier puis redémarrez le serveur Apache *via* le panneau de contrôle de XAMPP. Les adresses optimisées devraient fonctionner ensuite.

Ajouter un suffixe aux URL. Provoque l'ajout d'une extension *.html* à la fin de l'adresse URL pour qu'elle se présente comme une page HTML. L'effet sur les moteurs de recherche est discutable.

6.4.2 Système

Paramètres système

Mot secret. Il s'agit d'un code qui est généré pendant l'installation de Joomla! afin de constituer une sorte d'empreinte unique. Ce mot secret est utilisé en combinaison avec l'interface de programmation XML-RPC. Le but est de garantir que seuls les systèmes distants dûment identifiés et autorisés pourront exploiter cette interface fonctionnelle.

Chemin vers le dossier Log. Vous pouvez profiter de la capacité de journalisation de Joomla! en indiquant ici un chemin d'accès. Vous pouvez modifier celui proposé. Il doit indiquer un dossier situé en dehors de la partie publique, c'est-à-dire ailleurs que dans la racine relative htdocs de vos documents.

Activer les services Web. Vous savez que Joomla! dispose en standard d'une interface XML-RPC qui rend des services disponibles. Vous pouvez l'activer et la désactiver ici. Cela ne concerne que les connexions entrantes XML-RPC, pas celles sortantes, émises par le serveur.

Serveur d'aide. Vous décidez ici du nom du serveur d'aide standard. Vous pouvez configurer un serveur différent pour chaque compte d'utilisateur.

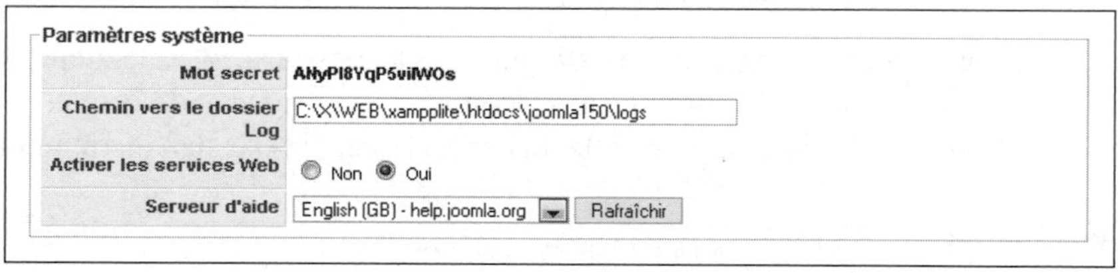

Figure 6.16

Configuration globale >
Système > Paramètres système.

Paramètres système	
Mot secret	ANyPI8YqP5viIWOs
Chemin vers le dossier Log	C:\X\WEB\xampplite\htdocs\joomla150\logs
Activer les services Web	○ Non ● Oui
Serveur d'aide	English (GB) - help.joomla.org ▼ Rafraîchir

Notez que vous pourrez bientôt utiliser un serveur d'aide local. Il faut bien sûr y installer les textes d'aide dans la langue désirée (par exemple en Français fr-FR). Ils doivent être placés dans le dossier *xampplite\htdocs\Joomla150\administrator\help\fr-FR* (cas de Windows). Pour l'instant, il n'existe pas d'installation automatique de ces fichiers. Restez à l'affût des nouveautés de l'équipe française à ce sujet.

Paramètres des utilisateurs

Cette section concerne les paramètres valables globalement pour les comptes utilisateurs (voir Figure 6.17).

Autoriser l'enregistrement des utilisateurs. Vous choisissez ici si chaque utilisateur doit s'enregistrer ou non. Si vous exploitez par exemple le site Web d'une entreprise, vous pouvez définir des comptes utilisateurs, tout en interdisant la création des comptes par les visiteurs. Dans le site Web d'une communauté, il est généralement préférable de laisser chaque utilisateur s'inscrire lui-même.

Figure 6.17

Configuration globale >
Système > Paramètres des
utilisateurs.

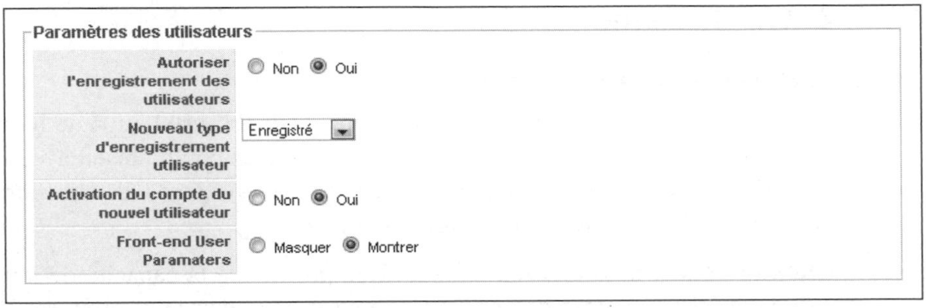

Nouveau type d'enregistrement utilisateur. Permet de décider à quel groupe d'utilisateurs un utilisateur est affilié lorsqu'il s'enregistre (lorsqu'il s'inscrit). Les différents groupes d'utilisateurs sont présentés aux Tableaux 6.1 et 6.2 plus haut dans ce chapitre.

Activation du compte du nouvel utilisateur. Pour se protéger, dans une certaine mesure, des programmes qui sont capables de créer automatiquement 20 000 comptes d'utilisateurs sur votre site, il suffit de demander une activation en plusieurs étapes. L'utilisateur reçoit dans ce cas un message électronique à l'adresse fournie. Ce message contient un lien permettant d'activer le compte. Une fois le compte activé, l'utilisateur peut s'identifier.

Front-end user parameters (Paramètres accessibles à l'utilisateur). Cette option permet de donner accès dans la partie publique aux paramètres de langue et de fuseau horaire (voir Figure 6.18). Il faut cliquer sur le lien qui s'appelle au départ YOUR DETAILS dans le menu USER MENU.

Figure 6.18

Partie publique > Accès aux
paramètres de l'utilisateur.

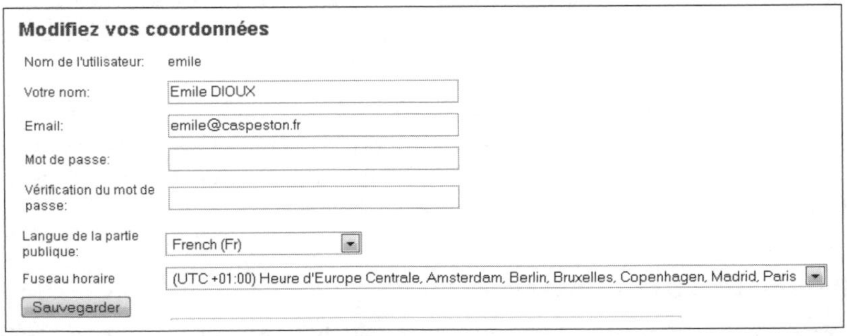

Paramètres des médias

Cette section concerne la gestion des médias. Vous pouvez décider quelles extensions de noms de fichiers sont autorisées en transfert et choisir les chemins d'accès des dossiers dans lesquels ces fichiers doivent êtres stockés (voir Figure 6.19).

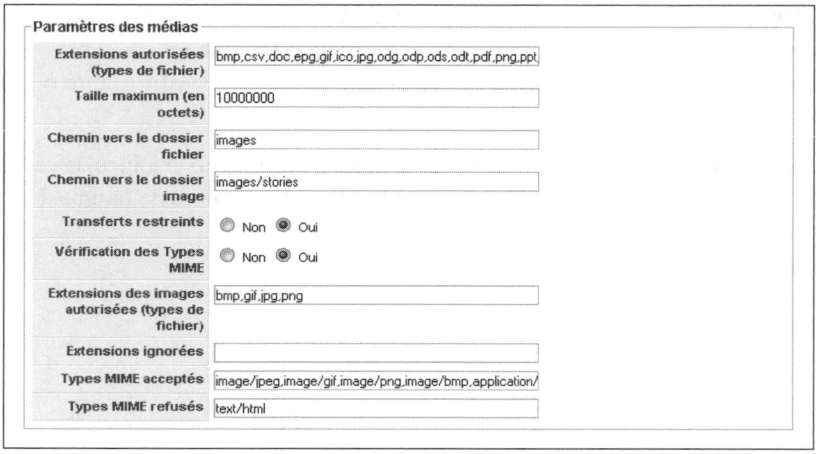

Figure 6.19

Configuration globale >
Système > Paramètres des
médias.

Paramètres des médias

Extensions autorisées (types de fichier)	bmp,csv,doc,epg,gif,ico,jpg,odg,odp,ods,odt,pdf,png,ppt
Taille maximum (en octets)	10000000
Chemin vers le dossier fichier	images
Chemin vers le dossier image	images/stories
Transferts restreints	○ Non ● Oui
Vérification des Types MIME	○ Non ● Oui
Extensions des images autorisées (types de fichier)	bmp,gif,jpg,png
Extensions ignorées	
Types MIME acceptés	image/jpeg,image/gif,image/png,image/bmp,application/
Types MIME refusés	text/html

Vous pouvez également spécifier des types MIME. Cela offre l'avantage de contrôler le contenu des fichiers de façon plus sécurisée. Dans le cas où les modules nécessaires ne sont pas activés au niveau du serveur Web Apache, vous pouvez utiliser le bouton TRANSFERTS RESTREINTS pour que les utilisateurs non privilégiés de la partie publique ne puissent transférer que des images.

Vous pouvez enfin spécifier le poids (la taille) maximale, jusqu'à atteindre la limite prédéfinie par PHP (voir la remarque qui suit).

 La taille unitaire maximale des fichiers à transférer dépend de la configuration PHP du fournisseur. Dans le cas de l'auteur, la limite est fixée à 16 Mo. Les fichiers de plus grosse taille doivent être transférés par FTP. Vous pouvez aussi modifier la valeur *upload* dans le fichier de configuration *php.ini*.

Paramètres de débogage

Lorsqu'un programmeur informatique recherche des erreurs, il parle de débogage. Ce terme vient de l'anglais *bug* qui signifie « insecte ». Il a des origines tout à fait physiques. Dans les années 1950, les premiers ordinateurs (les calculateurs) étaient construits avec des tubes électroniques qui dégageaient de la chaleur. Cela constituait un refuge idéal pour des tas de petites bestioles qui venaient ronger les câbles et provoquer des erreurs de calcul. De nos jours, il n'y a plus beaucoup d'insectes dans nos PC, mais il y a de plus en plus de bogues, par exemple des requêtes de base de données qui échouent.

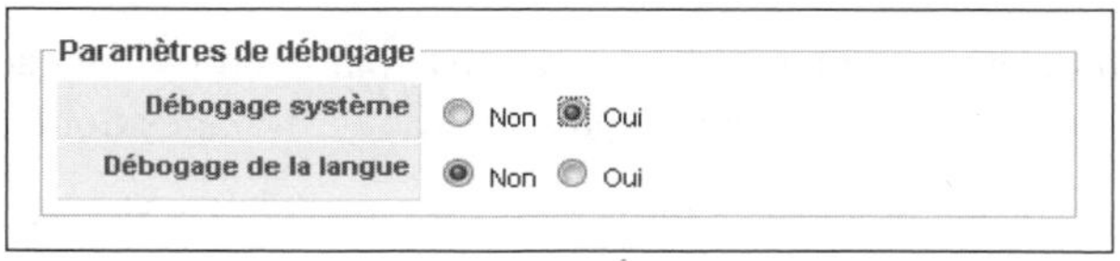

Figure 6.20

Configuration globale >
Système > Débogage.

Paramètres de débogage

Débogage système	○ Non ● Oui
Débogage de la langue	● Non ○ Oui

Débogage système. Une fois cette fonction activée, vous disposerez dans la partie inférieure de la fenêtre de votre site Web d'une zone affichant les messages de la base de données. Si vous activez la fonction, vous verrez que le débogage est très détaillé (voir Figure 6.21). Pensez à faire défiler le contenu de la fenêtre.

Débogage de la langue. Il s'agit d'un débogage limité aux chaînes de caractères qui ont été traduites dans l'interface. Cela permet de mettre au point les fichiers de langues.

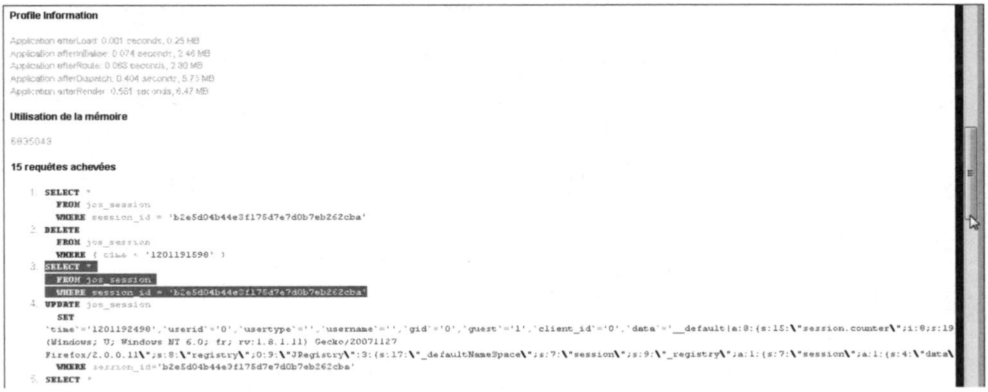

Figure 6.21

Exemple de débogage dans le bas de la fenêtre du site.

Vous savez que vous avez activé le débogage de la langue en vous rendant ensuite dans la partie publique. Tous les termes qui sont traduits sont délimités par de petites puces noires (voir Figure 6.22).

Figure 6.22

Exemple d'affichage spécifique au mode de débogage de la langue.

Paramètres du cache

Un cache est une zone mémoire intermédiaire. Il existe par exemple un cache pour les images dans le navigateur, ce qui lui évite de recharger depuis le Web des images dont il dispose déjà.

Joomla! utilise un mécanisme de cache au niveau du serveur pour y stocker les pages PHP générées. En activant cette fonction, vous pouvez sensiblement abréger les temps de réponses aux pages très demandées (voir Figure 6.23).

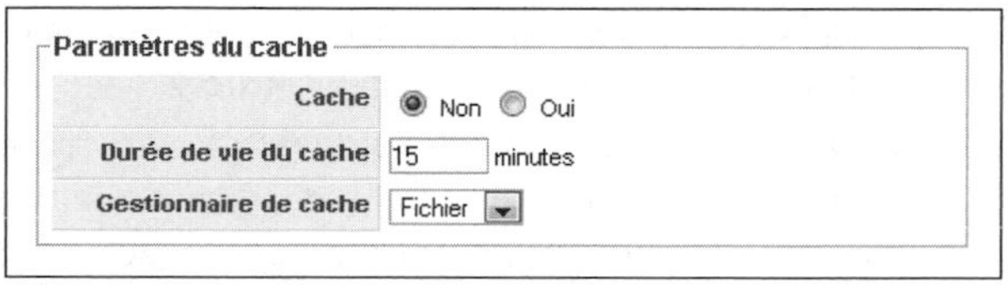

Figure 6.23

Configuration globale >
Système > Cache.

Cache. Permet d'activer et de désactiver le cache.

Durée de vie du cache. Indique le temps (en minutes) pendant lequel un contenu doit être maintenu dans la mémoire cache avant de pouvoir être remplacé.

Gestionnaire de cache. Permet de d'utiliser soit un fichier soit une base de données pour le cache (actuellement, seul le fichier de cache est opérationnel).

Configuration des sessions

Durée de session. Vous ouvrez une session en vous identifiant en tant qu'utilisateur. Si vous oubliez de vous déconnecter, votre session sera automatiquement interrompue au bout du délai indiqué ici.

Gestionnaire de session. Permet de faire gérer les sessions dans soit un fichier soit une base de données, au choix. La méthode utilisant une base de données est sensiblement plus rapide que l'autre sur un site Web très fréquenté.

Figure 6.24

Configuration globale >
Système > Session.

6.4.3 Serveur

Cette page d'options réunit les détails techniques de l'environnement d'exploitation du serveur.

Paramètres du serveur

Figure 6.25

Configuration globale >
Système > Serveur.

Chemin vers le dossier Temp. Joomla! doit de temps à autre créer des fichiers temporaires, par exemple lors d'un transfert. Vous pouvez décider ici où ces fichiers doivent être créés puis supprimés.

Compression GZIP des pages. Ce mécanisme provoque la compression des pages avant de les renvoyer au navigateur du client. Il faut que le navigateur et le serveur Web sachent exploiter cette fonction. Elle est conseillée lorsque les visiteurs sont nombreux à ne pas disposer d'une connexion ADSL. En revanche, si le serveur commence à être surchargé, il vaut mieux ne pas activer cette option. Elle oblige à un traitement supplémentaire, sauf si la librairie de fonctions GZIP a été intégrée directement dans le code du serveur. Dans certaines configurations de serveur, le fonctionnement est plus rapide sans cette fonction !

Rapport d'erreurs. Permet de contrôler la densité des messages d'erreurs issues du système de gestion d'erreurs de PHP. Notez que les messages ne sont pas stockés dans un fichier pour exploitation ultérieure, mais affichés à l'écran du navigateur ! Méfiez-vous !

Tableau 6.4 : Catégorie des rapports d'erreurs

Option	Description
Par défaut	Le paramètre est repris du fichier de configuration *php.ini*.
Aucun	Aucune erreur n'est journalisée. Ce réglage est conseillé pour les sites réels, car cela évite de donner une occasion supplémentaire d'attaquer le site.
Simple	Les erreurs et les avertissements sont journalisés. Ce réglage correspond au paramètre *error_reporting(E_ERROR|E_WARNING|E_PARSE)*.
Maximum	Journalise les erreurs, les avertissements et les conseils. Correspond au paramètre *error_reporting(E_ALL)*.

Paramètres de localisation (fuseau horaire)

Fuseau horaire. Ce réglage permet d'afficher l'heure appropriée au lieu d'exploitation de votre site Web. Vous pouvez par exemple régler l'heure d'un serveur que vous louez dans un pays éloigné pour des visiteurs locaux. Pensez à régler l'heure UTC sur +01:00, l'heure de Paris.

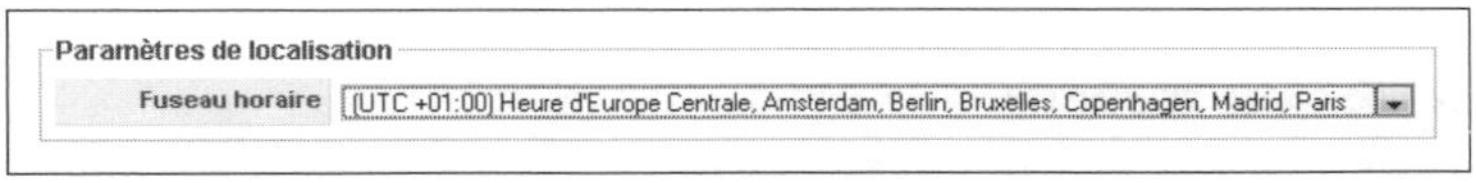

Figure 6.26

Configuration globale > Serveur > Fuseau horaire.

Paramètres FTP

Le protocole FTP permet de contourner les problèmes de transferts de fichiers *via* PHP rendus impossibles par certains paramètres de sécurité des fournisseurs d'accès. Il vous suffit de saisir ici vos paramètres d'accès au serveur FTP du fournisseur. Le champ intitulé RACINE FTP mérite une explication. Lorsque vous vous connectez *via* FTP, vous êtes dirigé vers un dossier bien précis, qui change selon le fournisseur d'accès. Indiquez ici le chemin d'accès à votre installation Joomla! relativement au point d'entrée de la connexion FTP, par exemple /htdocs/joomla150 (voir Figure 6.27).

Figure 6.27

Configuration globale > Serveur > FTP.

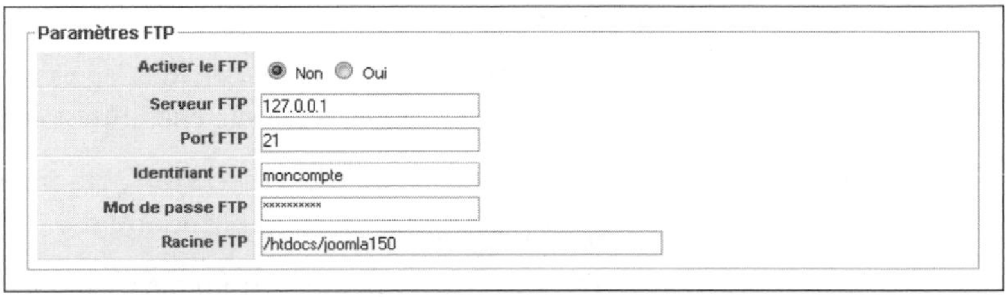

```
Paramètres FTP
    Activer le FTP      ● Non  ○ Oui
    Serveur FTP         127.0.0.1
    Port FTP            21
    Identifiant FTP     moncompte
    Mot de passe FTP    xxxxxxxxx
    Racine FTP          /htdocs/joomla150
```

Paramètres de la base de données

Vous pouvez modifier ici les paramètres d'accès à votre base de données. **La moindre erreur de saisie dans cette section peut rendre Joomla! inutilisable.** Vous ne pourriez en effet plus accéder à l'interface d'administration (voir Figure 6.28).

Figure 6.28

Configuration globale > Serveur > Base de données.

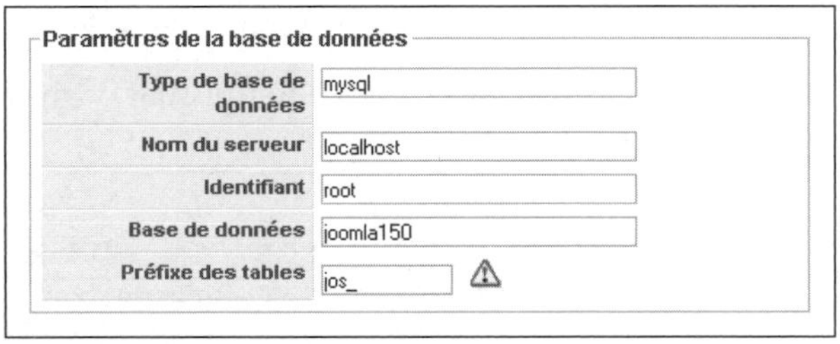

```
Paramètres de la base de données
    Type de base de     mysql
    données
    Nom du serveur      localhost
    Identifiant         root
    Base de données     joomla150
    Préfixe des tables  jos_      ⚠
```

Si cela vous arrive, il faut modifier manuellement le fichier nommé *configuration.php* avec un éditeur de texte. Tous les paramètres que vous changez dans ce sous-menu Site > Configuration globale sont mémorisés sous forme de variables dans le fichier *configuration.php*.

Listing 6.1 : Le fichier configuration.php

```php
<?php
class JConfig {
        var $dbtype = 'mysql';
        var $host = 'localhost';
        var $user = 'root';
        var $password = '';
        var $db = 'joomla150';
        var $dbprefix = 'jos_';
        // …
        // Autre variables
        // ---
}
?>
```

Réglages e-mail (courriel)

Serveur de mail. Permet de choisir la fonction de messagerie intégrée à PHP, le programme sendmail ou un autre compte de messagerie, par exemple chez Free ou chez Yahoo!.

Adresse de l'expéditeur. Adresse de messagerie qui sera mentionnée comme celle de l'expéditeur pour les messages générés automatiquement par Joomla!.

Nom de l'expéditeur. Nom de l'expéditeur d'un message automatique de Joomla!.

Chemin d'accès à sendmail. Si vous désirez utiliser à la place de la fonction Mail de PHP le programme disponible sur tous les serveurs Linux nommé *sendmail*, vous devez indiquer ici le chemin d'accès à ce programme.

Identification SMTP requise. Permet de faire utiliser un serveur de messagerie externe.

Utilisateur SMTP. Nom de l'utilisateur chez le fournisseur de messagerie.

Mot de passe SMTP. Mot de passe chez le fournisseur de messagerie.

Hôte SMTP. Nom du serveur SMTP de ce fournisseur de messagerie.

Figure 6.29

Configuration globale > Serveur >
Réglages email.

6.4.4 Déconnexion

Cette dernière commande du menu Site permet de se déconnecter de la partie administrative. Vous êtes automatiquement ramené à l'écran d'ouverture de session.

7 Le menu Menus

La partie publique du site propose plusieurs menus qui se présentent en général sous forme de cadres indépendants réunissant une série de commandes (voir Figure 7.1).

Figure 7.1

Exemple de menu vertical (Main Menu).

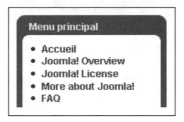

Il est cependant possible de créer des menus de listes de commandes horizontales. Ces menus sont moins fréquents et sont moins aisément reconnus en tant que tels (voir Figure 7.2).

Figure 7.2

Exemple de menu horizontal (Top Menu).

Il existe enfin des menus CSS, avec parfois un effet de transparence. Voici un exemple tiré de *joomlart.com* (voir Figure 7.3).

Figure 7.3

Exemple de menu déroulant.

Dans Joomla!, les contenus de ces menus sont extraits à la volée d'une base de données. La gestion passe, en même temps que celle des objets qui sont liés à ces éléments de menus, par le menu d'administration intitulé MENUS. Les données d'exemples comptent six menus : MAIN MENU, TOP MENU, OTHER MENU, USER MENU, EXAMPLE PAGES et KEY CONCEPTS. Le Top Menu est un menu horizontal, tous les autres étant des menus classiques verticaux. Chaque menu est associé à un module dont la gestion est réalisée au niveau du Gestionnaire des modules (décrit au Chapitre 10).

7.1 Gestion des menus

Cette commande donne accès à une vue globale des menus actuellement définis (voir Figure 7.4). Vous pouvez accéder aux contenus des sous-menus par l'une des commandes MENUS > MAIN MENU, OTHER MENU, etc. Vous pouvez aussi cliquer directement dans la ligne correspondant au menu désirédans cette vue globale.

Figure 7.4

Menus > Gestion des menus.

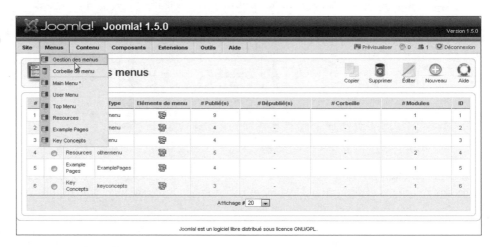

Cet affichage global permet d'apprendre quels sont les éléments de menu actuellement visibles (publiés) ou non (dépubliés). Vous apprenez également le nombre d'éléments qui sont en attente de suppression dans la corbeille de menu ainsi que l'identifiant ID de chaque élément.

C'est à ce niveau que vous pouvez par exemple copier un menu ou en créer un nouveau.

7.2 Adaptation d'un menu existant

Pour une première prise en main, découvrons les menus existants. La procédure qui suit s'applique à tous les menus. Choisissez par exemple la commande MENUS > MAIN MENU. Vous voyez apparaître les éléments de menu qui sont rassemblés dans ce menu principal (voir Figure 7.5).

Si vous avez suivi nos exemples du Chapitre 4, vous avez déjà francisé l'élément Home en Accueil. Dans cette liste, vous pouvez lancer différentes commandes à la souris. En cliquant une fois dans la coche verte, vous désactivez l'élément. Cliquez à nouveau pour le réactiver. Vous pouvez modifier l'ordre des éléments dans le menu en utilisant les petits triangles verts ou en modifiant les chiffres dans les champs voisins. Si vous adoptez la méthode des chiffres, il faut penser à cliquer ensuite sur la petite icône représentant une disquette à droite de l'intitulé de colonne ORDRE afin de faire prendre en compte la modification.

Figure 7.5

Gestionnaire d'élément
de menu > Menu
principal Main Menu.

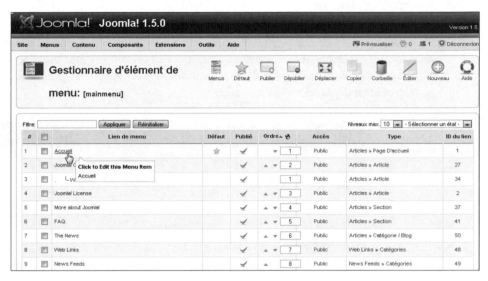

La colonne ACCÈS permet par clics successifs de basculer l'élément entre l'état public, l'état de réservation aux utilisateurs enregistrés (Enregistré) ou la limitation d'accès au groupe d'utilisateurs particuliers (Spécial). En fonction des droits d'accès, le visiteur verra ou ne verra pas certains éléments de menus.

7.2.1 Le bouton Menus

Ce bouton permet tout simplement de revenir à la vue globale du menu concerné.

7.2.2 Le bouton Défaut

Dans le menu principal, l'élément qui contient une étoile jaune dans sa ligne est celui qui sera affiché en guise de bienvenue lorsque le visiteur saisit l'adresse URL du site. Par défaut, il s'agit de l'élément Accueil. Vous pouvez en choisir un autre pour en faire votre page d'accueil. Il suffit de cocher la case pour sélectionner puis de cliquer sur le bouton DÉFAUT.

7.2.3 Les boutons Publier/Dépublier

Un élément de contenu peut être soit visible, (c'est-à-dire publié), soit invisible (dépublié). Vous basculez entre les deux états en cliquant sur la coche verte ou la croix rouge. Vous pouvez aussi sélectionner la ligne puis cliquer sur le bouton approprié en haut à droite. Cette seconde approche permet d'appliquer l'opération à plusieurs éléments à la fois.

7.2.4 Le bouton Déplacer

Ce bouton permet de déplacer un élément en un autre endroit d'un menu. Prenons le cas de l'élément dont le titre est More about Joomla!. Sélectionnez cette ligne puis cliquez sur le bouton DÉPLACER. Vous voyez apparaître un formulaire présentant tous les menus disponibles. À droite sont présentés les éléments à déplacer (voir Figure 7.6).

Figure 7.6
Menus > Main
Menu > Déplacer.

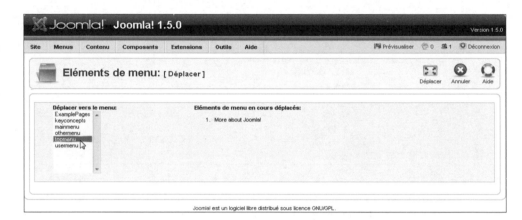

Sélectionnez le menu qui doit devenir le parent de l'élément concerné. Vérifiez ensuite le résultat dans la partie publique du site (voir Figure 7.7).

Figure 7.7

Création d'un sous-
menu dans Top Menu.

7.2.5 Le bouton Copier

Vous pouvez bien sûr copier un élément de menu. Sélectionnez-le (ou plusieurs) avant d'utiliser le bouton COPIER. Vous voyez apparaître un formulaire qui présente comme pour le déplacement les différents menus disponibles. Il suffit de sélectionner le menu destinataire.

7.2.6 Le bouton Corbeille

Pour offrir un peu plus de sécurité, les éléments de menus que vous supprimez ne sont pas immédiatement détruits. Ils sont envoyés dans la Corbeille qui constitue une zone temporaire.

Pour supprimer un élément, sélectionnez-le puis cliquez sur le bouton CORBEILLE. Vous pouvez ensuite visualiser le contenu de la Corbeille des menus au moyen de la commande MENUS > CORBEILLE DE MENU.

7.2.7 Le bouton Éditer (édition d'élément de menu)

Cette commande permet de modifier un menu existant. Prenons comme exemple l'élément intitulé
Web Links. Sélectionnez la ligne appropriée puis cliquez sur le bouton ÉDITER, ou bien cliquez direc-
tement sur le nom dans la colonne LIEN DE MENU. Vous voyez apparaître un formulaire d'édition (voir
Figure 7.8).

Figure 7.8

Main Menu >
Accueil > Éditer.

Ce formulaire compte trois sections :

- Type de l'élément de menu ;
- Détails de l'élément de menu ;
- Paramètres – Basique, Composant, Système.

Type de l'élément de menu

Tout élément de menu possède un type. Nous y reviendrons lors de la création d'un élément de
menu. Un élément peut par exemple faire référence à un composant intégré à Joomla! ou à un
élément de contenu. Il peut aussi représenter un lien menant à un site Web externe, entre autres
choses. Cette section de la page permet de connaître le type du lien. Dans notre exemple, c'est un
lien vers le composant Weblinks de Joomla! (voir Figure 7.9).

Figure 7.9

Édition d'élément
de menu > Changer
l'élément de menu.

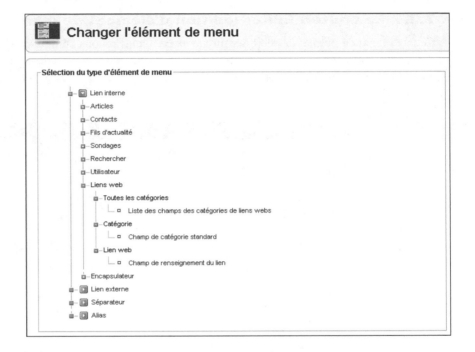

Ce gestionnaire est une nouveauté de la version 1.5 de Joomla!. Dans la version 1.0.x, vous ne pouviez pas modifier le type des éléments de menu. Il fallait supprimer tous les éléments d'un menu pour en créer un nouveau. Dorénavant, vous pouvez modifier le type pour chaque catégorie ou pour un élément de menu, ce qui permet aux visiteurs de proposer de nouveaux liens externes.

Vous pouvez ensuite refermer l'éditeur. Nous y reviendrons lors de la création d'un élément de menu en fin de chapitre.

Édition d'élément de menu – Détails

ID. Pour que les choses soient bien gérées, elles doivent toutes être identifiées de façon unique. C'est donc aussi le cas de nos éléments de menu. Dans l'exemple, l'élément possède l'identifiant 48. La valeur est fournie par Joomla! lors de la création de l'élément. Son usage est purement interne et vous ne pouvez la modifier.

Titre. C'est le nom du menu tel qu'il apparaît sur le site Web public.

Alias. Il s'agit d'un nom ajouté dans l'adresse URL après le nom de domaine, dans un but d'optimisation par rapport aux moteurs de recherches. Si le mécanisme est activé (revoyez le Chapitre 6 à ce sujet), voici comment se présente l'adresse URL de cet élément de menu :

http://localhost/joomla150/web-links

Figure 7.10

Édition d'élément
de menu > Détails.

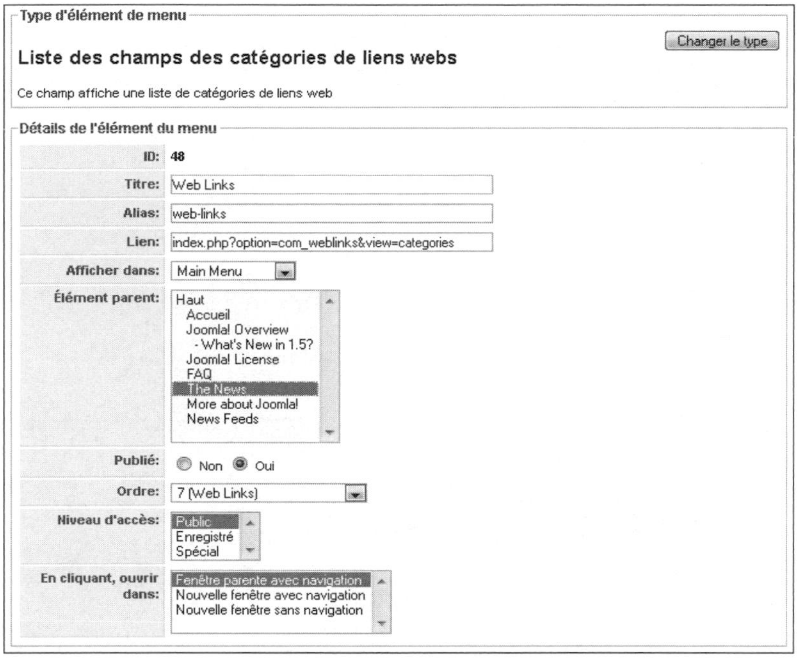

> Type d'élément de menu
>
> [Changer le type]
>
> **Liste des champs des catégories de liens webs**
>
> Ce champ affiche une liste de catégories de liens web
>
> Détails de l'élément du menu
>
> | | |
> |---|---|
> | **ID:** | 48 |
> | **Titre:** | Web Links |
> | **Alias:** | web-links |
> | **Lien:** | index.php?option=com_weblinks&view=categories |
> | **Afficher dans:** | Main Menu |
> | **Élément parent:** | Haut |
> | | Accueil |
> | | Joomla! Overview |
> | | - What's New in 1.5? |
> | | Joomla! License |
> | | FAQ |
> | | The News |
> | | More about Joomla! |
> | | News Feeds |
> | **Publié:** | ○ Non ● Oui |
> | **Ordre:** | 7 (Web Links) |
> | **Niveau d'accès:** | Public / Enregistré / Spécial |
> | **En cliquant, ouvrir dans:** | Fenêtre parente avec navigation / Nouvelle fenêtre avec navigation / Nouvelle fenêtre sans navigation |

Lien. Ce paramètre concerne le composant, c'est-à-dire la portion de l'adresse URL qui est située après le nom de domaine. Dans notre exemple, ce lien s'écrit :

index.php?option=com_weblinks&view=categories

Afficher dans. Cette option modifie le lieu d'apparition de l'élément, ce qui le déplace dans un autre menu. La liste associée permet de choisir parmi les menus existants.

Élément parent. Vous pouvez bien sûr mettre en place une structure arborescente de menus et sous-menus. Dans la liste, la mention Haut signifie que l'élément va apparaître au plus haut niveau. Les autres lignes correspondent à des sous-menus. Si nous faisons descendre le lien *Web Links* pour qu'il soit sous *News*, l'affichage dans la liste devient celui de la Figure 7.11. Le site Web prend alors l'aspect de la Figure 7.12. Après l'opération, *Web Links* devient un sous-menu de *News*. Notez qu'il faut d'abord cliquer sur *News* pour accéder à ces détails et voir *Web Links*. Vous pouvez ainsi créer une structure complexe de menus et de sous-menus.

Publié. Permet de rendre l'élément visible ou non.

Ordre. Vous choisissez ici la position de l'élément relativement aux autres.

Niveau d'accès. Vous pouvez décider d'autoriser l'accès à tout le monde, aux utilisateurs enregistrés ou seulement à ceux du groupe spécial.

Figure 7.11

Arborescence dans le Gestionnaire des éléments de menus.

#		Lien de menu	Défaut	Publié	Ordre ▲
1	☐	Accueil	☆	✓	▼ 1
2	☐	Joomla! Overview		✓	▲ ▼ 2
3	☐	└ What's New in 1.5?		✓	1
4	☐	Joomla! License		✓	▲ ▼ 3
5	☐	FAQ		✓	▲ ▼ 5
6	☐	The News		✓	▲ ▼ 6
7	☐	└ Web Links		✓	1
8	☐	More about Joomla!		⊗	▲ ▼ 99999
9	☐	News Feeds		⊗	▲ 99999

Filtre: [_____] [Appliquer] [Réinitialiser]

Figure 7.12

Arborescence sur le site Web public.

En cliquant, ouvrir dans. Cette option très pratique permet de choisir de faire apparaître la cible du lien (de la commande) dans la même fenêtre du navigateur ou dans une nouvelle fenêtre. La nouvelle fenêtre peut être ouverte avec ou sans éléments de navigation.

Édition d'élément de menu – Paramètres

Les paramètres d'un élément de menu dépendent de son type. Un lien simple contient moins de paramètres qu'une liste personnalisable ou que le lien de la page d'accueil.

Dans notre exemple, il s'agit d'un lien de catégorie (nous présentons ce type de composants au Chapitre 9). Pour accéder aux détails d'un volet de paramètres, il suffit de cliquer dans sa ligne de titre. Vous voyez le petit triangle vert orienté soit à droite, soit vers le bas.

Paramètres – Basique

Ce groupe réunit les paramètres qui s'appliquent à tous les types d'éléments de menu (voir Figure 7.13).

Figure 7.13

*Édition d'élément de menu >
Paramètres – Basique.*

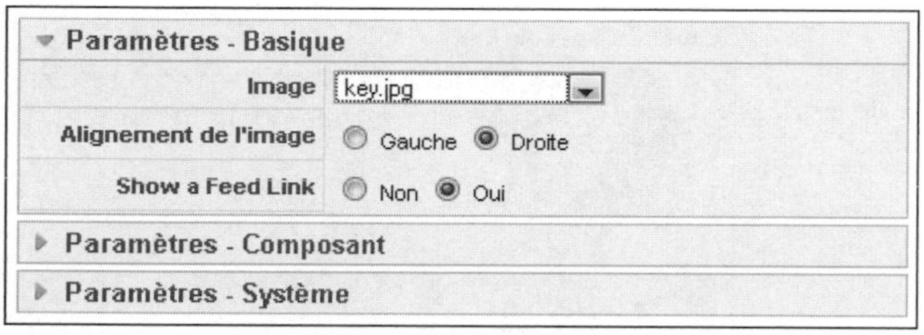

Paramètres - Basique	
Image	key.jpg
Alignement de l'image	○ Gauche ● Droite
Show a Feed Link	○ Non ● Oui
▶ Paramètres - Composant	
▶ Paramètres - Système	

Image. Permet de désigner un fichier d'image qui doit se trouver dans la racine du Gestionnaire de médias (*/images/stories/*). En fonction du modèle, l'image sera présentée à côté de l'élément de menu, dans un format dépendant du modèle en vigueur.

Alignement de l'image. Permet de décider de faire apparaître l'image à gauche ou à droite.

Show a Feed Link (Afficher un lien de fil RSS)**.** Il est devenu possible dans Joomla! 1.5 de générer un fil d'informations RSS pour chaque affichage de liste. Cette option n'est pas pertinente pour tous les types de listes. Si cette option est active, des liens de fil RSS sont affichés dans le navigateur. Ils contiennent les éléments de la liste.

Paramètres – Composant

Ce sous-groupe de paramètres concerne le composant qui est associé à un lien ou élément de menu. Dans notre exemple il s'agit du composant nommé Weblinks. Ce composant s'installe en plusieurs étapes. Après le premier clic, nous voyons apparaître dans notre configuration les différentes catégories avec un texte standard (voir Figure 7.14).

Figure 7.14

*Les catégories du composant
Weblinks dans la partie publique.*

En cliquant sur une catégorie, vous voyez apparaître un tableau contenant tous les liens correspondants (voir Figure 7.15).

Vous pouvez intervenir sur les paramètres du composant (voir Figure 7.16).

Description. Permet d'afficher ou de masquer les titres des catégories.

Intro des liens Web. Permet de saisir un titre spécifique à une entrée (voir Figure 7.17).

Hits (accès)**.** Vous disposez d'un compteur de visites dans une colonne de la liste pour chaque page. Vous pouvez afficher ou masquer cette colonne.

Figure 7.15

Affichage sous forme de tableau d'une série de liens.

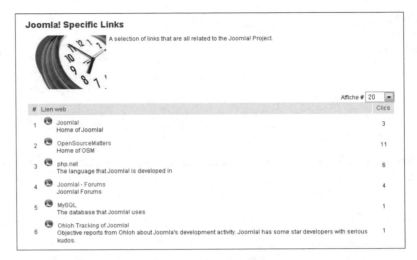

Figure 7.16

Édition d'élément de menu > Paramètres Composant.

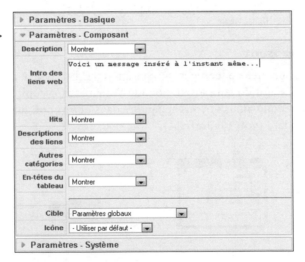

Figure 7.17 Exemple de texte personnalisé dans l'affichage d'une catégorie.

Description des liens. Permet d'afficher ou de masquer la description située sous le lien dans la liste.

Autres catégories. Lorsque vous êtes dans l'affichage sous forme de tableau des liens, vous voyez apparaître soit le texte standard, soit celui saisi dans les paramètres. Vous trouvez en dessous une liste de catégories et de sections (s'il y en a d'autres). Cette option permet d'afficher ou de masquer cette liste.

En-têtes du tableau. Permet d'afficher ou de masquer les titres des colonnes du tableau au-dessus des liens.

Paramètres – Système

Les paramètres réunis dans ce groupe concernent l'aspect du lien de menu. La séparation logique entre les paramètres basiques et les paramètres système n'est pas toujours facile à comprendre.

Titre de la page. Ce champ permet d'indiquer le texte du titre tel qu'il apparaîtra sur le site Web et dans le haut du navigateur.

Afficher le titre. Permet d'afficher ou de masquer le titre.

Suffixe de classe CSS. Ce champ est destiné à recevoir une chaîne de texte spéciale, par exemple mon_elementmenu. Ce texte est ajouté à la fin des noms de classe dans le code HTML généré. Vous devez définir au niveau du fichier des styles CSS une classe portant le même nom pour pouvoir intervenir sur la présentation du menu concerné.

SSL actif. Permet d'utiliser le protocole de dialogue sécurisé HTTPS. Le mécanisme suppose que le serveur dispose d'un environnement SSL opérationnel. Dans l'environnement local XAMPP lite, la sécurisation SSL fonctionne sans problème.

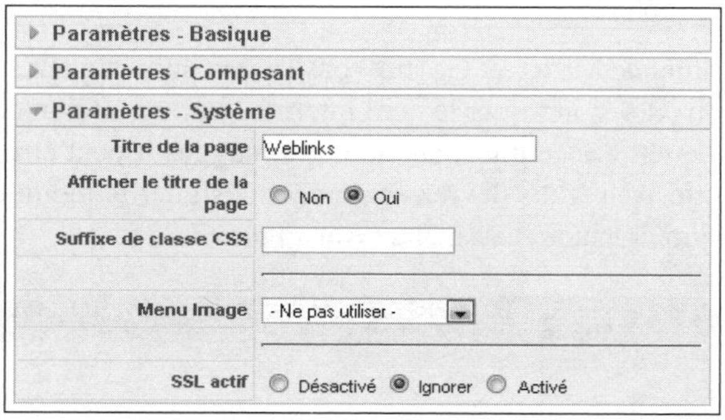

Figure 7.18

Édition d'élément de menu > Paramètres Système.

7.2.8 Bouton Nouveau

Ce bouton sert à créer un nouveau menu, comme nous l'expliquons un peu plus loin.

7.3 Corbeille de menu

La Corbeille de menu dresse la liste de tous les éléments de menu qui ont été supprimés (voir Figure 7.19). Vous pouvez sélectionner un ou plusieurs éléments puis cliquer sur le bouton Restaurer pour les récupérer (voir Figure 7.20). La suppression définitive se fait avec le bouton Supprimer.

Figure 7.19

Menus > Corbeille de menu.

Figure 7.20

Menus > Corbeille de menu > Restaurer.

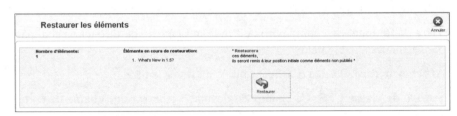

7.4 Création d'un nouveau menu

Voyons maintenant comment créer un nouveau menu. Nous allons choisir le nom Livre JOOMLA! 1.5. Le lien devra mener à la page du site officiel de Joomla! en France, *http://www.joomla.fr/*. Nous ferons apparaître le site dans une autre fenêtre. Le nouveau menu sera présenté sous le menu principal dans la colonne gauche.

Sélectionnez la commande Menus > Gestion des menus puis cliquez sur Nouveau. Dans le champ du type de menu, vous devez indiquer le nom interne du menu. Il faut choisir un nom suggestif sans utiliser d'espace ni de lettre accentuée. Un nom plus suggestif peut être donné dans le champ Titre. Il apparaîtra sur le site Web. Vous devrez également désigner le module correspondant, et désigner les éléments pour peupler le nouveau menu (voir Figure 7.21).

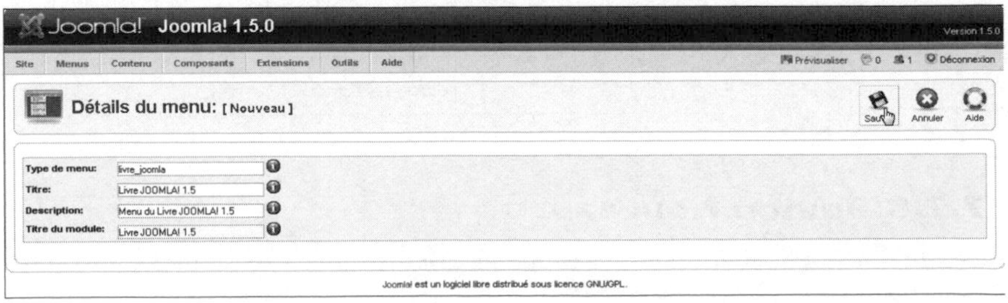

Figure 7.21

Menus > Gestion des menus – Nouveau.

Type de menu. C'est le nom utilisé dans le code de Joomla!. Vous n'avez pas le droit aux espaces ni aux lettres accentuées. Choisissons par exemple `livre_joomla`. Cet identifiant ne sera jamais visible sur le site Web. Il sert à établir la connexion logique entre le module et le menu.

Titre. Le nom public du menu. Dans l'exemple, nous indiquons `Livre JOOMLA! 1.5`.

Description. Une description facultative qui n'apparaît que dans la partie administrative, par exemple dans les listes.

Titre du module. Le nom public du module. Nous choisissons aussi `Livre JOOMLA! 1.5`.

Cliquez sur le bouton SAUVER pour provoquer la création d'un nouveau module avec les paramètres choisis. Vous revenez dans la vue globale des menus. Le nouveau menu apparaît, mais il est vide (voir Figure 7.22). Par ailleurs, le nouveau menu a été ajouté au menu général MENUS.

Figure 7.22

Le nouveau
menu vide.

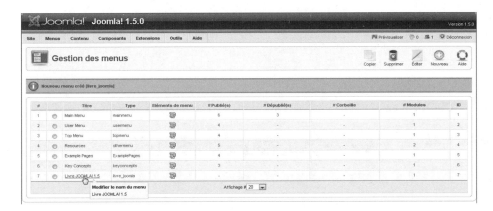

Dans la ligne du nouveau lien LIVRE JOOMLA! 1.5, cliquez sur la petite icône de la colonne ÉLÉMENTS DE MENUS (elle symbolise un crayon, mais c'est difficile à voir). Vous accédez ainsi à la page de gestion du contenu de ce menu (voir Figure 7.23).

Figure 7.23

Liste des éléments
du nouveau menu.

Pour l'instant, le menu est vide. Cliquez sur le bouton NOUVEAU. Commencez par choisir le type de l'élément parmi les différents domaines proposés (voir Figure 7.24). Pour ne pas nous aventurer dans quelque chose de trop complexe, nous allons choisir un lien externe simple qui mènera vers le site *joomla.fr*.

Figure 7.24

Sélection du type
d'élément de menu.

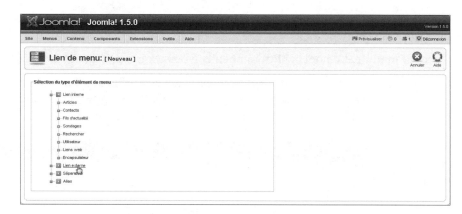

Cliquez donc sur le lien intitulé LIEN EXTERNE. Vous voyez apparaître un page de saisie (voir Figure 7.25).

Figure 7.25

Nouveau lien de menu.

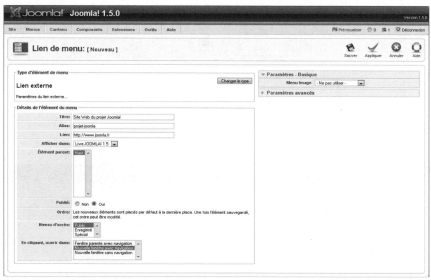

Vous connaissez déjà le contenu de ce formulaire. Voici comment le renseigner dans le cas d'un élément de menu.

Titre. Le nom du lien qui apparaît dans le menu (`Site Web du projet Joomla!`).

Alias. Le nom abrégé de l'adresse URL (`projet-joomla`).

Lien. Le lien qui mène à la page Web (*http://www.joomla.fr*).

Afficher dans. Nous allons l'afficher dans notre nouveau menu, `Livre JOOMLA! 1.5`.

Élément parent. Il n'y en a pas encore car c'est le premier élément.

Publié. Vous allez décider de publier ce menu ? (Oui).

Ordre. Puisque c'est le premier élément, il n'y a pas encore de tri possible. En général, les nouveaux éléments sont ajoutés à la fin des menus. Vous pourrez modifier l'ordre après avoir utilisé **Sauver**.

Niveau d'accès. Choisissez de rendre le menu accessible à tous les visiteurs (**Public**), à ce qui sont **Enregistré** ou au groupe **Spécial**.

En cliquant, ouvrir dans. Choisissez de faire apparaître la cible du lien dans une nouvelle fenêtre de navigateur.

Si vous cliquez sur Appliquer, vous restez dans la même page. Cliquez sur Sauver pour enregistrer les donnée et quitter cette page.

Le menu est dorénavant peuplé d'un élément. Il n'est pas encore visible dans la partie publique. Il faut de nouveau publier le module correspondant. Choisissez la commande Extensions > Gestion des modules (voir Figure 7.26). Cliquez dans la croix rouge de la colonne Enabled (Activé). Notez les petits triangles qui permettent d'intervenir sur l'ordre. N'y touchez pas.

Figure 7.26

Extensions > Gestion des modules.

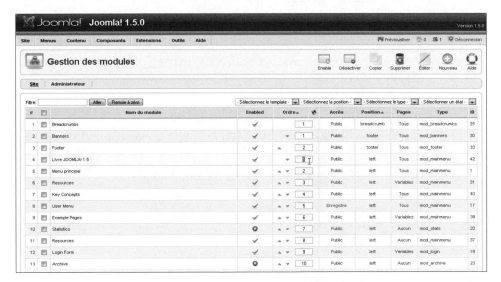

Vous pouvez dorénavant accéder à votre site Web (pensez à réactualiser par F5). Vous devriez voir apparaître le nouveau menu Livre JOOMLA! 1.5 (voir Figure 7.27).

Figure 7.27

Le nouveau menu Livre JOOMLA! 1.5 sur le site.

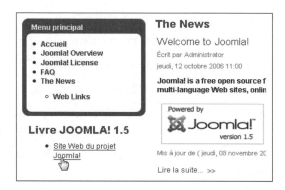

Mais le nouveau menu n'a pas le même aspect que le menu principal. Il n'a pas ce cadre bleu caractéristique. La présentation dépend du fichier CSS du template. Il nous reste à relier logiquement notre nouveau menu au même template que celui du menu principal. Il faut que le module fasse référence à une classe de style CSS bien précise. Pour l'instant, notre menu est associé à la classe nommée module. Il suffit d'accéder au code source HTML de la page pour le vérifier (Listing 7.1).

Listing 7.1 : Code source du nouveau sous-menu

```
<div class="module"><div><div><div>
<h3>Livre JOOMLA! 1.5</h3>
<ul class="menu">
<li class="item54">
<a href="http://www.joomla.fr" target="_blank">
<span>Site Web du projet Joomla!</span>
</a>
</li></ul></div></div></div></div>
```

En comparaison, le menu principal fait référence à la classe intitulée module_menu (Listing 7.2).

Listing 7.2 : Code source du menu principal Main Menu

```
<div class="module_menu"><div><div><div>
<h3>Menu principal</h3>
<ul class="menu">
<li id="current" class="active item1">
<a href="http://localhost/joomla150/">
<span>Accueil</span>
</a>
```

```
</li>
... autres liens ...
</ul>
</div></div></div></div>
```

Il faut accéder à la gestion des modules pour créer la bonne liaison entre le menu et la classe CSS. Choisissez à nouveau EXTENSIONS > GESTION DES MODULES > LIVRE JOOMLA! 1.5. Accédez aux détails du volet des paramètres avancés. Dans le champ SUFFIXE DE CLASSE DE MODULE, saisissez l'identifiant suivant (voir Figure 7.28) :

```
_menu
```

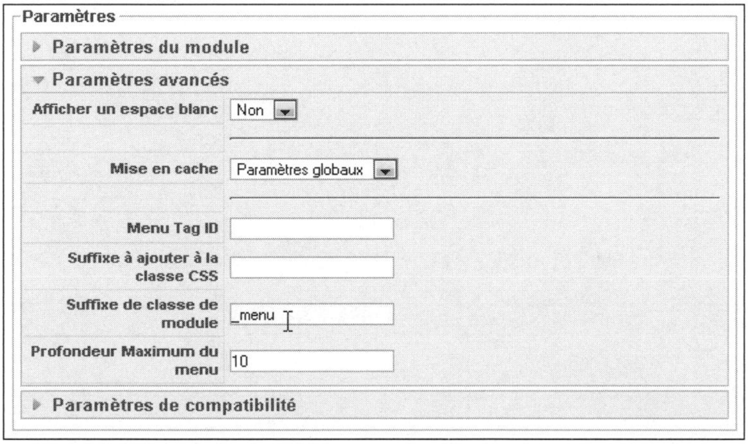

Figure 7.28

Modification du suffixe de classe CSS.

Accédez à nouveau à votre site Web. Le menu est correctement mis en forme (voir Figure 7.29). Si vous cliquez sur l'unique lien du menu (SITE WEB DU PROJET JOOMLA!), la page d'accueil du site cible apparaît.

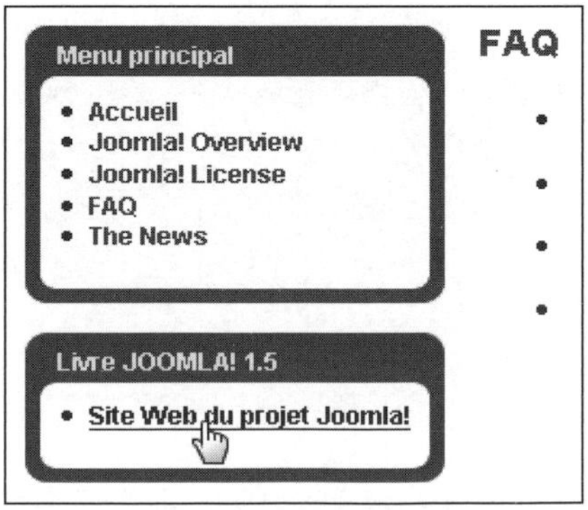

Figure 7.29

Le nouveau menu avec un style CSS adapté.

8 Le menu Contenu

Le menu Contenu regroupe toutes les sections de contenus du site. Un contenu correspondant à du texte avec du formatage HTML s'appelle dans Joomla! un *article*. La structure de stockage des contenus est la suivante dans Joomla! :

```
Contenus-+- Section1 -+- Catégorie1 -+- Contenu1
         |            |              +- Contenu2
         |            |              +- Contenu3
         |            +- Catégorie2  +- Contenu1
         |                           +- Contenu2
         +- Section1 -+- Catégorie1 -+- Contenu1
         |            |              +- Contenu2
         |            |              +- Contenu3
         |            +- Catégorie2  +- Contenu1
         |                           +- Contenu2
         +- Contenu statique-+- Contenu non catégorisé1
                             +- Contenu non catégorisé2
                             +- Contenu non catégorisé3
```

Cette structure se rapproche beaucoup de celle d'une arborescence de dossiers de disque dur. Vous pouvez créer autant de sections, de catégories et de contenus statiques que vous voulez. Vous n'êtes pas forcé de classer tous vos articles dans des sections et des catégories. Lorsque vous archivez un élément, toute la structure permettant de repérer cet élément est prise en compte dans l'archive.

Cette structure prédéterminée a des avantages et des inconvénients. Le principal avantage est le fait que la structure représente une sorte de standard qui permet à tout administrateur de s'y retrouver. Cela simplifie la prise en mains et permet de garder une bonne vue d'ensemble du site.

L'inconvénient est que cette structure à deux sous-niveaux n'est pas modifiable. Certains administrateurs se sentent de ce fait limités dans la personnalisation de leur site Web. Mais ce sujet est très suggestif. Vous pouvez représenter n'importe quelle structure de navigation en combinant correctement des sections, des catégories, des Menus et des contenus.

Le problème le plus important est plutôt celui-ci :

Qu'est-ce que je désire communiquer avec quelle logique ?

Le menu Contenu donne accès à différents espaces de travail (écrans) permettant d'intervenir sur la structure et sur les contenus (voir Figure 8.1).

Figure 8.1

Le menu Contenu.

8.1 Gestion des articles

Le sous-menu Contenu > Gestion des articles donne accès à la vue globale des articles (voir Figure 8.2). C'est votre table d'orientation parmi tous les articles du site Web.

Vous pouvez filtrer la liste au moyen des quatre listes d'en-têtes de colonne, par section, catégorie, auteur et état. Vous disposez également d'un champ de recherche pour retrouver des articles en fonction de leur titre.

Sous la liste se trouve la barre de navigation qui permet de passer d'une page à l'autre. Un paramètre permet de choisir le nombre de lignes par page d'affichage. Par défaut, la valeur est la même que celle définie dans les paramètres (voir la section 8.1.2).

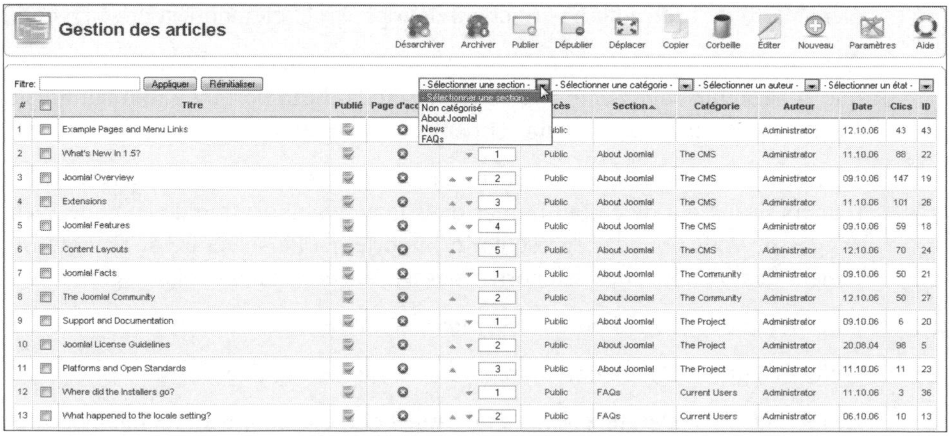

Figure 8.2

Contenu - Liste des articles.

#		Titre	Publié	Page d'acc		Accès	Section	Catégorie	Auteur	Date	Clics	ID
1		Example Pages and Menu Links				Public			Administrator	12.10.06	43	43
2		What's New In 1.5?			1	Public	About Joomla!	The CMS	Administrator	11.10.06	88	22
3		Joomla! Overview			2	Public	About Joomla!	The CMS	Administrator	09.10.06	147	19
4		Extensions			3	Public	About Joomla!	The CMS	Administrator	11.10.06	101	26
5		Joomla! Features			4	Public	About Joomla!	The CMS	Administrator	09.10.06	59	18
6		Content Layouts			5	Public	About Joomla!	The CMS	Administrator	12.10.06	70	24
7		Joomla! Facts			1	Public	About Joomla!	The Community	Administrator	09.10.06	50	21
8		The Joomla! Community			2	Public	About Joomla!	The Community	Administrator	12.10.06	50	27
9		Support and Documentation			1	Public	About Joomla!	The Project	Administrator	09.10.06	6	20
10		Joomla! License Guidelines			2	Public	About Joomla!	The Project	Administrator	20.08.04	98	5
11		Platforms and Open Standards			3	Public	About Joomla!	The Project	Administrator	11.10.06	11	23
12		Where did the Installers go?			1	Public	FAQs	Current Users	Administrator	11.10.06	3	36
13		What happened to the locale setting?			2	Public	FAQs	Current Users	Administrator	06.10.06	10	13

Vous pouvez modifier l'ordre de tri en cliquant dans l'en-tête d'une des colonnes Section, Catégorie, Auteur et Titre.

8.1.1 Description de la liste des articles

À gauche de chaque ligne une case à cocher permet de sélectionner l'élément puis de lui appliquer une action. La case à cocher de l'en-tête de la colonne permet de sélectionner tous les articles de la liste.

Vous pouvez cliquer dans le titre d'un article pour basculer en mode Édition de son contenu (voir Figure 8.3).

Figure 8.3

Exemple d'édition
d'un article.

De retour dans l'affichage dans la liste, nous trouvons les options suivantes pour chaque article :

Publié. Permet de savoir si l'article est visible sur le site (coche verte) ou non (croix rouge). Un article peut ne pas être visible même s'il est Publié parce que sa date de fin de publication est passée.

 L'élément a dans ce cas été automatiquement archivé. En bas de liste se trouve la légende des icônes de l'état de publication (en suspens, courant, expiré, non publié, archivé).

Page d'accueil. Permet de savoir si l'article est visible sur la première page du site (revoyez le Chapitre 3).

Ordre. Elle permet d'intervenir sur l'ordre des articles en utilisant les petites flèches vertes. Vous pouvez également saisir un nouveau numéro d'ordre dans le champ associé, en cliquant ensuite sur la petite icône représentant une disquette pour enregistrer la modification.

Accès. Affiche surtout des mentions Public. En cliquant sur la mention, vous basculez tour à tour entre les trois états Public, Enregistré et Spécial.

Section. Elle indique la section à laquelle appartient l'article. Vous pouvez cliquer sur le nom de section pour basculer en mode **Édition**. Les articles non liés à une section sont marqués comme Non catégorisés. Ils correspondent aux anciens contenus statiques de Joomla! 1.0.

Catégorie. Elle correspond à des sous-sections. En cliquant sur le nom, vous basculez en édition de la catégorie.

Auteur. Rappelle le nom de l'auteur du contenu. Si vous cliquez sur le nom, vous accédez à la gestion de cet utilisateur.

Date. Rappelle la date de création de l'article.

ID. C'est un identifiant unique pour l'article dans la base de données. Cette valeur est utilisée dans l'adresse URL qui désigne l'article.

Joomla! 1.0.x définissait deux champs de type Texte, un pour le chapeau (accroche ou Teaser) et un autre pour le texte complet. Cette structure a été abandonnée dans Joomla! 1.5, mais un aspect visuel équivalent est disponible. Dorénavant, vous pouvez désigner l'endroit où l'article doit être coupé en utilisant l'un des deux boutons LIRE LA SUITE et SAUT DE PAGE. Il n'y a plus non plus de distinction entre les articles statiques et les articles dynamiques. Les articles statiques sont dorénavant des articles Non catégorisés. Ils peuvent aussi apparaître sur la page d'accueil.

8.1.2 Boutons de gestion des articles

Vous pouvez appliquer différents traitement à un ou à plusieurs articles sélectionnés dans la liste (voir Figure 8.4).

Figure 8.4

Les boutons disponibles dans la gestion des articles.

Archiver et Désarchiver

Comme son nom l'indique une archive sert à conserver des contenus en réserve mais ils ne sont plus consultables par les visiteurs. Vous pouvez envoyer un article dans ce stock en cliquant sur le bouton ARCHIVER. L'article apparaît ensuite sur un fond gris dans la liste (voir Figure 8.5).

Figure 8.5

Exemple d'articles archivés.

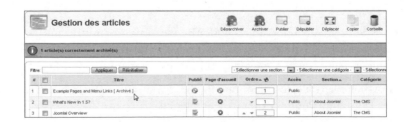

En utilisant la mention ARCHIVÉ dans le filtre d'état, vous pouvez limiter la liste aux articles archivés. Dans certains contextes, vous pouvez avoir intérêt à rendre invisible un article archivé. Voyez également le Chapitre 10.3.7.

Publier et Dépublier

Ces deux boutons permettent de rendre un article visible ou non sur le site.

Déplacer et Copier

Ces deux boutons permettent de déplacer ou de copier un ou plusieurs articles vers une autre catégorie ou une autre section.

Corbeille

Permet d'envoyer un ou plusieurs articles dans la Corbeille pour suppression ultérieure.

Paramètres

Ce bouton fait apparaître une fenêtre flottante sur fond assombri qui réunit tous les paramètres de la configuration générale relative aux articles (voir Figure 8.6). Vous pouvez personnaliser l'aspect d'un article au moyen des paramètres spécifiques disponibles dans la fenêtre d'édition de contenu.

 La version 1.0 de Joomla! comportait de nombreux paramètres dans la section de configuration globale. Dans Joomla! 1.5, les paramètres ont été ramenés au niveau de chaque composant. C'est pourquoi vous trouvez les paramètres des articles dans la liste de gestion des articles et les paramètres de configuration des chaînes de recherche dans le composant de recherche.

Figure 8.6

Paramètre de configuration générale des articles.

8.2 Création d'un article

Voyons comment créer un article qui doit apparaître sur la page d'accueil. Dans la liste des articles, cliquez sur le bouton Nouveau. Vous voyez apparaître une fenêtre d'édition contenant une vaste zone de saisie sur la gauche (voir Figure 8.7).

Figure 8.7

Exemple de création d'un article.

Saisissez un titre pour l'article (par exemple Mes Actualités) et éventuellement un Alias (par exemple mesactu). Saisissez ensuite le texte de l'article ou bien récupérez quelques blocs de texte dans un autre fichier (vous pouvez copier/coller le texte du site *www.loremipsum.net*).

Voici comment configurer les autres options :

- Section : Non catégorisé ;
- Catégorie : Non catégorisé ;
- Publié : Oui ;
- Page d'accueil (Frontpage) : Oui.

Cliquez sur le bouton Appliquer puis basculez dans la partie publique de votre site Web. Votre nouvel article apparaît déjà sur la page d'accueil !

Figure 8.8

Le nouvel article sur
la page d'accueil.

En quelques secondes, l'essentiel est fait. Occupons-nous maintenant du détail. Nous voudrions tout d'abord ne faire apparaître que le début de l'article sur la page d'accueil. Rebasculez dans la page d'édition et placez le curseur à l'endroit où vous voulez séparer le chapeau de la suite. Sous le volet d'édition, cliquez sur le bouton LIRE LA SUITE. Vous voyez apparaître une ligne tiretée rouge qui marque la séparation entre les deux parties du texte (voir Figure 8.9).

Figure 8.9

Édition d'article :
Insertion d'une
section Lire la suite.

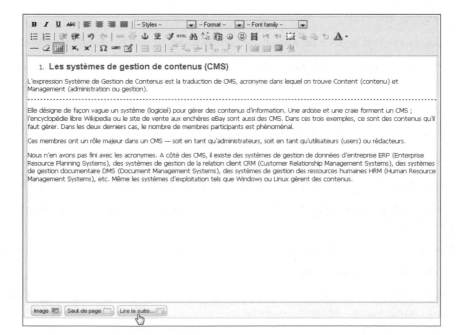

Vous pouvez également enrichir l'aspect du texte au moyen des nombreux outils d'édition disponibles. Cliquez ensuite sur APPLIQUER et allez voir le résultat sur la page d'accueil (voir Figure 8.10).

Figure 8.10

Le lien Lire la suite est en place.

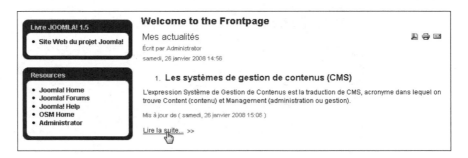

Revenons étudier les paramètres disponibles pour un article.

8.2.1 Paramètres

Comme au chapitre précédent, lors de la création d'un nouveau menu, vous disposez de plusieurs blocs de paramètres. La partie supérieure de la colonne de droite donne des informations générales.

ID de l'article. Numéro d'identification unique de l'article dans la base de données.

État. État actuel (Publié dans l'exemple).

Clics. Nombre d'accès à cet article. Le bouton RÉINITIALISER permet de remettre le compteur à zéro.

Réviser. Au départ, les articles portent le numéro de révision 1. Ce numéro augmente à chaque sauvegarde (vous pourrez profiter de ce paramètre pour mettre en place une gestion des mises à jour).

Créé. Date de création de l'article.

Dernière modification. Date de dernière révision du contenu.

Paramètres – Article

Le premier bloc de paramètres réunit les informations générales (voir Figure 8.11).

Auteur. Vous pouvez modifier le nom de l'auteur dans la liste. Elle propose tous les utilisateurs identifiés.

Pseudo de l'auteur. Permet d'indiquer un pseudonyme à la place du nom véritable de l'auteur.

Niveau d'accès. Choix parmi les trois groupes d'utilisateurs.

Date de création. Vous pouvez modifier ici la date de création. Utilisez le petit bouton de calendrier pour choisir la date de façon confortable.

Figure 8.11

Édition d'article – Paramètres d'articles.

ID de l'article:	44
Etat	Publié
Clics	0
Révisé	4 fois
Créé	samedi, 26 janvier 2008 14:56
Dernière modification	samedi, 26 janvier 2008 15:06

▼ **Paramètres - Article**

Auteur	Administrator
Pseudo de l'auteur	
Niveau d'accès	Public
Date de création	2008-01-26 14:56:14
Début de publication	2008-01-26 14:56:14
Fin de publication	Jamais

▶ **Paramètres - Avancés**

▶ **Informations des méta-données**

Début de publication. Permet de décider de la date à partir de laquelle l'article sera rendu public. Par défaut, ils le sont immédiatement. Profitez du bouton CALENDRIER.

Fin de publication. Permet de spécifier une date limite de publication de l'article. Par défaut, c'est Jamais. Vous disposez également d'un bouton CALENDRIER.

Paramètres – Avancés

Ce bloc de paramètres permet de personnaliser toute une série de paramètres également définis de façon globale, revoyez le Chapitre 8.1 (voir Figure 8.12). Ces paramètres n'ont d'effet que lorsque vous affichez le texte complet de l'article, c'est-à-dire après avoir cliqué sur le lien LIRE LA SUITE. Pour l'affichage de la partie initiale (le chapeau), les paramètres sont à modifier dans la définition du lien de menu correspondant.

Afficher le titre. Voulez-vous ou non afficher le titre de l'article ?

Titres cliquables. Permet de personnaliser les paramètres globaux.

Texte d'introduction. Faut-il afficher ou non le texte du chapeau ?

Nom de la section. Affichage ou pas du nom de la section.

Titre de section cliquable. Le nom de section doit-il apparaître comme lien dans tous les articles de la section ?

Nom de catégorie. Faut-il afficher le nom de la catégorie ?

Figure 8.12

Édition d'article
– Paramètres avancés.

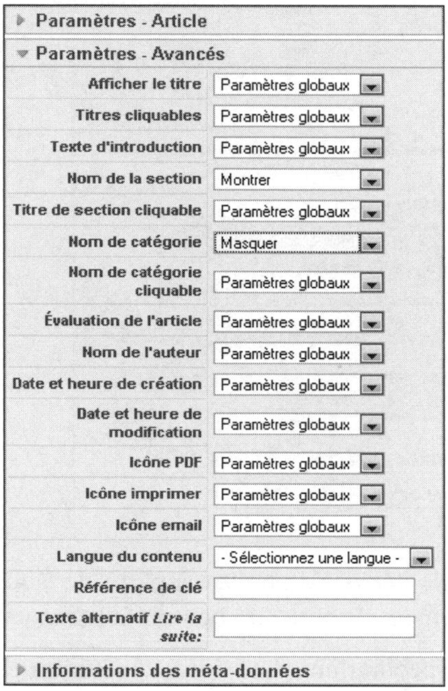

Paramètres - Article	
▼ Paramètres - Avancés	
Afficher le titre	Paramètres globaux
Titres cliquables	Paramètres globaux
Texte d'introduction	Paramètres globaux
Nom de la section	Montrer
Titre de section cliquable	Paramètres globaux
Nom de catégorie	Masquer
Nom de catégorie cliquable	Paramètres globaux
Évaluation de l'article	Paramètres globaux
Nom de l'auteur	Paramètres globaux
Date et heure de création	Paramètres globaux
Date et heure de modification	Paramètres globaux
Icône PDF	Paramètres globaux
Icône imprimer	Paramètres globaux
Icône email	Paramètres globaux
Langue du contenu	- Sélectionnez une langue -
Référence de clé	
Texte alternatif *Lire la suite:*	
▶ Informations des méta-données	

Nom de catégorie cliquable. Faut-il afficher le nom de la catégorie comme lien dans toutes les catégories de cette section ?

Les sept paramètres suivants permettent de personnaliser les réglages globaux. Voyons les derniers paramètres :

Langue du contenu. Permet de choisir la langue dans laquelle l'article est rédigé. C'est une nouvelle fonction qui offre d'intéressantes possibilités en combinaison avec l'extension Joomfish de Alex Kempkens. Le site Web peut ainsi être affiché dans une langue ou une autre en fonction de la langue des contenus.

Référence de clé. Vous pouvez spécifier ici les références qui serviront dans le cas d'une exportation au format DocBook. N'intéresse actuellement que les développeurs qui s'occupent du système d'aide.

Texte alternatif Lire la suite. Permet d'indiquer un autre texte pour le lien LIRE LA SUITE, ce qui est notamment utile pour augmenter l'accessibilité du site aux personnes handicapées.

Informations sur les métadonnées

Ce troisième bloc de paramètres sert à définir une description et des mots clés qui sont exploitées sous forme de métadonnées. Ce que vous saisissez ici sera inséré au niveau du code source HTML au niveau des balises Méta, en complément des métadonnées déjà définies dans la configuration globale (voir Figure 8.13).

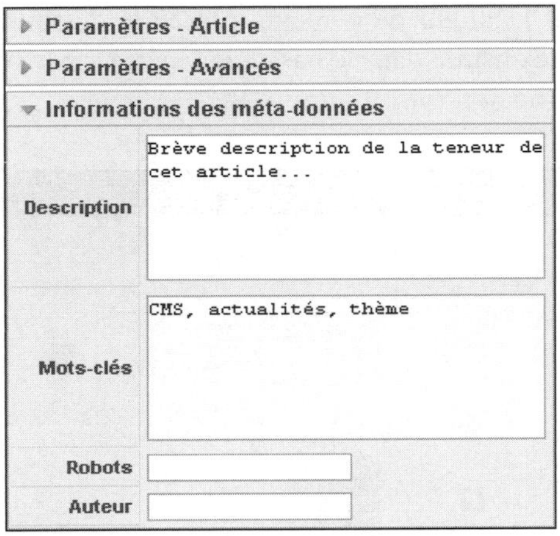

Figure 8.13

Édition de l'article – Métadonnées.

| ▷ **Paramètres - Article** |
| ▷ **Paramètres - Avancés** |
| ▽ **Informations des méta-données** |

Description	Brève description de la teneur de cet article...
Mots-clés	CMS, actualités, thème
Robots	
Auteur	

Vous pouvez définir dans la section Robots des mots clés qui seront exploités par les robots de classification des sites Web. Voici la balise Méta correspondante :

```
<meta name="robots" content="Mot1 Mot2" />
```

Enfin, le champ Auteur permet d'ajouter un nom d'auteur différent à l'intention des programmes qui exploitent les balises Méta.

8.2.2 Images et illustrations

Comment faire pour illustrer les contenus avec des images ? Cette question revient sans cesse dans le monde des systèmes de gestion de contenus.

Voici les différentes étapes requises :

- il faut créer l'image (appareil photo numérique ou scanner) ;
- il faut la transférer (ADSL ou réseau) ;
- il faut éventuellement la retoucher (logiciel de retouche graphique de style GIMP) ;
- il faut la transférer sur le serveur (par FTP ou PHP-Upload) ;
- et il faut enfin l'insérer dans l'article.

Différentes possibilités s'offrent à vous à chaque étape.

Joomla! exploite d'abord les fichiers d'images qui ont été ajoutées à sa zone de médias. Vous pouvez les y sélectionner directement pour les insérer dans un article.

Une fois que vous êtes devant l'éditeur de contenu, placez le curseur dans le texte à l'endroit où l'image doit apparaître. Cliquez ensuite dans le bas de la fenêtre sur le bouton IMAGE pour faire apparaître une boîte spécifique d'insertion (voir Figure 8.14).

Figure 8.14

Édition d'article – Image.

Vous pouvez choisir n'importe quelle image de la zone des médias. Si l'image n'y est pas encore, vous pouvez la faire ajouter en utilisant le bouton LANCER LE TRANSFERT dans le bas de la boîte.

Choisissez éventuellement un sous-dossier puis sélectionnez l'image à insérer et cliquez sur le bouton INSÉRER en haut à droite. Notez que vous pouvez donner un titre à l'image avant de l'insérer.

Vous voyez ensuite apparaître l'image dans le texte (voir Figure 8.15).

Vous pouvez intervenir sur ses propriétés dans l'éditeur TinyMCE. Sélectionnez l'image en cliquant du bouton gauche de la souris. Dans les barres d'outils de l'éditeur, repérez le bouton représentant un arbre (à droite de celui montrant une ancre). Ce bouton permet d'ouvrir la boîte des propriétés d'image de l'éditeur dans laquelle vous pouvez régler d'autres paramètres comme les liens, l'existence d'une fenêtre surgissante, etc. (voir Figure 8.16). Dans notre exemple, nous avons défini 15 pixels de marge verticale et horizontale (*vertical/horizontal space*).

Pensez à cliquer ensuite sur le bouton APPLIQUER pour pouvoir vérifier l'aspect sur le site Web ou bien *via* le bouton PRÉVISUALISER. Vous pouvez également insérer des sauts de page. Placez le curseur puis cliquez dans le bas de la fenêtre sur le bouton SAUT DE PAGE. Vous voyez apparaître une boîte de paramétrage du saut de page (voir Figure 8.17).

Figure 8.15

Exemple d'image insérée dans un article.

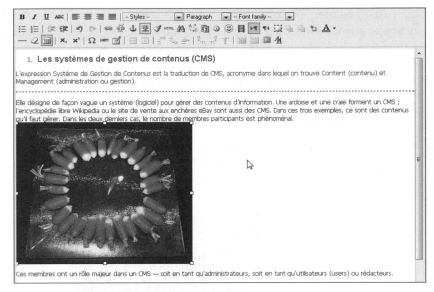

Figure 8.16

Boîte des paramètres d'image dans TinyMCE.

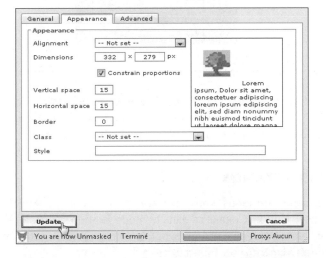

Figure 8.17

Édition d'article – Saut de page.

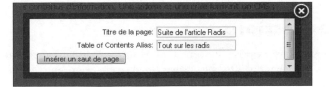

Vous pouvez en profiter pour indiquer le titre de la page suivante et spécifier un Alias qui sera utilisé par la fonction de génération de table des matières automatiques de Joomla!. Dans notre exemple, l'article se nomme Mes actualités, mais la table des matières indique Tout sur les radis. Cliquez enfin sur le bouton INSÉRER UN SAUT DE PAGE pour voir apparaître le résultat sous forme d'une ligne grise. Allez voir le résultat sur le site Web (voir Figure 8.18).

Figure 8.18

Exemple d'article réparti sur plus d'une page.

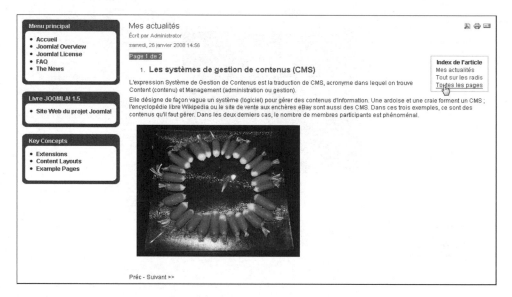

Vous voyez en haut d'article la mention *Page x de y* ainsi qu'un sommaire contenant le texte choisi à droite. Sous l'article ont été ajoutés deux liens PRÉC et SUIVANT pour circuler parmi les pages. Le nombre d'images et de sauts de page pouvant être insérés dans un article n'est pas limité.

8.3 Corbeille des articles

Comme pour les éléments de menus, vous disposez d'un filet de sécurité en suppression d'article. Lorsque vous utilisez le bouton CORBEILLE dans le mode Édition d'article, l'article est envoyé dans ce purgatoire. En accédant à la Corbeille des articles, vous pouvez restaurer un ou plusieurs articles, ou les supprimer définitivement (voir Figure 8.19).

8.4 Gestion des sections

La liste globale des sections propose un format qui vous est maintenant connu. Elle se distingue par la présence de quelques colonnes spécifiques : le nombre de catégories pour chaque section, combien de ces catégories sont actives et combien sont en attente de suppression dans la Corbeille (voir Figure 8.20).

Figure 8.19

Corbeille des articles.

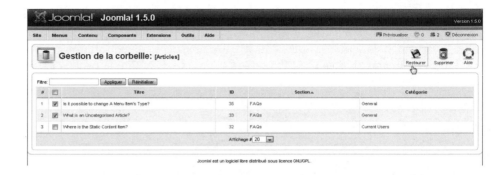

Figure 8.20

Vue globale des sections.

Depuis cette fenêtre, vous pouvez publier ou dépublier une section, la copier, la supprimer, l'éditer et en créer de nouvelles.

8.4.1 Éditer une section

À titre d'exemple, voyons comment modifier un texte de la section existante News puis la relier à notre nouvel élément de menu LIVRE JOOMLA! 1.5. Sélectionnez la section NEWS par sa case à cocher puis cliquez sur le bouton ÉDITER (voir Figure 8.21).

Titre (de la section)**.** Il apparaît dans la barre de titre du navigateur.

Alias. Nom utilisé dans les listes internes de Joomla!.

Publié. Permet de basculer entre état Publié et non Publié.

Ordre. Permet d'intervenir sur l'ordre des sections.

Niveau d'accès. Pour décider des personnes qui accèdent à la section.

Images. Sert à associer une petite image à l'affichage de la section. L'image doit être implantée dans la racine du Gestionnaire de médias (*/images/stories/*). Nous avons par exemple laissé le choix *articles.jpg*.

Figure 8.21
Section – Édition.

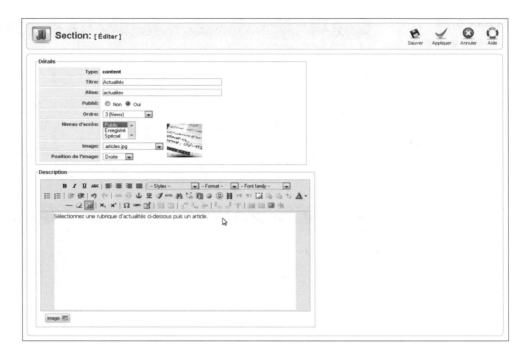

Position de l'image. Permet de contrôler la position exacte de l'image.

Description. C'est dans cette zone de saisie que vous décrivez la section. Si vous disposez d'un éditeur WYSIWYG (par défaut), vous pourrez enrichir le texte.

Mais il nous reste à créer un lien avec notre nouvel élément de menu *Livre JOOMLA! 1.5*.

Quittez la fenêtre d'édition de la section par le bouton SAUVER. Nous devons intervenir au niveau de l'élément de menu *Livre JOOMLA! 1.5* pour choisir le type d'affichage et le nom de l'entrée.

Choisissez la commande MENUS > MAIN MENU et cliquez sur le bouton NOUVEAU. Dans l'arborescence qui apparaît, cliquez sur l'entrée ARTICLES pour accéder aux détails (voir Figure 8.22).

Vous avez de nombreux choix. Puisque nous désirons rendre visible la section des Actualités, nous pouvons choisir entre :

• Section/Mise en page de la section Blog ;

• Section/Section Layout.

Vous pouvez décider de présenter les articles sous forme d'une liste (toutes catégories confondues) ou dans le format BLOG (comme sur la page d'accueil).

Figure 8.22

Sélection d'un type
d'élément de menu.

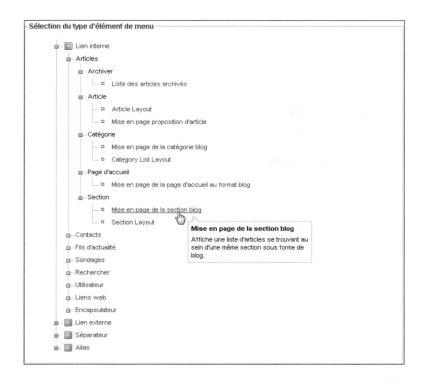

Le format LISTE présente toutes les catégories qui dépendent de la section concernée. Le titre est celui de la section. Dans notre exemple, nous n'avons accès qu'aux deux catégories Latest News et Newsflash (voir Figure 8.23). Un clic sur le lien de catégorie fait afficher le contenu au format d'un tableau.

Figure 8.23

Vue Liste de la section
News.

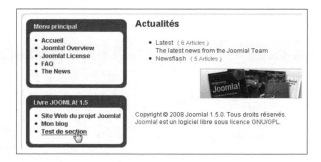

Dans Joomla!, le format BLOG représente une liste d'entrée avec un texte d'introduction (le chapeau ou l'accroche) et éventuellement un lien LIRE LA SUITE (voir Figure 8.24). Dans les deux formats, le navigateur affiche un bouton orange lié à un fil d'actualités approprié au contenu.

Figure 8.24

Le format Blog de
la section News.

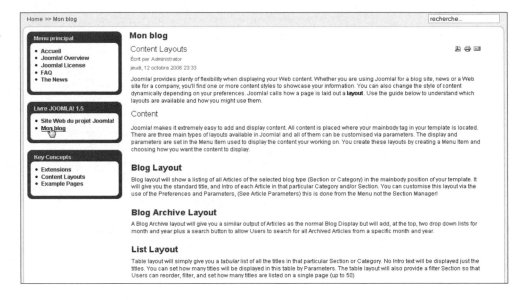

Vous pouvez tester les deux formats. Dès que vous cliquez sur un format, vous basculez dans la fenêtre d'édition du lien. La plupart des paramètres qui vous y attendent ont déjà été présentés plus haut.

8.5 Gestion des catégories

Les catégories sont destinées à peupler les sections. Vous les contrôlez de la même façon. La vue globale sous forme de liste vous est déjà familière. Dans le cas des catégories, vous voyez le nom de la section parente, le nombre d'articles actifs de la catégorie et le nombre d'articles en attente de suppression (voir Figure 8.25).

Figure 8.25

Vue globale
des catégories.

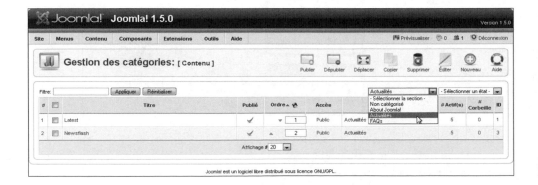

Si nous partons de l'article créé en début de chapitre, nous basculons en mode édition par la commande CONTENU > GESTION DES ARTICLES puis en cliquant sur le bouton ÉDITER. Vous pouvez alors sélectionner la section NEWS (ou Actualités) puis la catégorie LATEST NEWS (voir Figure 8.26). L'article apparaîtra ensuite automatiquement dans les Listes correspondantes.

Figure 8.26

Résultat de l'affectation d'un article à une section et une catégorie.

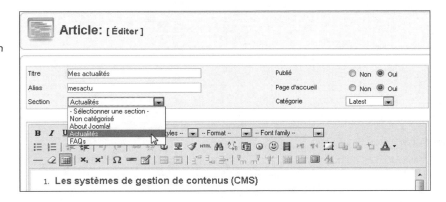

8.6 Gestion de la page d'accueil

La page d'accueil est stratégique puisque c'est celle que l'on voit en arrivant sur le site Web. Le format proposé par Joomla! contient les articles les plus représentatifs du contenu.

Dans le cas d'un site Web simple, comme certains présentés à la fin du Chapitre 1, les choses peuvent être différentes. Il peut suffire d'implanter un grand article général sur la page d'accueil. Réfléchissez à la manière dont vous pensez que votre site Web devra pouvoir évoluer.

Si votre page d'accueil doit héberger plusieurs articles (ce qui est le cas général), vous allez sans doute opter pour le format BLOG présenté plus haut. Au niveau de chaque article, vous pouvez en mode Édition choisir l'option PAGE D'ACCUEIL. Si elle est active, l'article apparaîtra dans la fenêtre de gestion de la page d'accueil. Cette liste possède un format proche de celui de la liste des articles. Vous pouvez créer des articles (voir Figure 8.27), et vérifier le titre, la section, la catégorie et l'auteur. Rappelons que les articles non catégorisés sont des contenus statiques. Limitez l'affichage au moyen des champs de filtrage. Si le contenu de l'article dépasse les capacités d'affichage de la page d'accueil, des liens de navigation sont automatiquement ajoutés en bas de page sur le site Web.

Vous pouvez intervenir sur le format de la page d'accueil dans les menus (MENUS > MAIN MENU, SÉLECTION DE PAGE D'ACCUEIL puis clic sur ÉDITER). Vous pouvez décider quelles colonnes sont affichées et dans quel ordre, ainsi que régler les paramètres des chapeaux des articles (voir Figure 8.28).

Figure 8.27

Contenu > Gestion
de la page d'accueil.

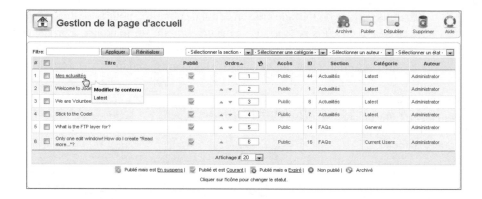

Figure 8.28

Menus > Main Menu – Édition
de la page d'accueil.

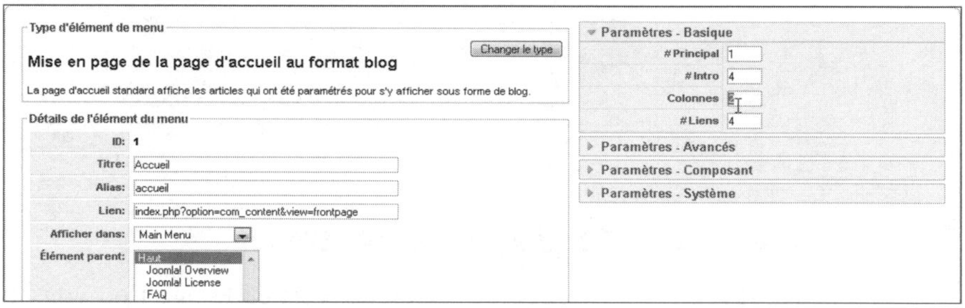

8.7 Édition directe sur le site

Si vous ouvrez une session avec un compte d'utilisateur privilégié comme celui de l'administrateur, vous pouvez modifier directement les contenus depuis la partie publique du site. Vous disposez à cet effet d'un nouveau bouton-icône qui représente un crayon (voir Figure 8.29).

Figure 8.29

Le bouton du mode édition
depuis le site Web public.

Dès que vous cliquez sur ce bouton, vous voyez apparaître une fenêtre d'édition très proche de celle que vous utilisez dans la partie administrative (voir Figure 8.30).

Figure 8.30

*Édition directe
depuis le site public.*

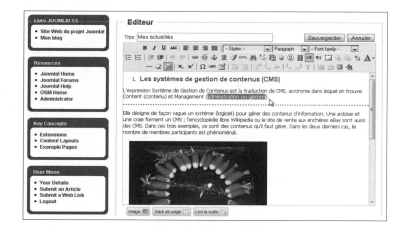

Le formulaire d'édition propose quelques paramètres complémentaires sous l'éditeur. Vous pouvez par exemple charger des images et les sélectionner, comme dans l'administration.

9 **Le menu Composants**

En informatique, on appelle composant un programme destiné à être intégré à une application globale disposant d'une interface utilisateur dans certains cas, et dans tous les cas d'une ou de plusieurs interfaces fonctionnelles.

Vous pouvez considérer les composants comme des boîtes noires. Vous envoyez des données en entrée et obtenez des données en sortie. Vous n'avez pas à vous préoccuper de ce qui se passe à l'intérieur. Les boîtes noires peuvent avoir des domaines d'emploi très divers.

Certains composants sont conçus de façon très générique et diffusés sous forme de paquets prêts à installer. Cette idée de composants est très proche de Joomla! lui-même. La gestion des bannières ou celle d'un forum de discussion se base sur des blocs fonctionnels génériques puis adaptés pour fonctionner dans Joomla! avec tous les templates et avec l'interface d'administration. Dans la majorité des cas, un composant est exploité en combinaison avec un Module et un Plugin. Le Module se charge de l'affichage des données sur le site Web et le Plugin ajoute des capacités fonctionnelles au texte qui lui est fourni (un peu comme un langage de script). Actuellement, il existe déjà plus de 2 000 composants additionnels pour Joomla! 1.01 et de plus en plus d'entre eux sont réadaptés si nécessaire pour Joomla! 1.5. Limitons-nous à la présentation de quelques composants fournis en standard.

9.1 Bannières

Le composant de gestion de bannières permet d'afficher cycliquement les bannières publicitaires sur le site. Le passage d'une bannière à l'autre est géré dans Joomla! en fonction du paramètre de nombre de passages appelé *impression*. À chaque affichage du site Web, une autre bannière est présentée. Une bannière peut être de type graphique, mais aussi de type texte (sous forme d'une série de liens). Vous pouvez en effet profiter de la même possibilité qui est offerte au site partenaire de Google sur lesquels apparaît un cartouche avec une série de liens commerciaux. À chaque affichage de votre site, une autre série de liens texte est injectée dans la section correspondante de l'affichage. Chaque affichage compte pour une impression. Le visiteur peut évidemment cliquer sur la bannière ou le lien Texte pour accéder au site Web dont l'adresse a été fournie en paramètre.

Le composant permet de gérer les bannières et les clients annonceurs. En standard, les bannières sont en pleine taille, c'est-à-dire 468×60 pixels. La taille du fichier ne devrait généralement pas dépasser 20 Ko. Les trois formats supportés sont .gif, .jpg et .png.

Voyons comment mettre en place une bannière publicitaire. Vous devez au départ créer, ou bien récupérer, un fichier de bannière dont les dimensions doivent être de 468 sur 60 pixels (voir Figure 9.1). La bannière dont nous nous servons dans l'exemple suivant se trouve sur le CD-ROM dans le dossier *CHAP09*.

Figure 9.1

Exemple de bannière mesurant
468 pixels de large sur 60 pixels
de haut.

9.1.1 Clients

Avant de mettre en place une bannière, il faut définir au moins un client qui est votre annonceur. Utilisez la commande COMPOSANTS > BANNIÈRE > CLIENTS, puis le bouton NOUVEAU pour créer un nouveau compte d'annonceur. Validez au moyen du bouton SAUVER (voir Figure 9.2).

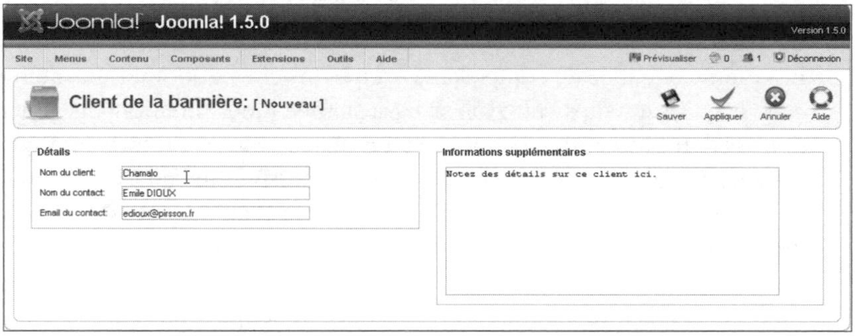

Figure 9.2

Composants > Bannière >
Clients : création d'un client.

Vous arrivez à la liste des clients de bannières. Pour chaque client est indiqué le nombre de bannières actives.

9.1.2 Liste de gestion des bannières

Il reste maintenant à associer une bannière graphique ou textuelle à l'annonceur. Par la commande COMPOSANTS > BANNIÈRE > BANNIÈRES, vous accédez à la liste des bannières existantes (voir Figure 9.3).

Nom. Le nom de la bannière.

Client. Le nom de l'annonceur.

Catégorie. La catégorie de la bannière.

Publié. La bannière est publiée ou pas.

Ordre. Permet d'intervenir sur l'ordre d'affichage des bannières dans une série.

Post-it. Les bannières ainsi désignées sont prioritaires.

Affichages. Nombre d'affichages effectué et nombre d'affichages restant.

Clics. Nombre de clics sur les bannières en absolu et relativement au nombre d'affichages.

Balises. Permet de définir des balises de catégorie pour la bannière afin de contrôler son affichage.

ID. Code numérique unique dans la base de données.

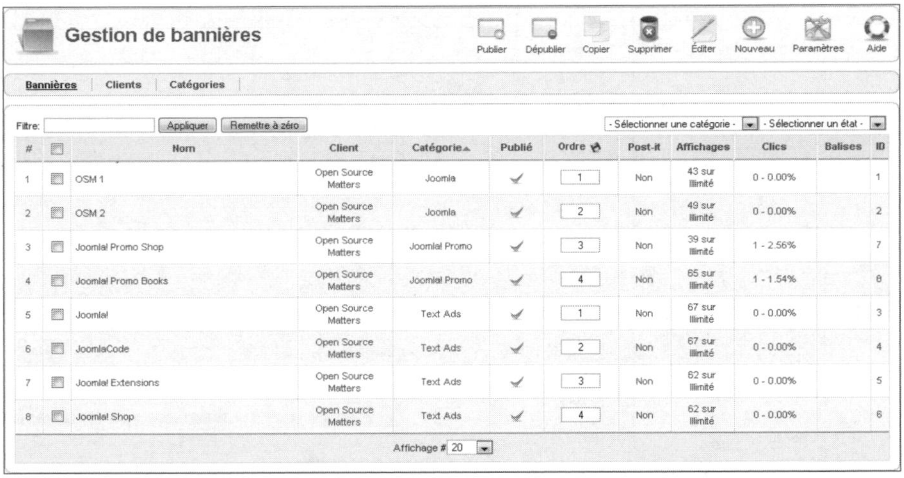

Figure 9.3

Composants >
Bannière > Bannières.

#		Nom	Client	Catégorie▲	Publié	Ordre	Post-it	Affichages	Clics	Balises	ID
1	☐	OSM 1	Open Source Matters	Joomla	✓	1	Non	43 sur Illimité	0 - 0.00%		1
2	☐	OSM 2	Open Source Matters	Joomla	✓	2	Non	49 sur Illimité	0 - 0.00%		2
3	☐	Joomla! Promo Shop	Open Source Matters	Joomla! Promo	✓	3	Non	39 sur Illimité	1 - 2.56%		7
4	☐	Joomla! Promo Books	Open Source Matters	Joomla! Promo	✓	4	Non	65 sur Illimité	1 - 1.54%		8
5	☐	Joomla!	Open Source Matters	Text Ads	✓	1	Non	67 sur Illimité	0 - 0.00%		3
6	☐	JoomlaCode	Open Source Matters	Text Ads	✓	2	Non	67 sur Illimité	0 - 0.00%		4
7	☐	Joomla! Extensions	Open Source Matters	Text Ads	✓	3	Non	62 sur Illimité	0 - 0.00%		5
8	☐	Joomla! Shop	Open Source Matters	Text Ads	✓	4	Non	62 sur Illimité	0 - 0.00%		6

Gestion de bannières — Publier, Dépublier, Copier, Supprimer, Éditer, Nouveau, Paramètres, Aide. Bannières | Clients | Catégories. Filtre: Appliquer Remettre à zéro. - Sélectionner une catégorie - / - Sélectionner un état -. Affichage # 20.

9.1.3 Bannières graphiques

Pour définir une nouvelle bannière, il faut d'abord charger le fichier graphique dans le stock de médias (Site > Gestion des médias), dans le sous-dossier */images/banner/* (*Images Folder – banners*). Vous pouvez supprimer un fichier de bannière par la même fenêtre de Gestion des médias. Il suffit d'accéder aux détails et de cliquer dans la croix rouge (voir Figure 9.4).

Dès que votre fichier de bannière est disponible au bon endroit, vous pouvez utiliser le bouton Nouveau dans la liste de Gestion des bannières. Il ne reste qu'à remplir le formulaire (voir Figure 9.5).

Nom. Choisissez un nom suggestif pour votre bannière pour la repérer facilement.

Alias. Ce champ n'a pas encore d'utilisation réelle dans Joomla!. Il sera sans doute utilisé pour l'adresse URL de la bannière.

Afficher la bannière. Permet de supprimer une bannière du cycle d'affichage d'une série.

Post-it. Les bannières ainsi désignées sont affichées d'abord.

Ordre. Permet de contrôler l'ordre d'affichage des bannières.

Catégorie. En classant vos bannières dans des catégories, vous pouvez gérer leur affichage de façon plus organisée. Vous devez associer une catégorie à chaque bannière. La gestion passe ensuite par la commande Composants > Bannière > Catégories.

Figure 9.4

Site > Gestion des médias.

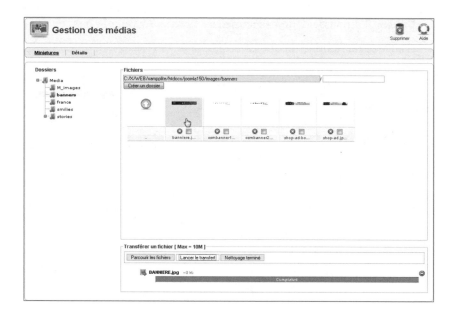

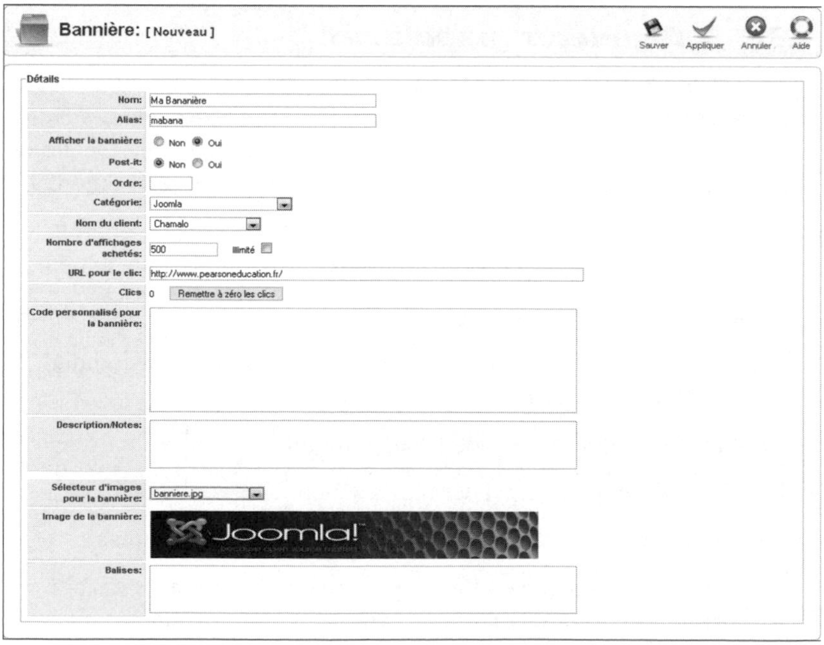

Figure 9.5

Composants > Bannière >
Bannières : bouton Nouveau.

Clients. Choisissez l'un des annonceurs dans la liste.

Nombre d'affichages achetés. Vous indiquez ici le nombre d'affichages auquel à droit ce client. Vous pouvez utiliser l'option Illimité.

URL pour le clic. Vous indiquez ici l'adresse URL de la page Web vers laquelle le clic doit mener.

Code personnalisé pour la bannière. Ici peut être inséré un bloc de code spécial, tel que fourni par les programmes d'affiliation des annonceurs partenaires. Cet écran sert également à modifier les bannières. Voilà pourquoi vous trouvez également un champ rappelant le nombre de clics effectué ainsi qu'un bouton pour remettre à zéro les clics.

Description/Notes. Commentaires internes relatifs à la bannière.

Sélecteur d'images. Permet de choisir l'image à associer à la bannière. Elle s'affiche sous le champ du sélecteur.

Balises. Permet d'indiquer les balises appropriées.

Dès que vous cliquez sur le bouton Sauver, la bannière fait partie du cycle d'affichage et devrait apparaître sur la page Web (éventuellement au bout de plusieurs actualisations).

9.1.4 Liens texte

Pour définir une bannière de type texte, il suffit de spécifier le lien au format HTML dans le champ intitulé Code personnalisé. Pour éviter de mélanger les différents types de bannières, vous avez intérêt à définir des catégories distinctes. Pour les liens Texte, choisissez par exemple la catégorie prédéfinie *Text Ads*.

L'affichage des bannières sur le site Web dépend d'un module que nous présentons au Chapitre 10.

9.2 Contacts

Lorsqu'un visiteur de votre site désire entrer en contact avec vous, il faut que la démarche soit simple. De nombreux sites Web de grandes et moyennes entreprises, employant donc des centaines ou des milliers de salariés, n'offrent sur le site Web qu'une seule adresse générique pour prendre contact, du style *info@societe.fr*. Qu'il s'agisse d'un formulaire ou de la simple adresse, le visiteur, client éventuel, ne sait pas exactement qui va lire son message. Dans Joomla!, vous avez la possibilité de créer des catégories de contacts. Vous pouvez ainsi obtenir plus de précision sur les visiteurs qui tentent de vous joindre. Joomla! peut ainsi générer un tableau des salariés d'un département d'entreprise ou bien un formulaire de contact pour chaque contact.

9.2.1 Gestion des Contacts

C'est dans cette fenêtre que vous gérez toutes les informations relatives à un contact *via* un formulaire. Au départ, le contact proposé est associé au groupe nommé *Contacts*. Créons un nouveau contact par la commande COMPOSANTS > CONTACTS > CONTACTS. Au départ, vous faites face aux données d'exemples (voir Figure 9.6).

Figure 9.6

Composants > Contacts.

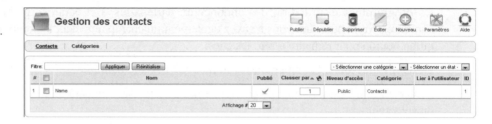

Cliquez sur le bouton NOUVEAU pour définir les coordonnés du nouveau contact. Vous remarquez que vous disposez de trois volets assez chargés (voir Figure 9.7).

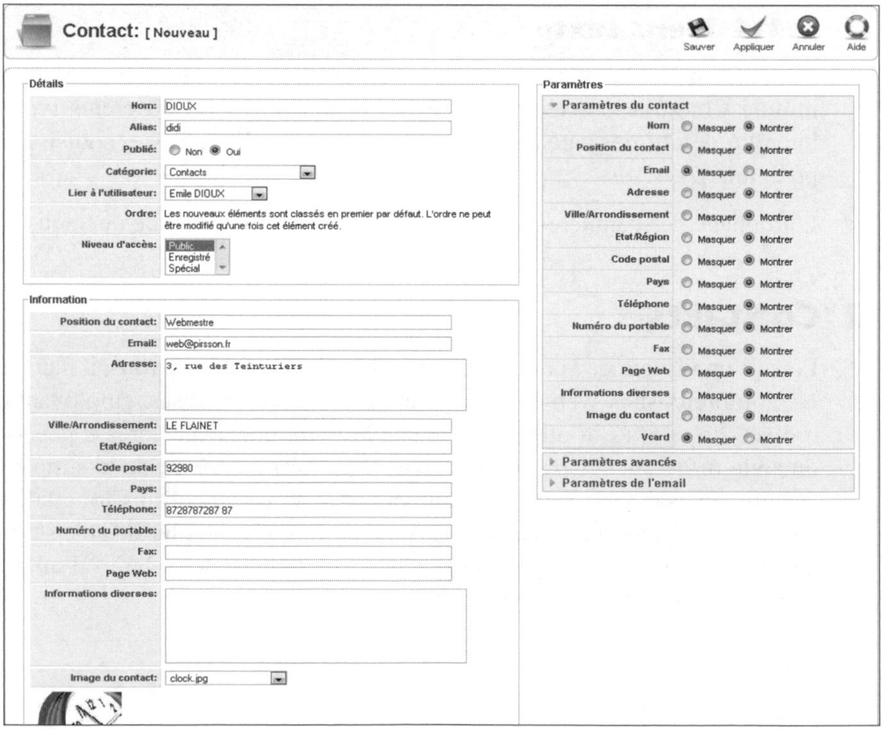

Figure 9.7

Composants > Contacts : Nouveau.

Détails

Nom. Le nom public du contact.

Alias. L'adresse URL courte.

Publié. Oui ou non.

Catégorie. Permet d'associé le contact à une catégorie. Au départ, il n'y a que la catégorie d'exemple Contacts.

Lier à l'utilisateur. Permet de relier une définition de contact à un compte d'utilisateur existant.

Niveau d'accès. Groupes d'utilisateurs autorisés à accéder à cette information.

ID. Code numérique unique d'identification du contact dans la base de données (en marge droite de la vue liste).

Informations diverses

Ce volet réunit les informations détaillées du contact. Les champs vides sont automatiquement inaccessibles. Vous pouvez fournir quelques détails internes dans la zone INFORMATIONS DIVERSES. Le champ IMAGE permet d'ajouter un portrait du contact, le fichier devant se trouver dans le sous-dossier */images/stories/*. Vous pouvez bien sûr utiliser SITE > GESTION DES MÉDIAS pour aller chercher le fichier ailleurs s'il ne s'y trouve pas encore.

Paramètres

Ce volet permet de choisir quelles informations doivent être visibles. Signalons que le format VCard est un format standardisé de carnet d'adresses.

Validez la création du nouveau contact par le bouton SAUVER pour qu'il apparaisse ensuite dans la liste.

9.2.2 Création d'un lien de menu pour le contact

Supposons que nous voulions accéder aux données de ce contact depuis le menu horizontal Top Menu. Choisissez la commande MENUS > TOP MENU puis le bouton NOUVEAU. Dans le type d'élément de menu, choisissez CONTACT. Vous accédez alors aux détails. Il vous reste à choisir le format, soit une liste de tous les contacts de la catégorie (Mise en page de Catégorie Contact), soit une fiche individuelle (Mise en page standard des contacts). Choisissez le deuxième format (voir Figure 9.8).

Vous faites face à un formulaire de saisie dans lequel vous devez fournir un NOM et un ALIAS pour le lien, sans oublier de sélectionner le contact dans les paramètres. Vous pouvez définir d'autres paramètres au passage.

Figure 9.8

Liaison d'élément de menu, choix du type d'élément.

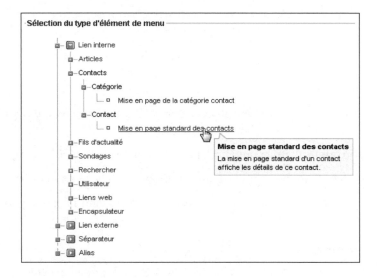

Figure 9.9

Création d'un lien d'élément de menu.

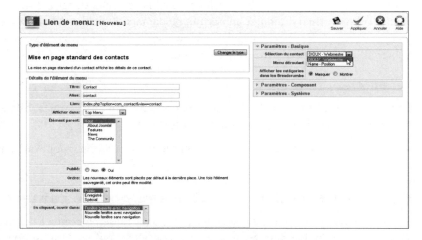

Vous pouvez maintenant vous rendre sur votre site Web. Votre menu horizontal Top Menu contient à droite le nouveau lien CONTACTS. Cliquez pour voir apparaître les données du contact. L'adresse de courriel du destinataire n'est pas visible, ce qui évite à ce formulaire de devenir la cible des courriel-leurs (spammers) (voir Figure 9.10).

L'autre format permet de créer une liste de contacts. Dans notre exemple, elle affiche par défaut des numéros de téléphone que nous préférerions maintenir secrets (voir Figure 9.11). Pour modifier cela, il faut éditer le lien de menu par MENUS > TOP MENU, en basculant l'élément CONTACTS dans le mode ÉDITION. Si vous accédez au volet des paramètres, vous pouvez rendre invisible les champs (voir Figure 9.12).

Figure 9.10

Le formulaire du
contact sur le site Web.

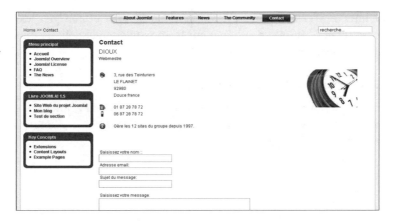

Figure 9.11

Le format Liste
de contact.

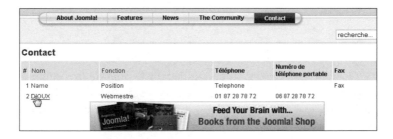

Figure 9.12

Les paramètres de
contrôle de l'affichage
des détails d'un contact.

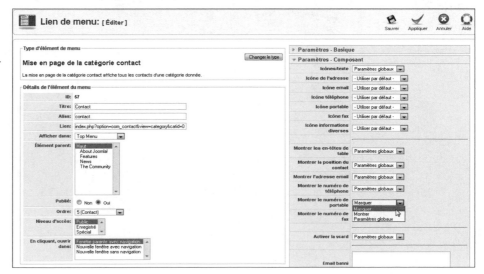

Vous devez intervenir dans le volet PARAMÈTRES-COMPOSANT et masquer les champs. Une fois cette modification effectuée, il suffit de cliquer sur le nom du contact pour ne plus voir apparaître que les données dans le formulaire de contact.

9.2.3 Catégories de contacts

Cette commande sert à créer de nouvelles catégories et à modifier celles qui existent. Vous y accédez par la commande CONTACTS > CATÉGORIES ou en cliquant sur le lien d'onglet CATÉGORIE dans la page d'édition de contact (voir Figure 9.13).

Figure 9.13

Contacts > Catégories.

Il suffit d'utiliser le bouton ÉDITER ou de cliquer sur le nom de la catégorie pour basculer en mode ÉDITION. Vous pouvez associer une image à la catégorie et modifier la description *via* l'éditeur intégré. Notez que pour tester le résultat, vous devez accéder à l'élément du menu Top Menu puis utiliser le bouton CHANGER LE TYPE.

Figure 9.14

Contacts > Catégories :
Éditer.

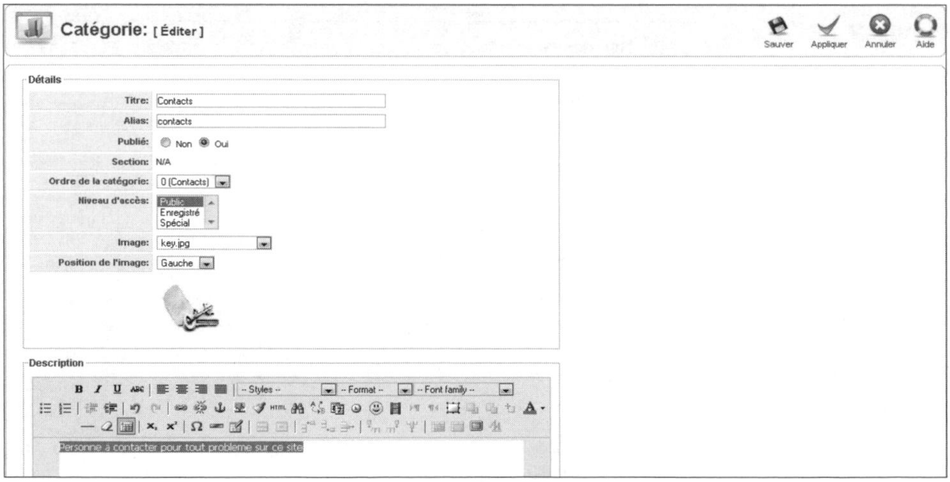

9.3 Fils d'actualités (Newsfeeds)

Les fils d'actualité sont formidables. La quantité sans cesse croissante d'informations disponibles sur Internet a rendu indispensable la création de méthodes d'organisation efficaces. Si vous avez par exemple l'habitude de visiter régulièrement une vingtaine de sites Web à la recherche de nouveautés, vous perdez du temps. Si le nombre de sites à surveiller est supérieur, cela devient physiquement impossible. Les fils d'actualité tentent de résoudre ce problème.

Le composant *Newsfeeds* permet de faire référence à des fils d'actualité qui correspondent à d'autres pages Web pour les intégrer à vos pages. Vous disposez d'un Gestionnaire de catégories et d'un Gestionnaire de contenus. Les données d'exemple proposent déjà plusieurs catégories et fils d'actualité.

Voyons comment créer un nouveau fil. Cherchez un fil disponible au moyen d'un moteur de recherche ou voyez sur les sites que vous visitez habituellement où se trouve un petit bouton ou une option de fil d'actualité.

9.3.1 Fils

Pour illustrer le mécanisme des Fils d'actualités, nous allons définir un Fil qui mène à la page de Blog de l'auteur de ce livre. Choisissez la commande COMPOSANTS > FILS D'ACTUALITÉS > FILS puis le bouton NOUVEAU (voir Figure 9.15).

Figure 9.15

Définition d'un nouveau Fil d'actualité.

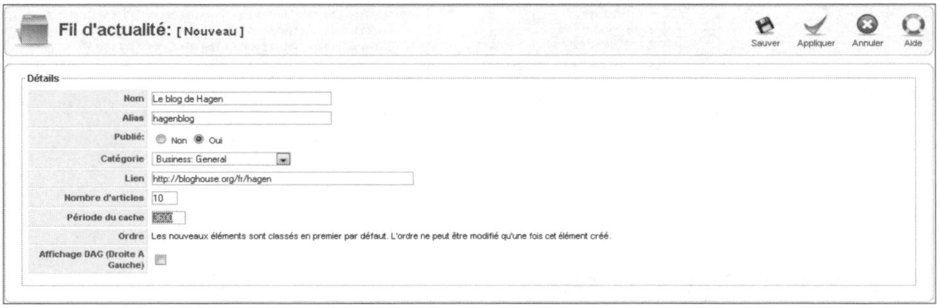

Nom. Nom du Fil d'actualités tel qu'il apparaît sur le site.

Alias. Adresse URL courte.

Publié. Permet de contrôler si le Fil doit être publié ou non.

Catégorie. Choisissez la catégorie appropriée.

Lien. Lien qui mène au Fil d'actualités, qui est dans notre exemple l'adresse du Blog de l'auteur.

Nombre d'articles. Nombre d'articles qui doivent être reliés.

Période du cache (en seconde). Fréquence de rafraîchissement du contenu exprimé en seconde.

Ordre. Les nouveaux Fils d'actualités sont par défaut présentés au début. Vous pouvez modifier l'ordre une fois que vous avez sauvé votre modification.

Si vous disposez d'un accès à Internet, le nouveau Fil peut être suivi pour accéder directement au contenu dans votre site Web (voir Figure 9.16).

9.3.2 Catégories de fils

Permet de gérer les catégories pour les Fils d'actualités, de la même manière que les catégories de Contacts.

Figure 9.16

Nouveau Fil d'actualités menant à un blog.

9.4 Sondages (Polls)

Joomla! possède en standard un module de gestion de sondages qui permet de demander leur avis à vos visiteurs. Un sondage est déjà défini comme exemple (voir Figure 9.17). Vous pouvez vous amuser à traduire les questions comme nous l'avons fait.

Titre. Titre du sondage.

Délai. Délai en secondes avant l'écoulement duquel il n'est pas possible de revoter. Ce paramètre permet de se prémunir contre les falsifications éventuelles.

Options. Cette série de champs permet d'indiquer jusqu'à 12 options.

Figure 9.17

Composants > Sondages :
Mode Édition.

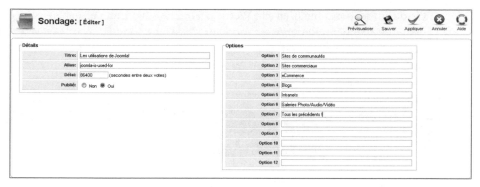

Cliquez sur le bouton d'aperçu Prévisualiser pour voir à quoi ressemble votre série de questions. Afin que le sondage puisse réellement s'afficher sur le site, vous devez vérifier si le template en vigueur prévoit la place pour un cartouche de sondage. Dans le template standard, le cartouche apparaît dans la colonne de droite. Vous pouvez admirer le résultat sur le site Web.

Figure 9.18

Exemple de sondage
sur le site Web.

Essayez de voter. Vous voyez apparaître un masque de résultat courant du vote (voir Figure 9.19). En revenant à la page que vous consultiez précédemment, vous constatez que le sondage n'est plus présenté puisque vous y avez répondu.

9.4.1 Statistiques des recherches

Dans Joomla! 1.0, vous disposiez de nombreuses possibilités pour obtenir des statistiques de fréquentation de votre site Web. Mais ce mécanisme impliquait une occupation mémoire importante sur le serveur. L'équipe de développement de Joomla! a donc décidé de supprimer le module de statistiques du noyau (ce qui ne pose pas de problème maintenant que l'on dispose d'outils externes tels que Google Analytics).

Ce qu'un responsable d'un site Web a besoin de savoir en permanence est ceci : « Qu'est-ce que les visiteurs viennent chercher sur mon site ? ». Dans Joomla! 1.5, les termes saisis pour la recherche avec leur fréquences sont disponibles dans les statistiques de recherche. Il vous faut cependant activer la journalisation des critères de recherches.

Figure 9.19

Résultat courant d'un sondage sur le site Web.

9.5 Liens Web (Weblinks)

Cette fonction permet de bâtir une liste de liens ou de fichiers téléchargeables, que vous intégrez ensuite à votre site Web. Pour en simplifier la gestion, vous pouvez exploiter les catégories. Joomla! compte le nombre d'accès à chacun des liens. Vous pouvez définir les autorisations de chacun des utilisateurs enregistrés en termes d'accès aux différents liens. Les liens autorisés apparaissent dans la liste qui s'affiche par la commande COMPOSANTS > LIENS WEB > LIENS. Les liens doivent non seulement satisfaire aux autorisations d'accès par l'utilisateur, mais ils doivent être également rendus publics.

9.5.1 Gestion des liens Web

Dans la page de gestion des liens Web, vous voyez apparaître tous les liens définis avec leur catégorie et le compteur d'accès (voir Figure 9.20).

Figure 9.20

Composants >
Liens Web > Liens.

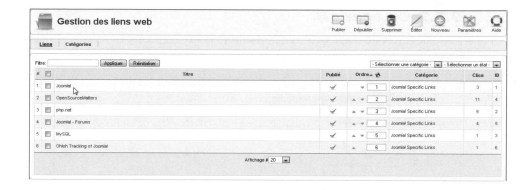

Vous pouvez modifier les paramètres applicables à tous les liens globalement et définir de nouveaux liens en contrôlant leur mode de diffusion (voir Figure 9.21).

Figure 9.21

Composants >
Liens Web > Liens :
Mode Édition.

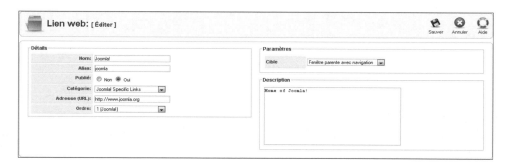

Nom. Nom du lien tel qu'il apparaît sur le site Web.

Alias. Adresse URL courte.

Publié. Publié ou non.

Catégorie. Choix d'une des catégories de liens.

URL. Adresse URL cible du lien.

Ordre. Tri parmi la liste des liens.

Paramètres. Permet de choisir de faire apparaître la cible du lien dans une nouvelle fenêtre (avec ou sans élément de Navigation) ou dans la même fenêtre.

Description. Permet d'ajouter une description du lien.

9.5.2 Catégories

Les catégories de liens Web sont accessibles par le menu Composants > Liens Web > Catégories et permettent d'organiser la gestion des liens Web (voir Figure 9.22).

Figure 9.22

Composants > Liens
Web > Catégories.

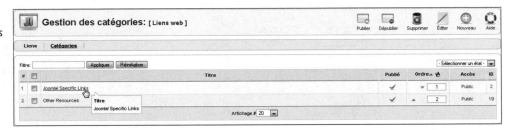

10 Le menu Extensions

Le menu Extensions centralise les fonctions de gestion de toutes les possibilités d'extensions sauf les Composants qui ont leur propre menu. Il s'agit donc des modules, des plugins (anciennement Mambots), des templates et des langues. C'est dans ce menu que se trouve la fonction Installateur qui permet de mettre en place et de supprimer n'importe quelle extension dans Joomla! en quelques clics (voir Figure 10.1).

Figure 10.1

Le menu Extensions.

10.1 Installer/Désinstaller

À partir du moment où vous en connaissez les règles, vous pouvez vous-même créer des extensions pour Joomla! puis les intégrer à votre site Web *via* le module Installateur. La liste que cette commande fait apparaître présente toutes les extensions installées, composants y compris. Vous disposez de trois méthodes pour installer une extension (voir Figure 10.2).

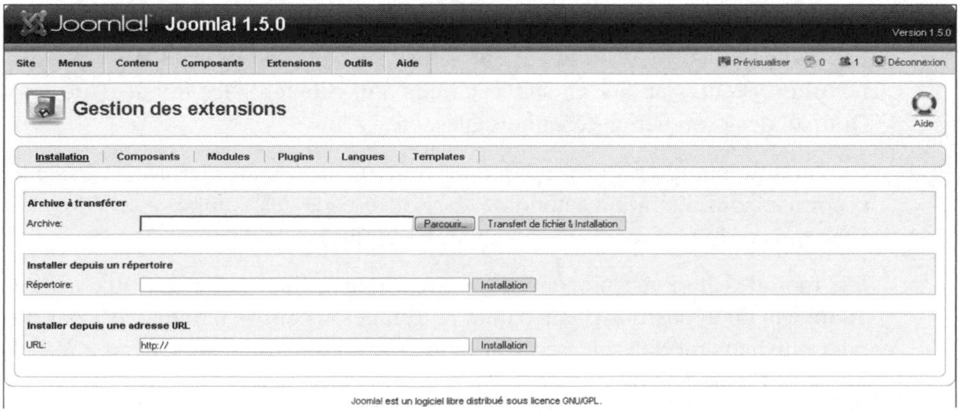

Figure 10.2
Extensions >
Installer/Désinstaller.

- Téléchargement d'un fichier paquetage (Archive à transférer) ;
- Installation depuis un répertoire local ;
- Installation par désignation d'une adresse URL.

Les extensions sont présentées sous forme de plusieurs listes pour les composants, les modules, les plugins, les templates et les langues. Nous aborderons l'installation de plusieurs composants au Chapitre 12.

10.1.1 Liste des extensions à installer

Si vous accédez par exemple à la liste des composants en cliquant sur le lien d'onglet, vous voyez tous ceux actuellement installés avec le numéro de version, la date de création et le nom de l'auteur. Pour désinstaller une extension, il suffit de sélectionner la ligne puis de cliquer sur le bouton DÉSINSTALLER en haut à droite.

Les composants disparaissent inéluctablement suite à la désinstallation, en emmenant parfois toutes les données ! Il n'y a pas de Corbeille pour cette désinstallation !

Cette approche est volontaire. Elle oblige le concepteur de l'extension à décider d'une stratégie. Il est parfois utile de ne pas supprimer les tableaux de données, par exemple lors d'une mise à jour. Dans notre cas, il faut supprimer toutes les données. Vous verrez au Chapitre 15 tous les détails à ce sujet. Vous devez dans tous les cas lire soigneusement la documentation du composant pour savoir comment le gérer.

10.2 Modules

En comparaison d'un composant, un module est plus simple. C'est un petit bloc de code (ou *sniplet*) qui est intégré puis exploité par une autre portion du programme principal, en général pour afficher sur le site Web des données générées par un composant.

La polyvalence du langage de script PHP permet de faire récolter des données de sources diverses par les modules. La source peut être située sur votre propre site Web (par exemple les cinq articles les plus récents) ou sur un site extérieur afin d'obtenir les données de la météo, les cours de la Bourse, des propositions commerciales, etc.

Un module comprend une logique de traitement et une interface utilisateur. Il ne dispose pas de section d'administration autonome, à la différence des composants. C'est le template de votre site Web qui exploite directement les modules et qui les démarre.

Les modules étant des programmes indépendants, vous disposez d'une certaine liberté, par exemple au niveau de la position d'une bannière. Rappelons que le template n'a pas d'autre but que de distribuer plusieurs modules de façon harmonieuse au sein d'une même page Web. La structure des modules offre l'avantage de permettre un enrichissement simple du site Web.

Du fait que les modules de la partie publique et de la partie administration de Joomla! sont diffé-
rents, les modules correspondants sont différents aussi. La liste des modules affichée par la commande
EXTENSIONS > GESTION DES MODULES est le point central de gestion de tous vos modules (voir
Figure 10.3).

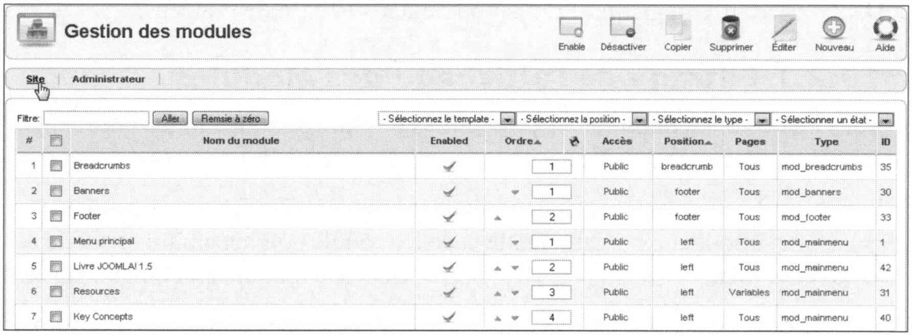

Figure 10.3

Extensions > Gestion
des modules.

Nom du module. Nom tel qu'il apparaît sur le site.

Publié. État visible ou non du module (*Enabled*).

Ordre. Vous pouvez spécifier directement un numéro de position puis cliquer une fois sur l'icône
pour éviter de cliquer à répétition sur les flèches bleues.

Accès. modalités d'accès à ce module (Public, Enregistré, Spécial).

Position. ce paramètre est utilisé par le template pour décider de l'endroit dans la page où le module
doit être affiché. Vous avez le choix entre huit positions différentes dans un template.

- Banner (Bandeau de la bannière) ;
- Left (Colonne de gauche) ;
- Right (Colonne de droite) ;
- Top (Partie supérieure) ;
- user1 (Défini par l'utilisateur 1) ;
- user2 (Défini par l'utilisateur 2) ;
- user3 (Défini par l'utilisateur 3) ;
- user4 (Défini par l'utilisateur 4).

À droite au-dessus de la liste, vous disposez de deux listes pour choisir la position directement et
pour filtrer la liste en fonction du type de module. Nous présentons les positions des constituants
d'un template dans la section 10.7 de ce chapitre.

Pages. Permet de décider d'afficher le module sur toutes les pages ou seulement sur certaines.

Type. Il existe plusieurs types de modules. Le type MOD_MAINMENU apparaît plusieurs fois dans la mesure où tous les menus se basent sur ce type. Les différents menus se distinguent par les paramètres. Utilisez le champ de filtrage selon le type au-dessus de la liste.

ID. Numéro d'enregistrement du module dans la base de données.

10.2.1 Filtrage de l'affichage des Modules

Vous disposez de nombreuses possibilités de filtrage pour limiter l'affichage. Elles sont les bienvenues dans la mesure où Joomla! est fourni dès le départ avec presque trente modules.

L'édition de chaque module est toujours identique. En dehors du nom et des conditions d'accès, il vous faut surtout choisir dans quelle page le module doit apparaître et quelle est la position du module dans le template. Il suffit de basculer en édition de module en cliquant sur le nom du module.

La liste des paramètres est très importante au niveau des modules. Nous allons donc ne pas les négliger dans la description que nous faisons des modules standard. La plupart des modules peuvent être copiés puis les copies personnalisées au niveau du titre, de la position et des paramètres.

10.3 Modules du site

10.3.1 Breadcrumbs (mod_breadcrumbs)

Le mécanisme appelé Breadcrumbs (miettes de pain ou Fil d'Ariane) consiste à afficher les noms de la hiérarchie de pages menant à la page actuelle (voir Figure 10.4). L'affichage de ce fil conducteur permet au visiteur de ne jamais se perdre dans sa navigation. Un paramètre permet d'afficher ou non le premier niveau (correspondant à la page d'accueil). Vous pouvez désactiver l'affichage du module.

Figure 10.4

Breadcrumbs.

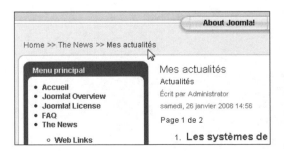

Dans le volet des paramètres, vous pouvez choisir de masquer le niveau Accueil et d'en changer le nom. Vous pouvez enfin ajouter un séparateur et définir le suffixe de classe de module pour personnaliser l'aspect.

Figure 10.5

Les paramètres
de Breadcrumbs.

10.3.2 Footer (mod_footer)

Ce module permet d'afficher les informations légales de Joomla! dans le pied de page. Vous pouvez masquer son affichage dans la page d'accueil.

10.3.3 Banner (mod_banners)

Ce module sert à afficher les bannières. Vous disposez d'un ensemble de paramètres dans le volet DÉTAILS et vous pouvez décider des pages dans lesquelles le module doit apparaître. Voici les autres paramètres disponibles (voir Figure 10.6) :

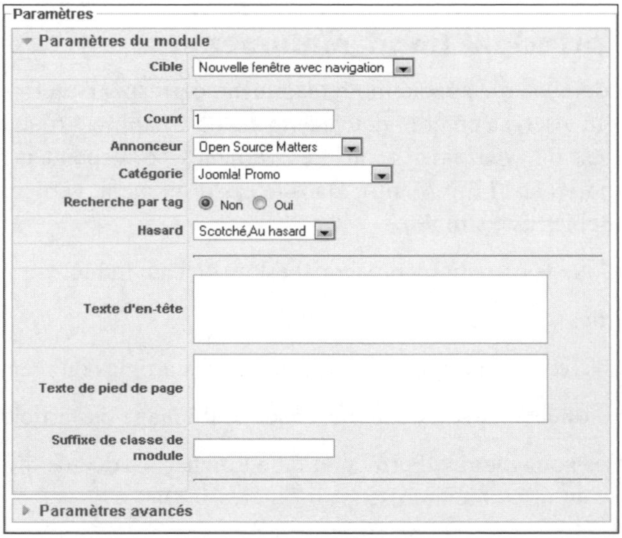

Figure 10.6

Module Bannières :
Paramètres.

Cible. Mode d'affichage de l'adresse cible : soit dans la même fenêtre, soit dans une autre avec ou sans navigation.

Nombre d'affichages (Count)**.** Nombre d'affichages à réaliser.

Annonceur. Permet de n'afficher la bannière que d'un seul client dans ce module.

Catégorie. Permet de limiter les bannières affichées à celles qui font partie d'une catégorie spécifiée (par exemple seulement les liens textes).

Recherche par tag (balise)**.** Vous pouvez associer des balises à chaque bannière. Cette option permet de limiter l'affichage aux seules bannières qui possèdent un mot clé particulier.

Hasard. Vous pouvez contrôler l'ordre d'affichage des différentes bannières. Le choix SCOTCHÉ, TRIÉ implique que les premières bannières à s'afficher sont celles que désigne le marqueur *Sticky*. Puis les autres bannières sont prises en compte dans l'ordre de tri de la liste. Le choix SCOTCHÉ, AU HASARD fait afficher d'abord les bannières qui possèdent le marqueur *Sticky*, mais après une sélection aléatoire parmi celles-ci.

Texte d'en-tête. Le texte avant la bannière.

Texte de pied. Le texte après la bannière.

Suffixe de classe de module. Permet de spécifier un identifiant qui est ajouté à la fin du nom de la classe de formatage CSS. Si vous indiquez par exemple dans le champ `table`, la classe portera le nom `module_table`. Il faut dans ce cas définir cette nouvelle classe dans le fichier CSS approprié du template.

10.3.4 Menu principal (mod_mainmenu)

Le descriptif de module interne appelé mod_mainmenu correspond au module le plus utilisé. C'est ce type de module qui a servi à créer le nouveau menu du Chapitre 7 (que nous avions appelé LIVRE JOOMLA! 1.5). Il est du type `main_menu`. Les variantes correspondent au menu vertical (Main Menu) et au menu horizontal (Top Menu). Dans le cas d'un menu vertical, vous pouvez choisir un affichage sans hiérarchie (liste simple).

Nom du menu. Indique le nom du menu auquel est associé ce module.

Style du menu. Vertical, horizontal ou liste simple.

Niveau de départ. Niveau hiérarchique à partir duquel les articles du menu doivent être affichés.

Dernier niveau. Profondeur maximale hiérarchique d'affichage des articles de ce menu.

Toujours afficher les sous-menus. Permet de faire afficher les détails d'un menu ou pas. L'option n'a d'intérêt qu'avec un menu hiérarchisé (voir Figure 10.8).

Position de la cible. Les valeurs spécifiées ici s'appliquent à tous les éléments de menu dont le paramètre de choix de mode d'ouverture demande l'ouverture dans une nouvelle fenêtre sans navigation. Voici un jeu de paramètres possible : top=10, left=10, width=200, height=300.

Vous pouvez par les paramètres de compatibilité afficher les éléments de menu sous forme d'icônes de menu à la manière de Joomla! 1.0.

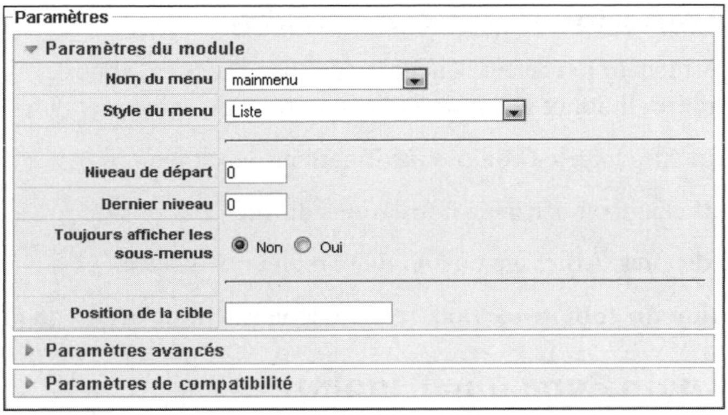

Figure 10.7

Le volet des paramètres de module du menu principal.

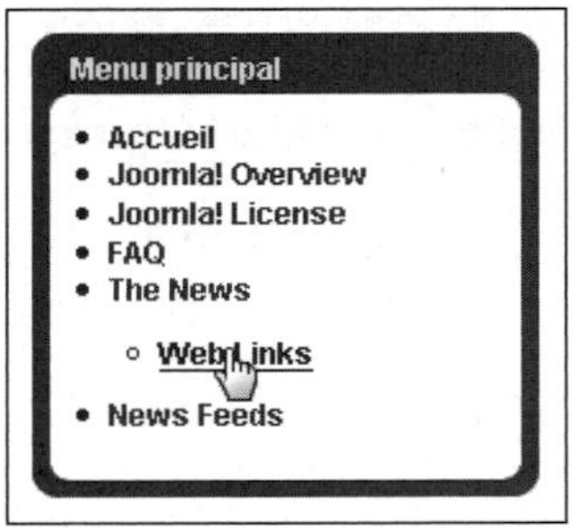

Figure 10.8

Exemple de menu avec sous-menu.

Surbrillance active. Ce paramètre permet de marquer comme actifs les éléments parents. En temps normal, seul le lien actif est marqué ainsi. Attention : marquer plusieurs liens comme actifs simultanément est contraire au standard XHTML.

Afficher les icônes du menu. Vous pouvez décider ici de faire afficher les icônes, tout en sachant que la fonction dépend aussi du template en vigueur.

Alignement de l'icône du menu. Permet de choisir entre l'affichage de l'icône à gauche ou à droite.

Image d'indentation. Sert à personnaliser la puce habituellement présentée à gauche d'un élément de menu. Vous pouvez sélectionner une icône issue du template, conserver le choix standard de Joomla!, définir une image différente pour chaque niveau de la hiérarchie ou ne rien afficher du tout.

Image d'indentation 1-6. Permet de choisir l'icône pour chacun des six niveaux.

Élément d'espacement/séparateur. Il est conseillé dans le cas des menus horizontaux comme Top Menu de prévoir un séparateur entre les éléments.

Séparateur de fin. Vous pouvez ajouter un petit symbole à la fin des éléments de menus horizontaux au moyen de cette option.

10.3.5 Statistiques (mod_statistics)

Ce module est inactif par défaut. Une fois que vous l'activez, vous devez désigner la page sur laquelle il doit apparaître. Il donne les informations au sujet du serveur et du site Web.

Info serveur. Affichage ou non des informations du serveur.

Info site. Affichage ou non des informations du site.

Compteur de clics. Affichage ou non du compteur de visites.

Augmentation du compteur. Modification de la valeur de départ du compteur.

10.3.6 Login Form (mod_login)

Ce module offre deux modes d'affichage. Lorsque le visiteur n'est pas encore identifié, il voit un formulaire d'identification. Si les paramètres globaux du site le permettent (SITE > CONFIGURATION GLOBALE), il peut s'enregistrer comme nouvel utilisateur identifié (voir Figure 10.9). Une fois que l'identification a réussi, le module montre un bouton pour se déconnecter (voir Figure 10.10).

Figure 10.9

Module d'ouverture de session mod_login.

Login Form

Identifiant
emile

Mot de passe
******

Se souvenir de moi ☐

[Connexion]

- Oublié votre mot de passe?
- Oublié votre identifiant?
- Créer un compte

Figure 10.10

Module d'ouverture de session, session ouverte.

Login Form

Bonjour Emile DIOUX,
[Déconnexion]

Paramètres du module

Mise en cache. Permet de maintenir le contenu du menu dans la mémoire cache pour accélérer les chargements.

Suffixe de classe de module. Permet de spécifier un suffixe qui sera ajouté à la classe CSS pour personnaliser l'affichage du menu.

Texte avant. Texte qui sera présenté avant le formulaire dans le mode Ouverture de session Login.

Texte après. Texte présenté à la fin du module.

Page de redirection après la connexion. Sert à indiquer une adresse URL vers laquelle le visiteur est amené s'il réussit à ouvrir une session.

URL de redirection après la déconnexion. Comme le précédent, mais lors de la fermeture d'une session (Logout).

Message d'accueil. Le module change d'aspect lorsque l'ouverture de session réussit. Il affiche alors un message d'accueil et un bouton de déconnexion. Vous pouvez décider de masquer ce message.

Nom/Identifiant. Permet de faire afficher le nom complet ou le seul identifiant dans le message d'accueil.

10.3.7 Archive (mod_archive)

Comme celui des statistiques, ce module n'est pas actif par défaut. Vous devez après l'avoir activé choisir la ou les pages sur lesquelles il doit apparaître. Il rappelle le contenu de l'archive, groupé par mois.

Paramètre

Décompte. Nombre de mois d'archives à afficher.

10.3.8 Sections (mod_sections)

Ce module n'est pas non plus actif par défaut. Il présente la liste des sections existantes sur le site. Une fois qu'il est activé, il faut choisir les pages sur lesquelles il doit apparaître. Il offre toutes les sections disponibles (voir Figure 10.11).

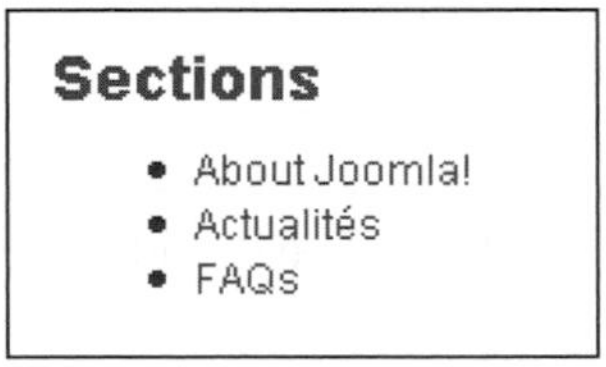

Figure 10.11

Le Module Sections.

Sections
- About Joomla!
- Actualités
- FAQs

Paramètre

Décompte. Nombre maximal de sections à afficher.

10.3.9 Related Items (mod_related_items)

Ce module présente les titres des contenus qui sont apparentés au contenu actuel.

Les relations sont faites en fonction des métadonnées, donc des mots clés. Tous les mots clés du contenu actuel sont comparés aux mots clés de tous les autres contenus.

Si vous avez par exemple ajouté dans la page prédéfinie JOOMLA! LICENSE GUIDELINES ainsi que dans une page de mention légale les termes légal et juridique, vous verrez apparaître le nom d'une des deux pages lorsque l'autre s'affiche.

10.3.10 Wrapper (mod_wrapper)

Ce module permet d'incorporer un contenu externe, non géré par Joomla! au sein d'une balise HTML nommée `iframe`. Cette balise incarne une zone d'affichage avec barre de défilement. Grâce à ce module, vous pouvez incorporer des pages HTML complètes se trouvant sur d'autres serveurs dans la zone de contenu de Joomla!. La Figure 10.12 fournit un exemple.

Figure 10.12

Exemple de page Web liée par le module Wrapper.

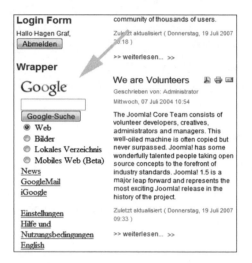

URL. Saisissez ici une adresse standard.

Ascenseurs. Permet d'afficher ou non des barres de défilement ou d'utiliser des barres automatiques qui n'apparaissent qu'en cas de besoin.

Largeur/Hauteur. Largeur et hauteur du cadre en pourcentage ou en pixels.

Hauteur auto. Ajustement automatique de la hauteur.

Ajout automatique. Par défaut, l'adresse indiquée reçoit en préfixe la mention *http://* si cette adresse ne commence ni par *http://* ni par *https://*. Vous pouvez empêcher ce mécanisme.

Nom de la cible. Permet de spécifier le nom du cadre *iframe* (*name attribut*).

10.3.11 Feed Display (mod_feed)

Ce module permet d'afficher un fil d'actualité sur la page Web (voir Figure 10.13).

Paramètres du module

Url du fil. Permet de spécifier l'adresse URL du Fil d'actualité.

Sens d'écriture (Feed RTL). Permet de choisir entre écriture de droite à gauche ou de gauche à droite.

Figure 10.13

Un fil d'actualité Newsfeed
en tant que module.

Feed Display

Fichiers Recents
Joomlafrance :: Gestionnaire de
fichiers

- Social Bookmarker Fr
  (2008-01-24 19:33:35)
- Sobi2sfxmenu
  (2008-01-24 17:28:05)

Titre du Fil. Pour afficher ou masquer le titre.

Description du Fil. Pour afficher ou masquer le texte du Fil.

Image du Fil. Pour afficher ou masquer le logo du Fil.

Éléments. Nombre d'éléments à afficher en même temps.

Description de l'élément. Permet d'afficher ou de masquer le corps de texte de chaque élément. En général, mieux vaut le masquer (comme dans notre figure).

Comptage des mots. Permet de limiter l'affichage de la description au nombre de mots stipulé.

10.3.12 Qui est en ligne (Who's Online, mod_whosonline)

Ce module sert à savoir qui est actuellement connecté au site. Les visiteurs anonymes et les visiteurs enregistrés sont distingués.

Paramètre

Affichage. Permet de contrôler l'affichage du module. Vous avez le choix entre :

- nombre de visiteurs anonymes et nombre de membres ;
- noms des utilisateurs membres enregistrés ;
- une combinaison des deux choix précédents.

Figure 10.14

Le module Who's Online.

Who's Online

Nous avons 1 membre en
ligne

10.3.13 Sondages (Polls, mod_poll)

Ce module sert à afficher les sondages. Le traitement de ces sondages est réalisé par le composant approprié, qui a été décrit au Chapitre 9.4 et qui est accessible par la commande COMPOSANTS > SONDAGES. Vous pouvez choisir dans les paramètres quel sondage afficher.

10.3.14 Publicité (Advertisement, mod_banners)

Ce module est une simple copie du module des bannières. Il est spécialisé dans les bannières de la catégorie prédéfinie Text Ads, c'est-à-dire des liens textes.

10.3.15 Image aléatoire (Random image, mod_random_image)

Ce module permet d'afficher une des images d'un dossier, choisie au hasard. Le module est actif par défaut, mais il n'est associé à aucune page. Vous devez donc procéder à cette association en utilisant le bouton ÉDITER pour modifier les paramètres.

Paramètres

Type de l'image. Choix du format d'image (.JPG, .PNG ou .GIF). La gestion d'un seul type à la fois est possible.

Dossier de l'image. Nom du dossier ou du dossier dans lequel se trouve la série d'images. Choisissez par exemple *images/stories/*.

Lien. Si vous indiquez une adresse ici, vous pouvez cliquer sur l'image pour accéder à la page cible.

Largeur (px)/Hauteur (px). Largeur et hauteur de l'image à afficher en pixels. Si le paramètre est non déterminé, les images sont affichées le mieux possible en fonction des contraintes du template.

10.3.16 Syndication (mod_syndicate)

Ce module propose les différents fils d'actualité. Les paramètres permettent de contrôler le nombre de standards supportés et l'utilisation d'images standard ou spécifiques. Les contenus des fils proposés correspondent aux entrées sur la page de couverture (voir Figure 10.15).

Figure 10.15

Le module Syndication.

10.3.17 Flash actu (Newsflash, mod_newsflash)

Ce module sélectionne au hasard le chapeau (début) d'un des articles du site.

Figure 10.16

Le module Newsflash.

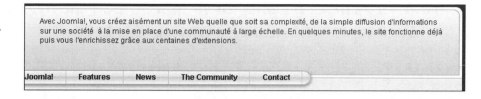

Avec Joomla!, vous créez aisément un site Web quelle que soit sa complexité, de la simple diffusion d'informations sur une société à la mise en place d'une communauté à large échelle. En quelques minutes, le site fonctionne déjà puis vous l'enrichissez grâce aux centaines d'extensions.

| Joomla! | Features | News | The Community | Contact |

Paramètres

Catégorie. Permet de restreindre la sélection aléatoire à une catégorie.

Mise en page. Permet de choisir entre un affichage en colonne (horizontal) ou comme dans la figure précédente (vertical).

Afficher les images. Permet de faire afficher ou non les images se trouvant dans le contenu.

Titres cliquables. Si vous répondez oui à l'option TITRE DE L'ARTICLE, vous pouvez choisir ici de relier le texte du titre à la page de contenu sous forme de lien.

Lire la suite (lien). Permet d'afficher ou non le lien LIRE LA SUITE....

Titre de l'article. Permet d'afficher ou non le titre de l'article.

 # d'articles. Nombre maximal d'articles affichés en même temps.

10.3.18 Derniers articles (Latest News, mod_latestnews)

Ce module permet d'afficher les articles d'actualité les plus récents (voir Figure 10.17). Par défaut, le module est positionné à l'endroit user1 dans la page. Vous pouvez le déplacer, par exemple sur la droite.

Paramètres

Nombre à afficher. Permet de définir le nombre d'éléments à présenter dans le module.

Ordre. Permet d'afficher les articles les plus récents ou bien les plus récemment modifiés.

Auteur. Permet de filtrer l'affichage aux seuls articles d'un auteur.

Articles de la page d'accueil. Permet d'incorporer dans l'affichage les articles déjà affichés sur la page d'accueil.

ID section. Vous pouvez indiquer ici des numéros d'enregistrement de sections (voir la colonne correspondante) en les séparant par des virgules pour limiter la sélection des contenus à ceux de ces sections.

ID catégorie. Comme pour les sections mais pour les sous-sections que sont les catégories.

10.3.19 Articles les plus lus (Popular, mod_mostread)

Ce module sélectionne et affiche les articles les plus consultés.

Figure 10.17

Le module Latest News.

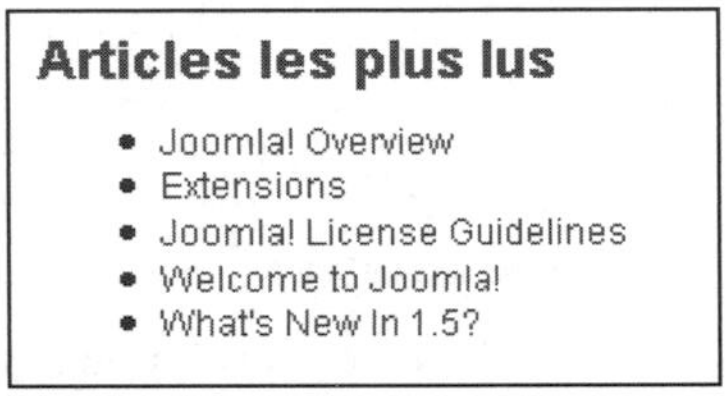

> **Derniers articles**
> - Mes actualités
> - Content Layouts
> - The Joomla! Community
> - Welcome to Joomla!
> - Newsflash 4

Figure 10.18

Le module Popular.

> **Articles les plus lus**
> - Joomla! Overview
> - Extensions
> - Joomla! License Guidelines
> - Welcome to Joomla!
> - What's New In 1.5?

Paramètres

Les paramètres sont les mêmes que ceux du module Latest News.

10.3.20 Fonction de recherche (Search, mod_search)

Dans le template standard, l'affichage du module de recherche se limite à un champ de saisie en haut à droite.

Les templates fournis avec Joomla! ne changent rien à ce paramétrage (voir Figure 10.19).

Figure 10.19

Le module Search.

Paramètres du module

Largeur du champ de recherche. Longueur maximale de la saisie, par exemple trente caractères.

Texte. Texte initial qui doit être affiché dans le champ pour inviter à la saisie.

Bouton de recherche. Permet de faire afficher un bouton de recherche.

Position du bouton. Si vous avez activé le bouton, vous pouvez en choisir la position (à droite, à gauche, en haut, en bas).

Bouton recherche comme image. Permet d'utiliser un fichier graphique pour le bouton.

Texte du bouton. Permet de définir la légende du bouton de recherche.

10.4 Copie d'un module

Comme exemple simple de copie d'un module, supposons que nous souhaitions l'affichage de deux images aléatoires. Un module affichera une image tirée du dossier ou dossier A et l'autre module des images du dossier B. Sélectionnez le module RANDOM IMAGES en cochant sa case de gauche puis cliquez sur le bouton COPIER.

Vous voyez apparaître un nouveau module dont le nom est COPIE DE RANDOM IMAGES. Modifiez les données de votre nouveau module.

Figure 10.20

Résultat de la copie d'un module.

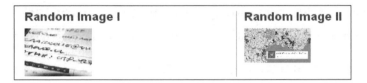

Si vous dépubliez les deux modules LATEST NEWS et POPULAR qui occupent la place pour l'instant, vous pouvez affecter les deux modules d'images au hasard aux positions `user1` et `user2` pour les faire apparaître côte à côte au-dessus des autres rubriques de la colonne centrale.

10.5 Modules de l'administration

En cliquant sur l'onglet ADMINISTRATEUR de la liste des modules, vous accédez à un gestionnaire analogue à celui des modules du site, mais il ne présente que les modules qui ont un emploi dans le domaine de l'administration (voir Figure 10.21).

Figure 10.21

Liste des modules de la partie Administration.

Gestion des modules

Enable | Désactiver | Copier | Supprimer | Éditer | Nouveau | Aide

Site | Administrateur

Filtre: Aller | Remise à zéro — - Sélectionnez le template - | - Sélectionnez la position - | - Sélectionnez le type - | - Sélectionner un état -

#	Nom du module	Enabled	Ordre	Position	Pages	Type	ID
1	Welcome to Joomla!	✓	1	cpanel	Aucun	mod_custom	41
2	Logged in Users	✓	2	cpanel	Aucun	mod_logged	10
3	Popular	✓	3	cpanel	Aucun	mod_popular	3
4	Recent added Articles	✓	4	cpanel	Aucun	mod_latest	4
5	Menu Stats	✓	5	cpanel	Aucun	mod_stats	5
6	Footer	✓	0	footer	Aucun	mod_footer	11
7	Unread Messages	✓	1	header	Aucun	mod_unread	6
8	Online Users	✓	2	header	Aucun	mod_online	7
9	Quick Icons	✓	1	icon	Aucun	mod_quickicon	9
10	Login	✓	1	login	Aucun	mod_login	2
11	Admin Menu	✓	1	menu	Aucun	mod_menu	12
12	User Status	✓	1	status	Aucun	mod_status	14
13	Admin SubMenu	✓	1	submenu	Aucun	mod_submenu	13
14	Title	✓	1	title	Aucun	mod_title	15
15	Toolbar	✓	1	toolbar	Aucun	mod_toolbar	8

Affichage # 20

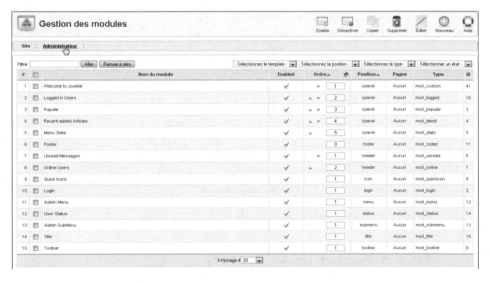

10.5.1 Utilisateurs connectés (Logged in Users, mod_logged)

Ce module affiche la liste des utilisateurs enregistrés actuellement connectés. La liste apparaît en tant qu'onglet de page dans le panneau de contrôle Control Panel, c'est-à-dire à la position cpanel (voir Figure 10.22).

10.5.2 Articles les plus lus (Popular, mod_popular)

Ce module présente la liste des contenus les plus consultés à la position cpanel.

10.5.3 Derniers articles ajoutés (Recent added Articles, mod_latest)

Ce module affiche la liste des articles les plus récents à la position cpanel. Les articles déjà affichés sur la page d'accueil ne sont pas pris en compte.

10.5.4 Menu Stats (mod_stats)

Ce module affiche les statistiques d'utilisation des différentes commandes de menu à la position cpanel.

Figure 10.22

Exemples de modules dans le volet droit du Panneau d'administration.

▶ Welcome to Joomla!		
▶ Logged in Users		
▼ Popular		
Articles les plus populaires	**Créé**	**Clics**
Joomla! Overview	2006-10-09 07:49:20	148
Extensions	2006-10-11 06:00:00	104
Joomla! License Guidelines	2004-08-20 10:11:07	99
Welcome to Joomla!	2006-10-12 10:00:00	92
What's New In 1.5?	2006-10-11 22:13:58	89
Content Layouts	2006-10-12 22:33:10	71
Joomla! Features	2006-10-08 23:32:45	59
Stick to the Code!	2004-07-07 12:00:00	55
We are Volunteers	2004-07-07 09:54:06	54
The Joomla! Community	2006-10-12 16:50:48	51
▶ Recent added Articles		
▶ Menu Stats		

10.5.5 Footer (mod_footer)

Ce module affiche les informations légales de Joomla! dans le bas de la fenêtre de la partie Administrative.

10.5.6 Unread Messages (mod_unread)

Ce module indique le nombre de messages d'administrateurs non encore lus à la position header, soit en haut à droite.

10.5.7 Online Users (mod_online)

Ce module affiche le nombre d'utilisateurs enregistrés sur le côté à la position header.

10.5.8 Quick Icons (mod_quickicon)

Ce module propose les icônes permettant d'accéder aux éléments du panneau d'admnistration.

10.5.9 Login Form (mod_login)

Ce module se charge de l'affichage du formulaire d'ouverture de session pour la partie administrative. Ne le désactivez jamais !

10.5.10 Admin Menu (mod_menu)

Ce module affiche les composants de navigation JavaScript de l'administration. Ne le désactivez jamais !

10.5.11 User Status (mod_status)

Ce module gère l'affichage de la zone d'information en haut à droite. Ne le désactivez jamais !

10.5.12 Admin Submenu (mod_submenu)

Ce module se charge de la zone d'affichage des onglets de page. Ne le désactivez jamais !

10.5.13 Title (mod_title)

Ce module se charge de l'affichage de la description et de l'icône à gauche de la barre d'outils. Ne le désactivez jamais !

10.5.14 Toolbar (mod_toolbar)

Ce module se charge de l'affichage de la barre d'outils. Ne le désactivez jamais !

10.5.15 CSS Admin Menu

Ce module facultatif se charge de l'affichage du menu de l'administration de Joomla!.

10.6 Gestion des plugins

Les Plugins (alias Mambots) de Joomla! constituent une sorte de langage de script interne. Nous avons déjà tiré profit d'un Plugin sous la forme de l'éditeur TinyMCE.

Tout Plugin possède un type.

À l'heure actuelle, il existe des Plugins dans sept sections : *authentication*, *content*, *editors*, *editors-xtd*, *search*, *system* et *xmlrpc*.

La liste des Plugins permet d'activer et désactiver certaines fonctions (voir Figure 10.23). La grande majorité des Plugins ne possèdent pas ou peu de paramètres. Ce qui est logique dans la mesure où ils sont conçus pour remplir un rôle clairement défini et sont optimisés en ce sens.

10.6.1 Plugins de type Authentication

Dans Joomla! 1.5, les utilisateurs peuvent s'identifier de différentes manières. Vous pouvez notamment éviter à vos visiteurs de s'enregistrer sans cesse en renouvelant leur identifiant et leur mot de passe. Il suffit de publier le Plugin correspondant pour disposer de ces différents mécanisme d'authentification.

Figure 10.23

Extensions > Gestion des Plugins.

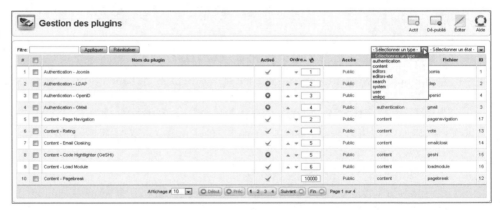

Joomla

C'est le mécanisme normal qui est en vigueur après un enregistrement sur le site Web.

LDAP

LDAP est un protocole réseau qui permet de gérer un annuaire d'utilisateurs. Il gère des services d'annuaire réseau. Le Plugin se charge des interactions entre le client d'annuaire LDAP (qui est ici le site Web Joomla!) et le fichier d'annuaire dans lequel sont stockées les données d'identification des personnes. Les annuaires LDAP sont très utilisés en entreprise. Ce Plugin permet d'exploiter un tel annuaire pour mettre en place un intranet d'entreprise.

À la différence des autres, le Plugin LDAP compte de nombreux paramètres. Si vous optez pour ce genre d'annuaire, vous devez savoir comment configurer ces paramètres.

OpenID

Le concept de l'annuaire OpenID est de proposer aux utilisateurs de se faire connaître auprès d'un serveur OpenID avec un compte d'utilisateur, sans qu'ils aient besoin de disposer d'un compte propre avec un mot de passe. Dans certains domaines d'utilisation du site Web, cela peut constituer un véritable avantage.

GMail

Google propose avec le service Gmail un système d'authentification basé sur l'adresse de messagerie. Il faut que l'utilisateur dispose d'un compte Gmail pour se faire reconnaître auprès de votre site. Dans certains domaines, ce mécanisme peut apporter un vrai confort.

10.6.2 Plugins de type Content

Image

Ce Plugin facultatif est conservé pour maintenir la compatibilité avec Joomla! 1.0.x. Il exécute la commande {mosimage} qui peut être insérée dans les textes pour afficher des images. Certains puristes estiment que cette manière de procéder est à déconseiller. Son avantage est de permettre de retoucher les images facilement *via* le Plugin. Vous pouvez par exemple dans les paramètres régler l'espace autour et à l'intérieur des images.

Page Navigation

Ce Plugin se charge de la gestion et de l'affichage des liens de page précédente et page suivante sous les articles. Il faut donc l'activer.

Rating

Ce Plugin affiche les résultats courants des votes. Il faut l'activer si vous en avez besoin.

Email Cloaking

Ce Plugin sert à convertir une adresse de courriel qui a été fournie dans un article au format *nom@exemple.com* pour produire un lien, puis il masque l'adresse d'origine (tout cela en Java-Script). Cela protège d'une certaine manière les adresses de courriel du site Web contre les robots de récupération automatique d'adresses de messagerie sur les sites.

GeSHi

Comme son collègue *code*, GeSHI assure un formatage du code source. Il est plus riche car il offre une mise en couleurs syntaxique et permet de générer des listings bien présentés sur le site. Il suffit d'insérer le code source à formater dans un jeu de balises <pre> ... </pre> (voir aussi le site *http://qbnz.com/highlighter*).

Listing 10.1 : Utilisation du Plugin GeSHI

```
<pre>
if ($compteur > 0){
  echo $compteur;
} else{
  $compteur++;
}
</pre>
```

Load Module

Ce Plugin permet de charger les modules dans les articles. Vous pouvez par exemple l'utiliser en écrivant {loadposition user1}.

Pagebreak

Ce Plugin prend en charge les sauts de page dans les articles dans leur approche Joomla! 1.0.x. Vous l'utilisez de la même manière que le Plugin image en l'insérant dans le contenu. Vous pouvez non seulement stipuler ainsi un saut de page, mais également un titre de page ou d'article. Dans Joomla! 1.5, vous obtenez la même chose *via* la boîte de dialogue de définition de sauts de page (vue au Chapitre 8.2).

Syntaxe :

```
<hr title="Titre de page" alt="Titre" class="system-pagebreak">
```

10.6.3 Plugins de type Editors

1.No Editor

Vous devez activer ce Plugin pour proposer aux utilisateurs l'accès aux champs de type textarea sans éditeur.

2.TinyMCE 2.0

Ce Plugin est naturellement activé pour intervenir sur les contenus des champs de type textarea avec l'éditeur TinyMCE dans sa version 2.0.

10.6.4 Plugins de type Editors-xtd

Editor Button Image/Pagebreak/Readmore

Ces trois Plugins permettent de générer les trois boutons qui sont placés sous la fenêtre de l'éditeur. Chaque bouton mène à une boîte de dialogue pour respectivement, insérer une image, régler les paramètres de saut de page et régler les paramètres du lien LIRE LA SUITE.

10.6.5 Plugins de type Search

Les six Plugins de recherche peuvent être activés pour les modules Content, Weblinks, Contacts, Categories, Sections et Newsfeeds. Ils étendent le périmètre de travail du module de recherche. Vous devez activer le Plugin d'une section pour que la recherche scrute son contenu. Pour que la recherche s'étende aux composants complémentaires, il faut définir et activer des Plugins spécifiques.

10.6.6 Plugins de type System

SEF

SEF signifie *Search Engine Friendly*, c'est-à-dire «compatible avec les moteurs de recherche». C'est ce Plugin qui génère les adresses URL optimisées pour les robots des moteurs de recherche en correspondance avec les contenus. Vous devez l'activer si vous utilisez cette aide au référencement.

Log

Ce Plugin incarne le journal système. Vous pouvez choisir l'emplacement de stockage du fichier (revoyez le Chapitre 6.4).

Le Listing 10.2 donne un exemple du contenu d'un tel journal.

Listing 10.2 : Fichier journal

```
#Version: 1.0
#Date: 2008-10-29 23:39:56
#Fields: date     time     level    c-ip     status    comment
#Software: Joomla! 1.5.0 Production/Stable [ Takriban ] 5-October-2007 21:00 GMT
2008-10-29    23:39:56     -     127.0.0.1    -     stories/france
2008-10-30    12:00:12     -     127.0.0.1    FAILURE:    Invalid password
2008-10-31    13:44:11     -     127.0.0.1    FAILURE:    Invalid password
```

Debug

Correspond à la fonction de débogage décrite au Chapitre 6.4. Vous pouvez contrôler *via* les paramètres la densité d'informations à afficher.

Legacy

Ce Plugin d'héritage a donné lieu à d'importants débats car il constitue une passerelle par rapport aux extensions de l'ancien monde de Joomla! 1.0. En activant ce Plugin, vous simplifiez votre migration depuis Joomla! 1.0 vers Joomla! 1.5.

Cache

Ce Plugin gère le fonctionnement du mécanisme de cache. Vous pouvez exploiter le cache de navigateur du client et régler la durée de maintien des données dans le cache.

Remember Me

Ce Plugin sert à mémoriser les données d'identification dans un fichier Cookie sur disque, ce qui évite de les saisir trop souvent pour se connecter au site Web. Ce stockage n'est réalisé qu'après accord de l'utilisateur en cochant une case.

Backlink

Ce Plugin de compatibilité permet de convertir d'anciens liens de Joomla! 1.0 menant à des articles pour qu'ils fonctionnent selon la logique de Joomla! 1.5.

10.6.7 Plugins de type User

Joomla!

Ce Plugin crée un enregistrement pour un utilisateur dans la table de base de données dès qu'il a réussi à ouvrir une session.

10.6.8 Plugins de type xmlrpc

Rappelons que l'interface de programmation XML-RPC permet de piloter et de dialoguer avec Joomla! de l'extérieur.

XML_RPC_Joomla

Ce Plugin permet de contrôler des fonctions spécifiques de l'infrastructure de Joomla! *via* l'interface XML-RPC.

XML-RPC-Blogger API

Ce Plugin sert à accueillir des contenus en provenance d'autres plates-formes, par exemple des photos de Flickr. À l'heure actuelle, l'interface reconnue est celle de Blogger. Rappelons que de nombreuses plates-formes Web 2.0 exploitent l'interface API MetaWeblog, qui sera très prochainement disponible pour Joomla! 1.5. Au niveau des paramètres, vous pouvez sélectionner la section et la catégorie auxquelles les articles récupérés doivent être associés.

10.7 Gestion des modèles-templates

Nous connaissons déjà la liste des templates puisque nous avions vu au Chapitre 4 comment changer le template du site Web.

Joomla! distingue les templates du site public de ceux de la partie administrative (voir Figure 10.24). Dans la suite, nous parlerons de TEMPLATE ou de MODÈLE, dans la mesure où l'interface utilisateur française n'est pas encore figée sur ce point de terminologie.

10.7.1 Gestion des templates : Site

Cette liste présente les templates actuellement installés pour la partie publique. Nous avons vu au Chapitre 4 que vous pouviez changer le template par défaut et modifier le template utilisé pour certains éléments de menu. Notez que vous n'avez pas accès à tous les paramètres du template actuellement par défaut. Pour le modifier, activez un autre template (Défaut) le temps d'appliquer vos modifications.

Figure 10.24

Gestion des templates.

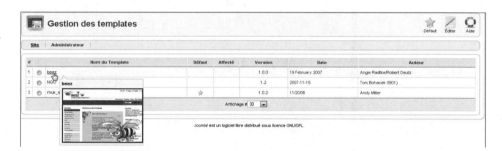

Édition d'un template

Le bouton ÉDITER permet d'accéder aux propriétés du template sélectionné (voir Figure 10.25). La liste des paramètres rappelle notamment les éléments de menu associés au template. Vous pouvez effectuer une sélection parmi les éléments de cette liste. Pour sélectionner plusieurs éléments non voisins, maintenez enfoncé la touche CTRL tout en cliquant. Notez que seuls les paramètres que le template peut prendre en compte sont proposés.

Bouton Prévisualiser

Ce bouton est beaucoup plus utile que son nom le laisse croire. Il vous permet d'admirer un aperçu de la structure du template par défaut du site Web. Un effet graphique permet de distinguer les limites des positions des différents modules. Cela vous aide à comprendre comment placer vos modules en fonction des différentes zones de l'affichage (voir Figure 10.26).

Figure 10.25

Extensions > Gestion
des templates : Édition.

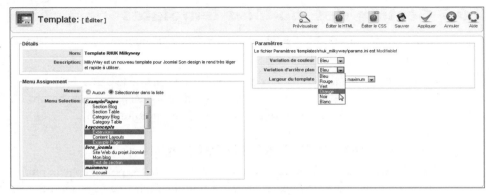

Figure 10.26

Affichage des positions
des modules du
template standard.

Bouton Éditer le HTML

Cette commande donne un accès direct au code source HTML du template sélectionné (voir Figure 10.27). Tout template contient un fichier HTML. Rappelons que les Templates Snippets sont des commandes prédéfinies permettant de déclencher des actions précises dans le template.

Bouton Éditer le CSS

Cette commande permet d'accéder au code source des feuilles de style CSS du template. Vous pouvez gérer plusieurs fichiers CSS pour un même template (voir Figure 10.28). Vous devez dans ce cas choisir votre fichier puis cliquer sur le bouton ÉDITER.

Figure 10.27

Site > Gestion des templates : Édition du HTML.

Figure 10.28

Édition du code source CSS d'un template.

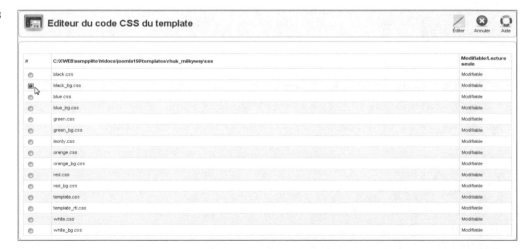

Il est conseillé d'avoir une bonne maîtrise des langages HTML et CSS avant d'intervenir sur ces fichiers sources. Il reste néanmoins intéressant de voir (sans rien changer) comment est structurée la définition d'un template, mais nous y reviendrons au Chapitre 13.

10.7.2 Modèles-templates de l'administration

L'approche est strictement la même pour la partie administration que pour la partie publique. Vous accédez à la liste des templates installés et vous pouvez intervenir sur chacun d'eux. En standard, il n'y a qu'un template d'administration.

10.8 Extensions > Gestion des langues

Nous avons déjà découvert cette fonction au Chapitre 4. Elle permet de choisir la langue de l'interface de la partie publique et de la partie administrative.

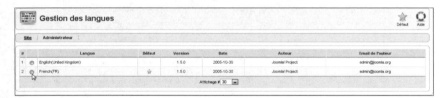

Figure 10.29   Extensions > Gestion des langues.

11 Le menu Outils

Le menu Outils réunit quelques fonctions réservées aux administrateurs : un système de messagerie interne, une fonction de diffusion de courriels en circulaire et une fonction de libération technique des verrous bloquant l'accès aux articles.

11.1 Système de messagerie interne

La commande OUTILS > LIRE LES MESSAGES correspond à une boîte de réception de courriel. Vous y trouvez tous les messages des utilisateurs ou du système destinés à l'administrateur du site (voir Figure 11.1).

Figure 11.1

Boîte de réception de la messagerie interne.

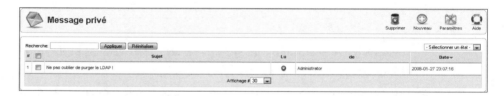

Cliquez sur le sujet ou l'expéditeur pour lire le message. Cette action active automatiquement son témoin de lecture. Vous trouverez ici les messages émis par le système lorsqu'un utilisateur a ajouté un nouveau contenu ou un nouveau lien depuis l'interface publique. Le bouton NOUVEAU ou la commande OUTILS > ÉCRIRE UN MESSAGE permet de rédiger un message à destination de l'un des utilisateurs autorisés à accéder à la partie administrative du site.

Le bouton PARAMÈTRES donne accès à quelques options de configuration :

Verrouiller la boîte de réception. Si vous êtes l'unique administrateur du site, vous pouvez verrouiller la messagerie interne pour ne plus recevoir de messages. Si vous êtes plusieurs, demandez d'abord l'avis de vos collègues.

Me prévenir par e-mail lors de nouveaux messages. Cette fonction pratique demande à Joomla! de retransférer les messages à l'adresse spécifiée dans la partie de gestion des comptes utilisateurs.

Purger automatiquement les messages. Permet de vider la boîte de réception périodiquement en supprimant les messages au bout du nombre de jours de présence spécifié.

11.2 Envoi massif de courriels (circulaires)

Profitez de la possibilité de prévenir tous vos utilisateurs avec un seul envoi de message (voir Figure 11.2).

Figure 11.2

Exemple de courriel en circulaire.

Cette fonction est idéale pour maintenir un contact riche avec vos utilisateurs, mais n'en profitez pas pour devenir un pourrielleur (spammer) !

E-mail aux sous-groupes. Si vous activez cette option, le message est adressé également aux sous-groupes du groupe d'utilisateurs sélectionné.

Envoyer en HTML. Cette option permet de préserver les enrichissements de format que vous aurez ajoutés au texte de votre message. De plus en plus de clients de messagerie acceptent ce format enrichi. Mais chaque utilisateur peut interdire ou refuser au coup par coup de recevoir un message à ce format (par peur des virus ou, de façon plus fondée, pour éviter les messages dans lesquels ont été insérés des pièces jointes lourdes).

Groupe. Permet de choisir le groupe d'utilisateurs destinataire de la circulaire

Sujet. L'en-tête de votre message.

Message. Le corps du message.

Pour expédier votre circulaire, il faut d'abord régler un paramètre par la commande SITE > CONFIGURATION GLOBALE, PAGE SERVEUR, VOLET RÉGLAGES E-MAIL. Par exemple, pour envoyer la circulaire dans un contexte local sans avoir configuré de serveur de messagerie, vous pouvez indiquer l'identité du serveur SMTP de votre fournisseur d'accès.

Le bouton de paramétrage donne accès à des options pour définir le pied de message et un préfixe pour la ligne de sujet. Ce préfixe est très pratique car il peut servir à faire trier les messages en réception dans des sous-dossiers.

11.3 Vérification globale

Lorsqu'un utilisateur autorisé bascule en mode d'édition d'un contenu, l'élément est verrouillé. Seul cet utilisateur peut alors y accéder. Pendant ce temps, les autres utilisateurs voient apparaître un cadenas à gauche du nom de l'élément. Une fois que le contenu a été sauvegardé, il est déverrouillé et le cadenas disparaît.

Si l'utilisateur a refermé brutalement sa fenêtre de navigation ou si sa connexion Internet s'est interrompue, l'élément reste verrouillé et n'est plus modifiable.

C'est pour résoudre ce problème qu'a été conçue la fonction de validation globale. En choisissant cette commande, vous faites vérifier tous les éléments en cours de modification, ce qui permet d'afficher ensuite la liste des éléments concernés (voir Figure 11.3).

L'inconvénient de cette vérification globale est qu'elle déverrouille réellement tous les contenus. Si quelqu'un s'apprête à modifier un élément, ce dernier reste déverrouillé et deux modifications en parallèle deviennent possibles. Utilisez donc cette fonction avec précaution et vérifiez d'abord qui est actuellement connecté.

Figure 11.3

Vérification globale.

Annulation de toutes les réservations d'articles			
Table de la base de données	**# d'éléments**	**Non réservé**	
Vérification de la table - jos_banner	Non réservé 0 élément(s)		
Vérification de la table - jos_bannerclient	Non réservé 0 élément(s)		
Vérification de la table - jos_categories	Non réservé 1 élément(s)	✓	
Vérification de la table - jos_contact_details	Non réservé 0 élément(s)		
Vérification de la table - jos_content	Non réservé 0 élément(s)		
Vérification de la table - jos_menu	Non réservé 5 élément(s)	✓	
Vérification de la table - jos_modules	Non réservé 0 élément(s)		
Vérification de la table - jos_newsfeeds	Non réservé 0 élément(s)		
Vérification de la table - jos_plugins	Non réservé 0 élément(s)		
Vérification de la table - jos_polls	Non réservé 0 élément(s)		
Vérification de la table - jos_sections	Non réservé 0 élément(s)		
Vérification de la table - jos_weblinks	Non réservé 0 élément(s)		
Toutes les réservations d'éléments en cours ont été annulées			

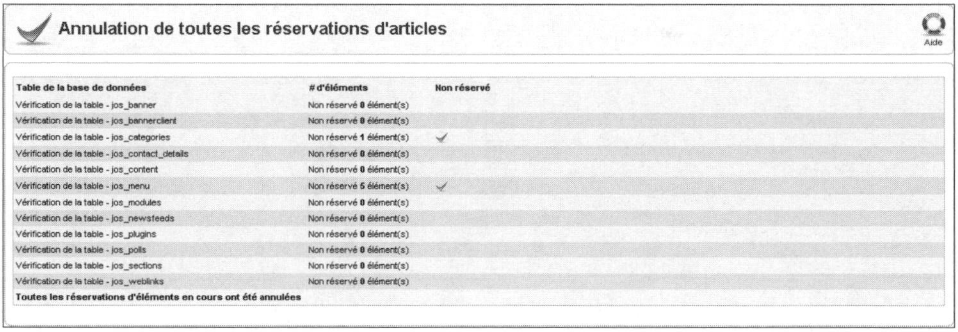

Partie

ADAPTER, ENRICHIR ET EXPLOITER JOOMLA!

LE CAMPUS

12 Extensions

Vous pouvez très facilement augmenter la richesse fonctionnelle de Joomla! en lui ajoutant des extensions. Il en existe déjà des centaines pour Joomla! 1.0.x. L'équipe de projet de Joomla! a mis en place une section dédiée sur le site Web officiel. Rendez-vous à l'une des deux adresses *http://www.joomlafrance.org/telecharger* ou *http://extensions.joomla.org/*. Vous pouvez y faire votre choix d'extensions puis procéder à leur mise en place (voir Figure 12.1).

Figure 12.1

Exemple d'annuaire
des extensions Joomla!.

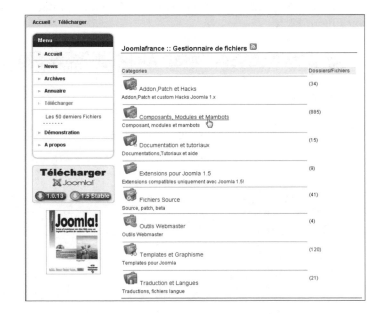

Vous pouvez même créer vos extensions comme nous le montrons au Chapitre 15. Si cette extension peut être utile aux autres, il vous suffira ensuite de la faire ajouter à l'annuaire. Les utilisateurs de Joomla! pourront l'installer, l'évaluer et vous renvoyer des commentaires. Vous verrez rapidement que ce milieu est très enthousiaste, et vous obtiendrez sans doute de l'aide pour améliorer encore votre création.

Le terme extension regroupe les composants, les modules, les plugins et d'autres programmes externes.

Joomla! possède une structure très modulaire. Grâce à son installateur, les extensions sont faciles à mettre en place.

À titre d'exemple, le nombre d'extensions disponibles en novembre 2007 s'élevait à 2 267, dont 97 composants dont la compatibilité a été vérifiée avec Joomla! 1.5 (ce n'est pas encore le cas de tous).

En effet, certains composants très appréciés comme celui de commerce électronique Virtuemart ou la galerie de photos Pony n'ont pas encore été adaptés à Joomla! 1.5. Mais toutes les extensions les plus utilisées sont en cours de migration. Tenez-vous au courant des dernières évolutions. L'exploitation des extensions ne change pas dans Joomla!1.5. Les modifications concernent le code source et une meilleure intégration.

Nous allons dans ce chapitre découvrir l'extension de gestion de forums de discussion FireBoard et l'extension de gestion de téléchargement de documents et de fichiers DOCman.

Pour ces deux composants, vous devez activer un plugin spécial de compatibilité appelé *Legacy* en accédant à la liste des Plugins par le menu EXTENSIONS. L'activité de ce mode peut se vérifier par la présence d'un témoin indiquant *Compatibilité 1.0* ou Legacy 1.0 dans le coin supérieur droit de la fenêtre (voir Figure 12.2).

Figure 12.2

Le Plugin Legacy
activé et son témoin.

Pour installer et désinstaller un composant, vous utilisez le même outil que pour les langues, les templates, les modules et les plugins (commande EXTENSIONS > INSTALLER/DÉSINSTALLER).

Les extensions se présentent presque toujours sous forme de paquetages, c'est-à-dire d'un fichier archive compressé contenant une structure de sous-dossiers, et au moins un fichier de description XML pour l'installateur. C'est grâce à lui qu'il est possible dans Joomla! d'installer des extensions très diverses avec le même outil.

Vous verrez aux Chapitres 13 et 15 comment créer à votre tour un tel fichier paquetage.

12.1 Fireboard (Forum)

Fireboard constitue un excellent forum de discussion disposant de nombreuses possibilités :

- création de catégories et de sous-catégories ;
- gestion de Forums multiples avec droit d'accès ;
- profils des utilisateurs et avatars ;
- téléchargement de fichiers et d'images avec les messages.

Et bien d'autres choses encore.

12.1.1 Installation

L'installation du forum est très simple. Procurez-vous le fichier paquetage le plus récent (sur le CD compagnon, nous fournissons le fichier *Fireboard_Forum_1.0.4_Stable.zip*). Certains paquetages sont des regroupements qu'il faut décompresser pour avoir accès au paquetage du composant lui-même (le nom du fichier commence généralement par *com_*. Lorsque vous êtes face à votre fichier paquetage, jetez un œil à son contenu. S'il contient directement de nombreux fichiers, vous pouvez l'installer tel quel. Vous devez au minimum repérer dans le premier sous-niveau un fichier au format XML portant le nom du composant (par exemple *fireboard.xml*).

Choisissez la commande EXTENSIONS > INSTALLER/DÉSINSTALLER puis cliquez sur le bouton PARCOURIR et désignez le fichier paquetage. Cliquez ensuite sur le bouton TRANSFERT DE FICHIER ET INSTALLATION puis patientez (voir Figure 12.3).

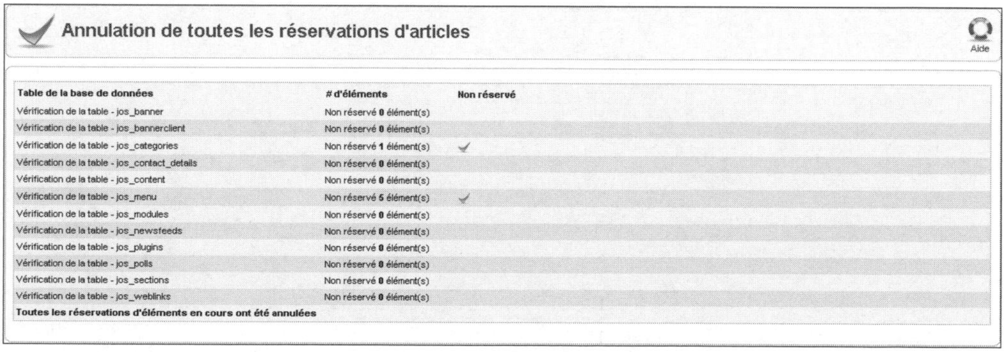

Annulation de toutes les réservations d'articles

Aide

Table de la base de données	# d'éléments	Non réservé
Vérification de la table - jos_banner	Non réservé **0** élément(s)	
Vérification de la table - jos_bannerclient	Non réservé **0** élément(s)	
Vérification de la table - jos_categories	Non réservé **1** élément(s)	✓
Vérification de la table - jos_contact_details	Non réservé **0** élément(s)	
Vérification de la table - jos_content	Non réservé **0** élément(s)	
Vérification de la table - jos_menu	Non réservé **5** élément(s)	✓
Vérification de la table - jos_modules	Non réservé **0** élément(s)	
Vérification de la table - jos_newsfeeds	Non réservé **0** élément(s)	
Vérification de la table - jos_plugins	Non réservé **0** élément(s)	
Vérification de la table - jos_polls	Non réservé **0** élément(s)	
Vérification de la table - jos_sections	Non réservé **0** élément(s)	
Vérification de la table - jos_weblinks	Non réservé **0** élément(s)	
Toutes les réservations d'éléments en cours ont été annulées		

Figure 12.3
Installation de Fireboard.

En fin d'installation, vous devez voir apparaître toute une série de messages affichés en vert. Faites défiler le contenu jusqu'à voir la fin de la liste des messages (voir Figure 12.4).

Figure 12.4

Message de fin
d'installation réussie.

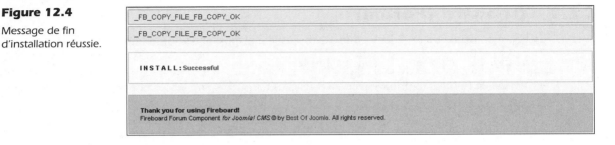

Les fichiers du composant ont été distribués dans les sous-dossiers appropriés.

Si vous ouvrez maintenant le menu COMPOSANT, vous devez voir une nouvelle commande intitulée FIREBOARD. Choisissez cette commande pour accéder au panneau de contrôle général. Vous devez maintenant installer les tables de la base de données.

Repérez sous la barre de menu les deux boutons de l'assistant de base de données et cliquez sur le bouton APPLIQUER (voir Figure 12.5).

Figure 12.5

Installation des tables
de la base de données.

Votre forum est maintenant installé.

12.1.2 Fichiers de langues

Le paquetage que vous avez installé dispose normalement des fichiers de langues pour profiter de l'interface en français. Pour d'autres composants, ce ne sera pas le cas. Voyons donc rapidement comment ajouter les fichiers de langues appropriés et comment vérifier s'ils sont bien en place. Si vous disposez d'un fichier paquetage de langues, il faut le décompresser pour obtenir une structure hiérarchique comme celle de la Figure 12.6.

Figure 12.6

La structure hiérarchique qui mène aux fichiers de langues.

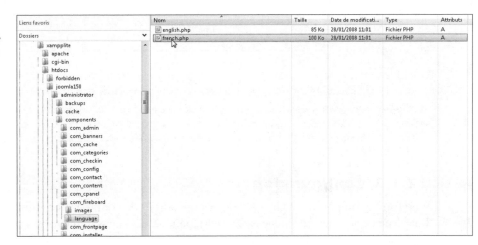

Dans le cas du composant Fireboard, il y a deux sous-dossiers contenant chacun trois fichiers. La structure du fichier paquetage d'une langue est identique à celle de la structure destinataire dans l'installation de Joomla! 1.5.

Le fichier de l'interface administrative suivant est à copier depuis le paquetage :

        [Paquetage]administrator/components/com_fireboard/language/french.php

Il faut le copier à cet endroit :

        [CheminJoomla]/administrator/components/com_fireboard/language/french.php

De même pour le fichier de l'interface publique :

        [Paquetage]/components/com_fireboard/language/french.php

Il faut le copier dans ce sous-dossier :

        [CheminJoomla]/components/com_fireboard/language/french.php

Après une telle opération, les interfaces du côté public et du côté administration utilisent les nouveaux fichiers de langues (voir Figure 12.7).

Figure 12.7

Aspect général de
Fireboard avec une
interface en français.

Dans certaines langues, il existe deux jeux de fichiers. Par exemple en allemand, il y a *germani.php* et *germanf.php*.

Il en va ainsi dans les langues où il est possible d'adopter une interface à vouvoiement ou à tutoiement. Joomla! ne peut gérer qu'un seul fichier de langues qui s'appelle dans ce cas *german.php*. C'est à vous de décider si vous voulez tutoyer ou vouvoyer vos visiteurs. Vous devez choisir une variante puis renommer le fichier en enlevant la lettre distinctive à la fin du nom.

12.1.3 Configuration

Une fois le composant en place, quelques opérations de configuration minimale sont à réaliser. Fireboard possède une telle richesse de paramétrage que nous pourrions y consacrer cinq chapitres. Limitons-nous à l'essentiel. Vous trouverez aisément votre chemin car l'interface est très explicite.

Dans le panneau de contrôle de Fireboard, cliquez sur l'icône CONFIGURATION DU FORUM. Vous devez au minimum choisir un nom pour le forum et spécifier une adresse de messagerie pour l'administrateur. C'est à cette adresse que seront envoyés les messages (voir Figure 12.8).

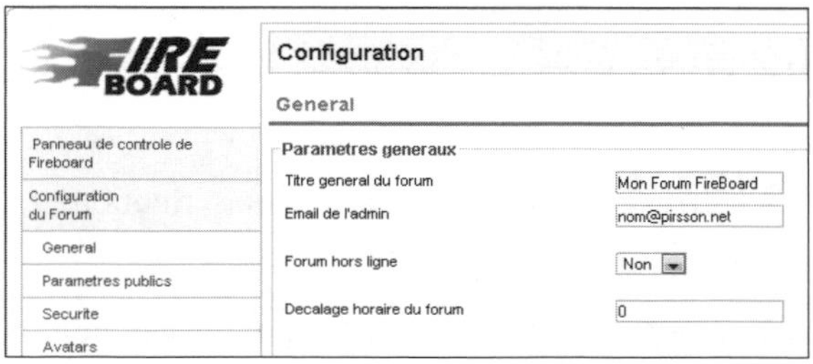

Figure 12.8

Configuration du forum.

12.1.4 Mise en page d'un forum de discussion

Pour tirer profit du forum, il faut d'abord créer une structure. Il faut commencer par une catégorie de discussion pour ensuite définir des forums dans cette catégorie (voir Figure 12.9). Cliquez sur le bouton ADMINISTRATION DU FORUM puis sur le bouton NOUVEAU.

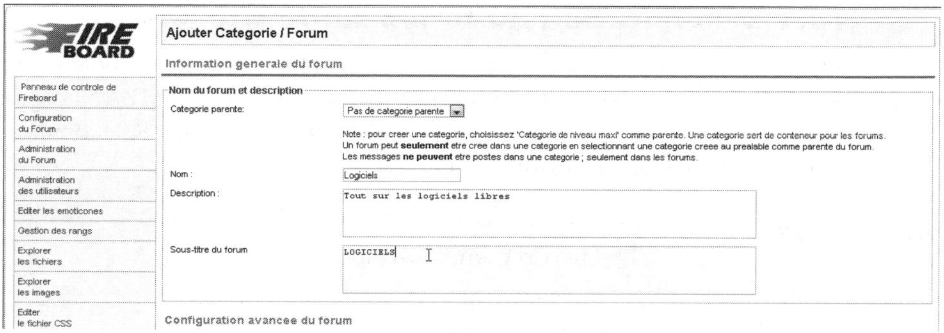

Figure 12.9

Création d'une
catégorie de forum.

Une fois la catégorie définie, utilisez le même bouton Nouveau pour créer un forum dans la catégorie (voir Figure 12.10).

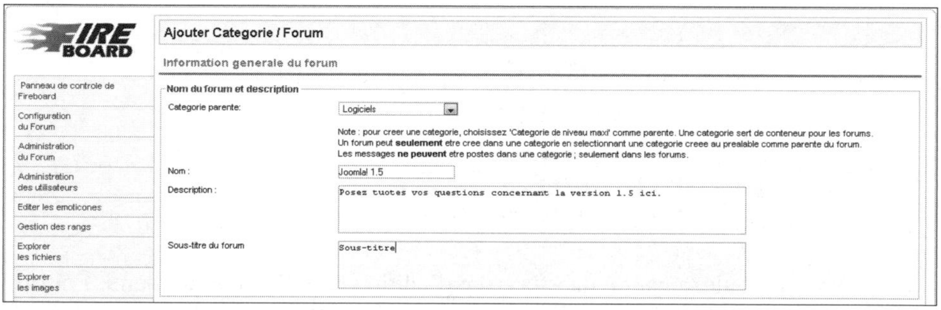

Figure 12.10

Création d'un
nouveau forum.

La liste permet de voir toutes les catégories avec les forums qu'elle contient. Les noms des forums sont affichés avec un retrait pour montrer leur dépendance. Il reste encore à rendre publique la catégorie du forum (voir Figure 12.11).

Figure 12.11

Activation d'un
nouveau forum
de discussion.

Vous pouvez maintenant rendre votre forum accessible sur le site Web.

12.1.5 Publication du forum sur le site Web

Supposons que nous aimerions proposer un lien menant au forum dans notre nouveau menu *Livre JOOMLA! 1.5*. Choisissez la commande MENUS > LIVRE JOOMLA! 1.5 puis cliquez sur le bouton NOUVEAU. Vous voyez apparaître la fenêtre de sélection du type. Sélectionnez le nouveau type qui est apparu, FIREBOARD FORUM (voir Figure 12.12).

Figure 12.12

Choix du type de
lien pour le forum.

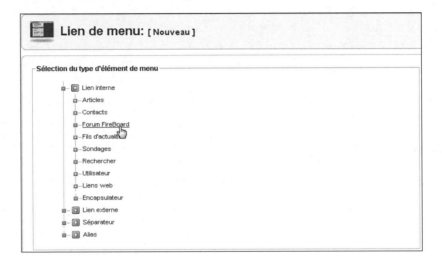

Vous basculez ensuite dans la page d'édition de l'élément de menu. Fournissez un titre suggestif et un alias puis cliquez sur le bouton SAUVER (voir Figure 12.13).

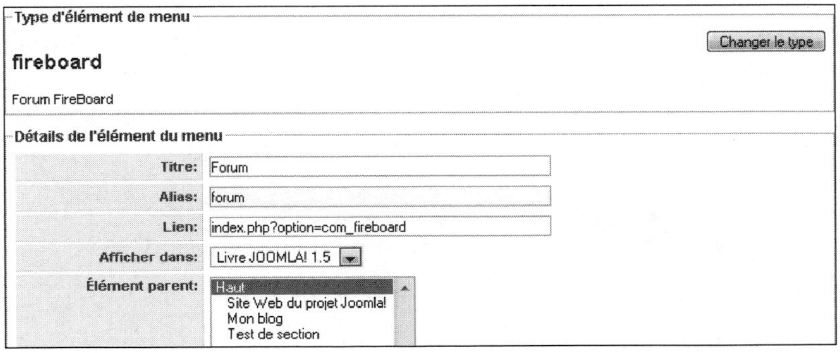

Figure 12.13

Choix du nom de
l'élément de menu.

Basculez maintenant vers votre site Web et rafraîchissez l'affichage. Vous devez voir apparaître le nouvel élément de menu. Cliquez pour accéder à votre forum (voir Figure 12.14).

Figure 12.14

Le forum en place
sur le site Web.

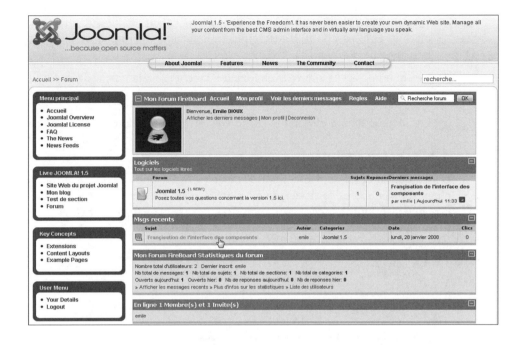

Vous devez bien sûr ouvrir une session pour participer aux discussions.

12.2 DOCman (Plateau de téléchargement et gestion de documents)

Le composant DOCman sert à associer des fichiers à des descriptifs et à des licences d'utilisation puis à rendre disponible ces éléments à des groupes d'utilisateurs spécifiques, pour qu'ils puissent les télécharger.

Voici les principales fonctions de DOCman :

- Classement des documents dans des catégories et des sous-catégories.
- Importation des fichiers sur un serveur local ou un serveur distant.
- Accès aux documents régis par des permissions.
- Création de groupes d'utilisateurs pour contrôler les accès aux documents.
- Génération de statistiques de téléchargement détaillées.

- Système de recherche spécifique. Vous pouvez chercher les documents d'après le nom du fichier ou d'après le descriptif. Un Plugin complémentaire permet d'intégrer les documents DOCman à la recherche de Joomla!.

- Le chemin d'accès effectif à chaque document n'est jamais visible.

- Plusieurs modèles sont disponibles pour s'adapter au site Web.

- La documentation disponible sur le Web au format Wiki est très complète.

12.2.1 Installation

L'installation de ce composant suit les mêmes règles que celles du forum FireBoard vu en début de chapitre. Récupérez le fichier de paquetage *com_docman_1.4.0rc1.zip* depuis le CD-ROM ou le réseau (sélectionnez bien le seul composant, pas le paquetage global qui le contient). Installez-le *via* la commande EXTENSIONS > INSTALLER/DÉSINSTALLER (voir Figure 12.15).

Figure 12.15

Installation de DOCman.

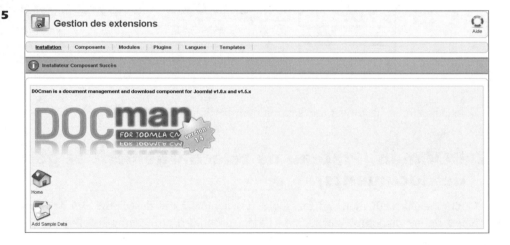

Sous le logo à gauche, vous voyez ensuite un bouton intitulé ADD SAMPLE DATA permettant d'installer les fichiers d'exemples. Utilisez ce bouton pour que DOCman installe les éléments suivants :

- un fichier d'essai ;

- une description appropriée du fichier ;

- une catégorie dans laquelle la description est versée ;

- un groupe d'utilisateurs ;

- une licence d'exemple.

Vous pouvez immédiatement exploiter DOCman une fois les données d'exemples installées.

12.2.2 Configuration

DOCman est un des premiers composants à supporter parfaitement l'approche structurelle des menus de Joomla! 1.5 (voir Figure 12.16).

Figure 12.16

Le centre de contrôle de DOCman.

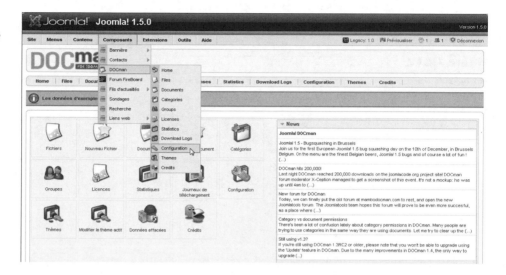

Les menus principaux se présentent sous forme horizontale sous le logo. Le centre de contrôle propose des icônes pour accéder rapidement aux mêmes commandes. La partie droite est un groupe de volets d'informations.

Cliquez sur le bouton ou sur le lien CONFIGURATION pour découvrir les nombreuses possibilités de paramétrages.

12.2.3 Fichier de langues

Normalement, le composant DOCman que vous récupérez possède déjà les fichiers de l'interface en français. Si ce n'est pas le cas, vous devez récupérer un fichier dont le nom ressemble à *french_docman_v1.4.0rc1.zip*. Si l'installation n'est pas possible par l'installateur de Joomla!, il faut implanter manuellement les cinq fichiers nommés *french.backend.php, french.common.php.french.doclink. php.french.frontend.php* et *french.module.php* depuis le sous-dossier du paquetage :

    [PaquetLangue]french_docman_v1.4.0rc1\language

vers le sous-dossier suivant (voir Figure 12.17) :

    [CheminJoomla]administrator\components\com_docman\language

Vous devez ensuite pour la partie publique du site récupérer le fichier nommé *french.php* depuis le sous-dossier du paquetage :

    [PaquetLangue]french_docman_v1.4.0rc1\themes\language

vers le sous-dossier suivant (voir Figure 12.18) :

    [CheminJoomla]components\com_docman\themes\default\language

Figure 12.17

Les fichiers de langues de la partie administration.

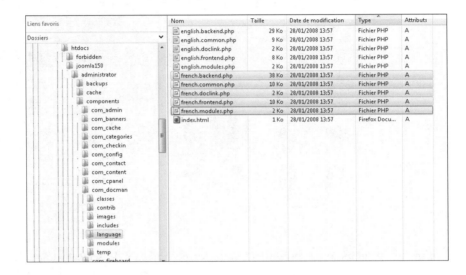

Figure 12.18

Le fichier de langues de la partie publique.

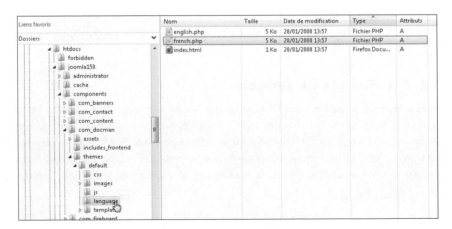

Après cette opération, vous disposez des commandes et messages en français dans la partie administrative et la partie publique (voir Figure 12.19).

Figure 12.19

Configuration
de DOCman.

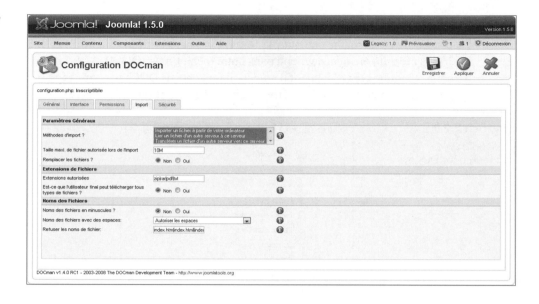

Au départ, vous pouvez laisser tous les paramètres à leur valeur d'origine. Ceux qui ont connu DOCman auparavant peuvent se rendre compte du chemin parcouru. L'outil est vraiment devenu puissant. Passons en revue les différentes sections fonctionnelles de DOCman :

Home. Ramène au centre de contrôle.

Fichiers. Permet de télécharger des fichiers vers le serveur.

Documents. Sert à créer des descriptions et à les associer à des fichiers. Permet également de définir les permissions d'accès et le type de licence du téléchargement.

Catégories. Gestion des catégories dans lesquelles sont classés les documents.

Groupes. Gestion des groupes d'utilisateurs.

Licences. Gestion des différentes licences. Le nombre n'est pas limité.

Statistiques. Donne accès aux statistiques des téléchargements de chaque document.

Journaux de téléchargement. Donne accès aux fichiers de journalisation.

Configuration. Configuration globale de DOCman.

Thèmes. Vous pouvez définir des thèmes spécifiques à DOCman. Des thèmes sont disponibles sur le site officiel du projet. Ils concernent la partie publique.

Crédits. Journal des évolutions depuis l'année 2004.

12.2.4 **Activation du composant sur le site**

La procédure est la même que pour le forum Fireboard (voir le Chapitre 12.1). Supposons que nous désirions créer un élément de menu dans notre menu Livre JOOMLA! 1.5 pour l'accès aux téléchargements. Comme type d'élément de menu, il faut choisir DOCMAN (voir Figure 12.20). Vous définissez ensuite les détails dans la fenêtre d'édition d'élément (voir Figure 12.21).

Figure 12.20

Création d'un élément de menu pour DOCman.

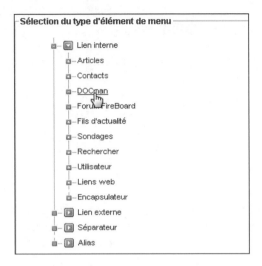

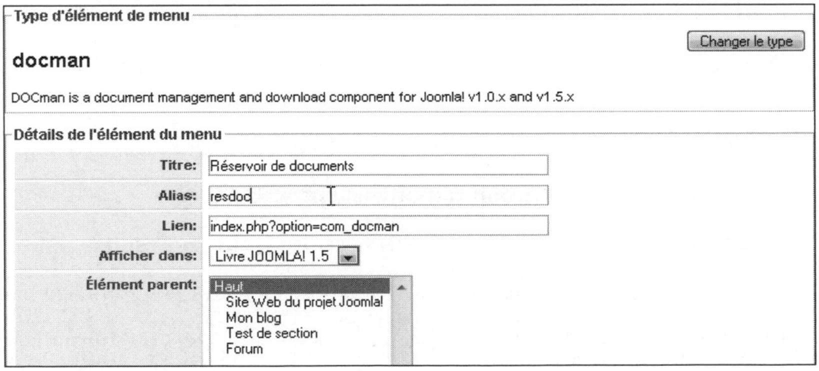

Figure 12.21

Édition de l'élément de menu.

Il reste à choisir un titre et un alias pour l'élément. Vous pouvez amener directement le visiteur sur une catégorie de documents à partir du lien. Il suffit de spécifier l'identificateur ID de la catégorie dans les paramètres. Les numéros ID sont affichés dans la section des catégories de l'administration de DOCman.

Dès que vous cliquez sur SAUVER, réactualisez le site Web pour disposer immédiatement d'une fonction de téléchargement de niveau professionnel (voir Figure 12.22).

Figure 12.22

DOCman disponible
sur le site Web.

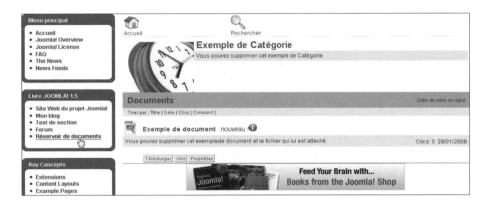

Lorsque vous cliquez sur le bouton TÉLÉCHARGER, vous devez accepter ou refuser la licence associée. Le téléchargement ne démarre qu'ensuite (voir Figure 12.23).

Figure 12.23

Demande d'acceptation
de la licence.

12.2.5 Ajout de contenus

Vous pouvez ajouter de nouveaux fichiers et de nouvelles descriptions à votre «plateau de téléchargement» depuis la partie Administration. C'est aussi possible depuis la partie Publique si vous ouvrez une session avec un compte d'utilisateur approprié, tel que admin. Dans ce cas, vous voyez dans la partie supérieure une icône et un lien SOUMETTRE UN FICHIER (voir Figure 12.24). Trois étapes suffisent à implanter un nouveau document.

Dans la première étape, vous désignez l'emplacement source du document. Il peut être situé sur votre propre ordinateur ou sur un serveur distant. Vous pouvez aussi établir un lien dynamique avec la source du document (voir Figure 12.24).

Figure 12.24

Soumission d'un
document : étape 1.

Supposons que nous ayons opté pour la première solution (fichier local). Nous choisissons un fichier compressé Zip (voir Figure 12.25).

Figure 12.25

Soumission d'un
document : étape 2.

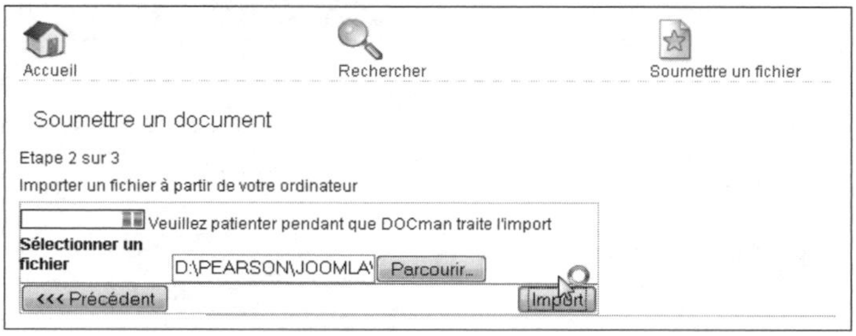

Figure 12.26

Soumission d'un
document : étape 3.

Une fois le transfert réussi, nous arrivons à la dernière étape dans laquelle nous saisissons une description, et définissons les permissions d'accès, la catégorie et le type de licence. Il suffit alors de cliquer sur le bouton vert en haut à droite (il possède une coche) pour terminer la mise en place. Le document est d'office rendu public, dans la mesure où l'utilisateur qui vient de définir ce téléchargement dispose des droits suffisants. Cet utilisateur dispose d'ailleurs d'un nombre de boutons plus important qu'un utilisateur normal (voir Figure 12.27). En temps normal, vous devez publier explicitement les documents dans la partie Administration (voir Figure 12.28).

Figure 12.27

Le nouveau document disponible au téléchargement sur le site.

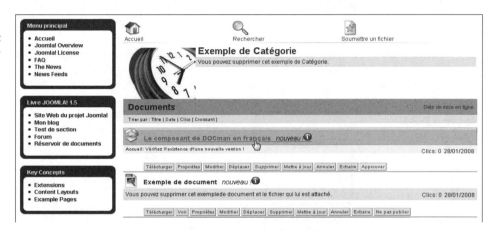

Figure 12.28

Rendre un document public.

12.2.6 Le Plugin de recherche de DOCman

Si vous mettez beaucoup de fichiers à disposition, il est indispensable d'ajouter une fonction de recherche parmi tous ces documents, mais un Plugin a été prévu à cet effet. Vous l'installez comme le composant en désignant le fichier nommé *bot_docman_search_1.4.0rc1.zip* depuis le CD-ROM compagnon ou depuis le Web.

Votre Plugin de recherche DOCman apparaît ensuite dans la liste des Plugins (menu Extensions). Il faut encore l'activer (voir Figure 12.29).

Figure 12.29

Le Plugin de recherche de DOCman.

Vous pouvez ensuite saisir un critère de recherche dans le champ de la fonction de recherche générale du site Web. Vous verrez apparaître tous les documents contenant ce critère dans la description (voir Figure 12.30).

Figure 12.30

Recherche d'un document.

12.2.7 Module complémentaire

Si le plateau de téléchargement est de taille conséquente, il devient utile d'afficher les noms des documents les plus demandés. Il suffit à cet effet d'installer le module approprié (fichier *mod_docman_mostdown_1.4.0rc1.zip*). Vous utilisez l'installateur normal de Joomla! puis vous l'activez par la liste des Modules (voir Figure 12.31).

Par défaut, le module se présente à gauche, mais vous pouvez le placer à une autre position et modifier son titre. Les paramètres permettent de contrôler le nombre d'entrées et l'affichage de l'icône et du nombre. En standard, le module offre l'aspect de la Figure 12.32.

Figure 12.31

Un module de DOCman.

Figure 12.32

Un module de DOCman
sur le site public.

12.3 Exposé : une galerie basée Flash

Les galeries de photos et de vidéos consultables deviennent monnaie courante avec l'avènement du Web 2.0 notamment grâce à la multiplication des accès Web à haut débit. Les sites tels que Flickr (*www.flickr.com*) ou YouTube (*www.youtube.com*) sont très faciles d'emploi et donnent accès à des masses de contenus multimédias.

Les attentes en termes de présentation des données ne cessent d'augmenter. Une simple énumération statique de photos commence à donner un aspect désuet.

Exposé est un composant basé sur le format graphique Adobe Flash qui sert à afficher et à gérer des photographies, des graphiques et des vidéos. Il est visuellement très attrayant (Figures 12.36, 12.37 et 12.38, plus loin).

Voici ce que permet Exposé :

- création de collections et d'albums en nombre non limité ;
- retaille des images lors du transfert sur le serveur ;
- génération de miniatures pour les albums ;
- lecture de vidéos *via* le lecteur Flash Player dans un format compressé ;
- ajout de commentaires audio aux images individuelles.

Il existe en outre une variante autonome locale de Exposé pour constituer les collections confortablement avant de les poster.

Le format Flash est assez compact pour transférer les images sans trop d'attente sur une liaison Web lente.

L'outil Album Manager servant à gérer les documents dans la partie Administration réclame quelques éléments spécifiques au niveau de PHP : la librairie GD et les extensions DOMXML et iconv. Dans l'environnement d'exploitation local XAMPP lite, ces conditions sont remplies au niveau du serveur. Si votre fournisseur d'accès ou hébergeur ne propose pas ces éléments, une solution existe (revoir l'étape 5 de l'installation de Joomla au Chapitre 1 et la section 6.4 du Chapitre 6). Du côté public (Frontend), il faut au minimum que le navigateur du visiteur soit doté du lecteur Flash Player en version 8. C'est le cas d'environ 96 % des navigateurs.

12.3.1 Installation

Pour mettre en place le composant principal de Exposé, vous installez le fichier *com_expose_4.6.2.zip* depuis le CD-ROM d'accompagnement ou le site du projet (*www.gotgtek.com*). Rappelons la procédure : EXTENSIONS > INSTALLER/DÉSINSTALLER, bouton PARCOURIR, choix du fichier et bouton TRANSFERT DE FICHIER & INSTALLATION.

Surveillez bien les messages de fin d'installation (voir Figure 12.35). Si certains sont affichés en rouge, vérifiez que vous avez basculé Joomla! en mode compatible en activant le Plugin Legacy (EXTENSIONS > GESTION DES PLUGINS). Lisez aussi la remarque qui suit. Notez bien votre mot de passe !

Figure 12.33

Fichiers à placer dans
/components/com_expose.

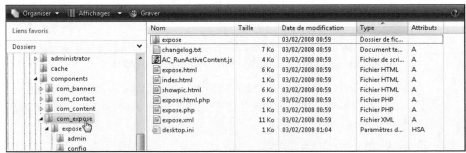

À la date de mise sous presse du livre, le composant Exposé souffrait encore de quelques problèmes de stabilité en rapport avec le plugin Legacy de Joomla! C'est étonnant dans la mesure où ce composant ne fait que se servir de Joomla! comme zone d'hébergement de ses affichages. Au cas où, voici la série d'instructions SQL à faire exécuter pour créer quelques enregistrements adéquats dans une table de la base de données :

```
INSERT  INTO `jos_components` (`id`, `name`, `link`, `menuid`, `parent`, `admin_menu_link`,
`admin_menu_alt`, `option`, `ordering`, `admin_menu_img`, `iscore`, `params`)

VALUES(51, 'Expose', 'option=com_expose', 0, 0, '', 'Expose', 'com_expose', 0,'../administrator/
components/com_expose/expose_icon.png', 0, ''),

(52, 'Manage Albums', '', 0, 51, 'option=com_expose&task=manage',  'Manage Albums', 'com_expose',
0, '../administrator/components/com_expose/manage.png', 0, ''),

(53, 'Configuration', '', 0, 51, 'option=com_expose&task=config',  'Configuration', 'com_expose',
1, '../administrator/components/com_expose/config.png', 0, ''),

(54, 'Manual', '', 0, 51, 'option=com_expose&task=manual', 'Manual',  'com_expose', 2, '../
administrator/components/com_expose/docs.png',  0, '');
```

Dans ce cas, il faut également décompresser manuellement le composant dans un sous-dossier puis copier les fichiers dans deux sous-dossiers de l'installation de Joomla! (Figures 12.33 et 12.34). La destination de chaque fichier est décrite dans le fichier *expose.xml*

Figure 12.34

Fichiers à placer
dans /administrator/
components/com_expose.

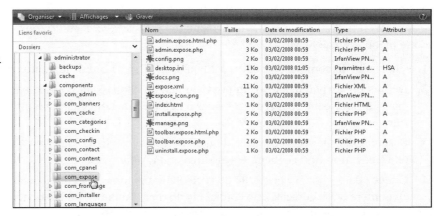

Si l'installation du composant échoue ou si la solution de dépannage vous effraie, tenez-vous informé de la solution qui ne saurait tarder à apparaître.

Figure 12.35

Messages de bonne
installation de Exposé.

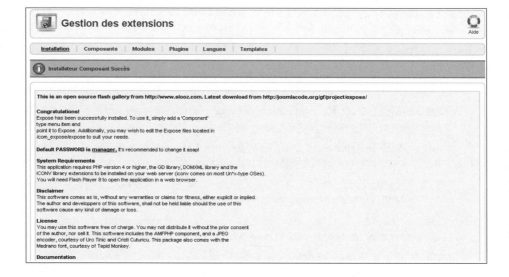

12.3.2 Intégration de Exposé au site Web

Au départ, le composant est installé avec des données d'exemples (deux photos et une vidéo). Pour y accéder, il faut créer un élément de menu qui y fasse référence. Créons une nouvelle entrée dans notre menu Livre JOOMLA! 1.5.

1. Choisissez la commande MENUS > LIVRE JOOMLA! 1.5 puis le bouton NOUVEAU.

2. Définissez les paramètres d'un nouveau lien en choisissant comme type Expose qui est apparu dans l'arborescence des types. Donnez à l'élément le nom Galerie multimédia (revoyez si nécessaire la section 7.4 du Chapitre 7).

3. Basculez dans le volet du site et cliquez sur le nouveau lien. Vous voyez apparaître deux dossiers : une Collection (qui contient des albums) et un Album vidéo.

4. Cliquez dans la flèche de droite de la collection pour accéder à ses détails. Le chiffre correspond au nombre de documents que contient le dossier (l'album). La collection d'exemples contient un seul album qui contient deux images (voir Figure 12.36).

5. En cliquant sur l'album (Sample album), vous accédez à la visionneuse appelée Image Strip (voir Figure 12.37).

6. Vous circulez dans ce bandeau avec le pointeur de souris. L'image du centre subit un léger effet de zoom. Vous pouvez aussi cliquer sur les triangles s'ils s'en présentent.

7. Un clic de plus vous amène à l'affichage d'une image en grand format (voir Figure 12.38).

Figure 12.36

Vue générale de
la galerie Exposé.

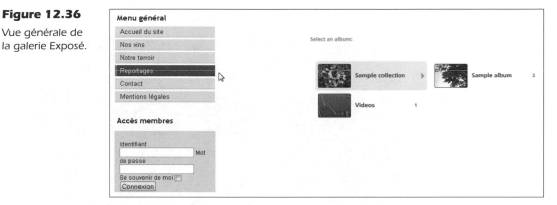

Voici les opérations possibles :

- naviguer parmi les images par les boutons en bas de fenêtre ;
- faire afficher un diaporama automatique ;
- afficher la visionneuse par le bouton SHOW IMAGE STRIP en bas à droite ;
- remonter aux collections par le bouton SELECT ALBUM en bas à droite ;
- afficher une image en grand format en cliquant ;
- voir dans quel albums vous vous trouvez ;
- afficher un écran d'aide sur les symboles.

Figure 12.37

La visionneuse d'images
Image Strip.

Figure 12.38

Vue individuelle.

Vidéos

8. Remontez jusqu'au premier niveau pour accéder à la vidéo. Le principe du bandeau de visionnage reste en vigueur.

9. Cliquez dans l'aperçu pour lancer la lecture de la vidéo sélectionnée par sa position centrale (voir Figure 12.39).

Figure 12.39

Lecture d'un fichier vidéo.

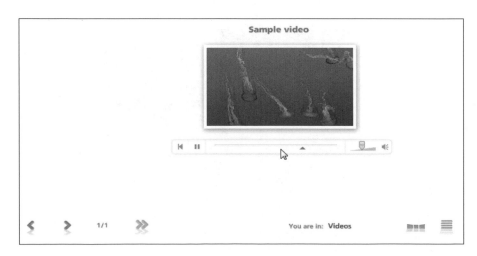

Voici les opérations possibles :

- navigation dans la vidéo ;
- arrêt/marche du son en cliquant sur le symbole de haut-parleur et réglage du volume.

12.3.3 Gestion des documents avec Album Manager

Pour peupler vos galeries avec vos images et vos vidéos, choisissez la commande COMPOSANTS > EXPOSÉ > MANAGE ALBUMS. Vous devez vous identifier. Le mot de passe initial est manager. N'hésitez pas à le changer au moyen du bouton associé, puisque vous pouvez le faire mémoriser pour cette machine *via* l'option SAVE (voir Figure 12.40).

Le panneau de gestion présente plusieurs volets (voir Figure 12.41).

Figure 12.40

Album Manager
– Connexion.

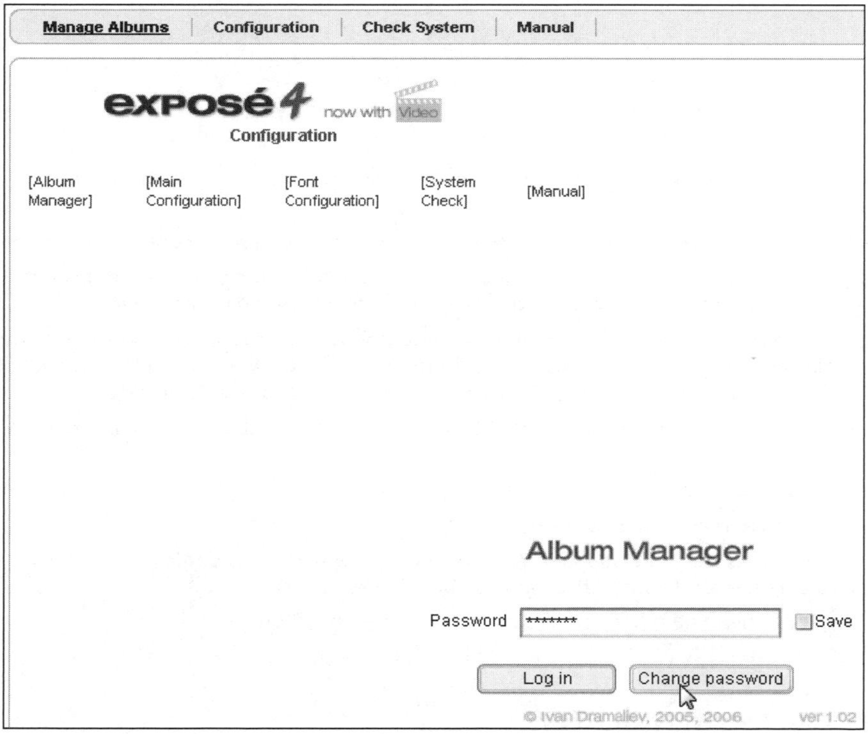

Figure 12.41

Album Manager
– Administration.

1. Zone de création de collections et d'albums. Le volet au-dessus sert à déplacer (MOVE TO), renommer (RENAME) et supprimer un élément (DELETE).

2. Sélectionnez ici une image puis cliquez sur CREATE ALBUM THUMB pour produire une miniature de couverture d'album.

3. Le bouton UPLOAD PHOTOS sert à désigner un ou plusieurs fichiers du disque dur. Les images en taille réduite sont générées automatiquement. Vous pouvez donc désigner des images en format natif.

4. Il en va de même pour les vidéos au format flv *via* le bouton UPLOAD VIDEOS. Vous pouvez les convertir dans ce format avec la version d'essai de Dreamweaver CS3 fournie sur le CD-ROM (*www.adobe.com*) ou plus simplement avec l'outil Freeware Riva FLV Encoder 2 (*www.rivavx.com*) fourni aussi sur le CD-ROM.

5. Le bouton ADD FROM BUCKET est très pratique. Récupérez des fichiers distants *via* FTP et stockez-les dans le dossier suivant :

   [CheminJoomla]/components/com_expose/expose/manager/bucket

   Vous pourrez ensuite puiser dans ce réservoir *via* Add from Bucket.

6. Le bouton PARAMETERS permet de décider des tailles des versions réduites des images et des vidéos. Pour les photos, il est possible d'ajouter un filigrane de propriétés (voir Figure 12.42).

   Vous quittez le panneau de gestion par le bouton LOGOUT en bas à droite.

12.3.4 Désinstallation

La suppression du composant est classique : choisissez la commande EXTENSIONS > INSTALLER/ DÉSINSTALLER et accédez à la page COMPOSANT (voir Figure 12.43). Sélectionnez EXPOSÉ et cliquez sur DÉSINSTALLER.

Figure 12.42

Paramètres de Exposé.

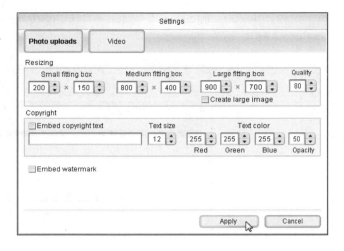

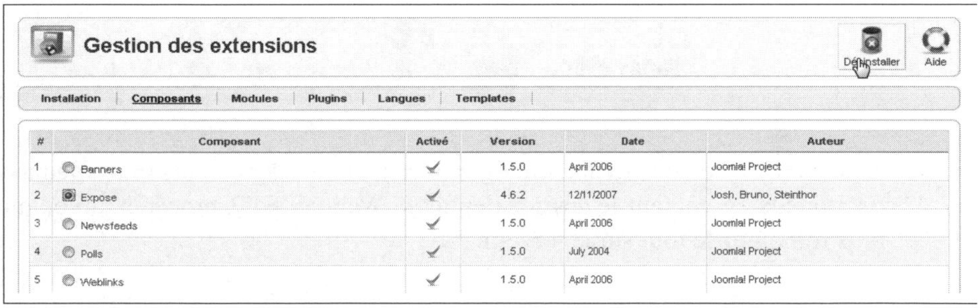

Figure 12.43

Désinstallation
d'un composant.

12.3.5 Album Manager en programme autonome

La manipulation à distance de fichiers volumineux peut devenir peu commode. C'est la raison pour laquelle a été conçue une version locale autonome appelée Album Manager. Elle existe pour Windows et pour Mac OS X.

Sous Windows, double-cliquez sur le nom du fichier *AlbumManager-2.7-Setup.msi* pour l'installer. Sous Mac OS X, vous installez le fichier *AlbumManagerMac.dmg*. Tous deux sont fournis sur le CD-ROM. Album Manager cherche les documents dans le dossier suivant :

[CheminJoomla!]components/com_expose/expose

Si vous travaillez en local, vous pouvez directement désigner ce dossier au démarrage du programme Album Manager.

Album Manager permet de modifier les contenus et la structure. L'utilisation est identique à celle de la version Web (voir Figure 12.44).

Figure 12.44

Le programme autonome Album Manager sous Windows.

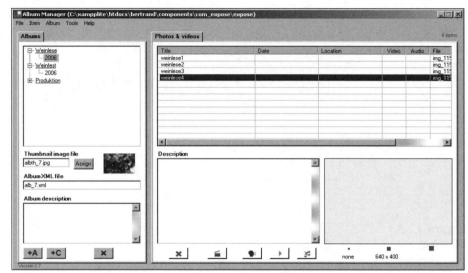

Vous pouvez utiliser Album Manager pour gérer les documents multimédias d'un site. Rapatriez les documents en copiant le dossier depuis le Web *via* FTP, procédez à vos modifications localement puis remontez le tout sur le serveur.

12.4 Intégration dans l'infrastructure de Joomla!

Joomla! a évolué d'une structure de système de gestion de contenus classique vers une véritable infrastructure modulaire. Il devient possible de concevoir des composants complémentaires dont l'aspect diverge de celle du noyau Joomla!. C'est notamment l'exemple des composants de galerie de photos les plus répandus. Une telle galerie réalise les affichages de données dans un élément `iframe`. D'ailleurs, l'administration de Joomla! prend elle aussi place dans un tel élément. Le forum ou le système de gestion de documents que nous avons vus dans ce chapitre viennent s'ancrer beaucoup plus profondément dans le système. Certains composants vont même jusqu'à implanter leur propre système d'ouverture de session.

Bien des fonctions deviennent réalisables de façon beaucoup plus élégante dans Joomla! 1.5. De nombreuses équipes concevant des produits complémentaires travaillent depuis 2007 à adapter leurs composants à cette nouvelle approche.

12.5 Le dilemme des composants tiers

Un problème qui prend de plus en plus d'importance en raison du succès que rencontre Joomla! est celui de la mise à jour.

12.5.1 Les mises à jour

Au cours de l'année 2007, il n'y a quasiment pas eu un mois sans qu'apparaisse une nouvelle version de Joomla!. Le but était de supprimer progressivement toutes les failles de sécurité qui avaient été héritées de Mambo.

Si votre site Web n'utilise que le noyau de Joomla!, vous ne prenez aucun risque. Pour mettre à jour, vous installez la nouvelle version en écrasant les anciennes données système et vous êtes paré.

Du côté de la base de données, les mises à jour des structures des tables sont très rares. Par exemple, le passage de Joomla! 1.0.x vers Joomla! 1.5.x n'a demandé de retouche qu'à deux champs d'une table (voyez dans l'annexe) !.

En revanche, les choses ne sont pas aussi simples pour les composants complémentaires. Les mises à jour sont parfois aléatoires. De ce fait, les responsables de site Web préfèrent prendre des précautions et conservent souvent une ancienne version.

12.5.2 Sécurité

Si vous ajoutez beaucoup de composants au noyau, vous faites face à un dilemme. L'équipe de Joomla! conseille par exemple de toujours activer le mode sécurisé Safe Mode de PHP, de définir la variable Register Globals sur OFF, entre autres mesures pour rendre Joomla! très sûr.

Mais certains composants ne peuvent plus fonctionner avec ces réglages. Vous devez donc choisir entre vous passer de ces composants ou réduire le niveau de sécurité de l'ensemble.

12.5.3 Que décider ?

Estimez la criticité du site Web au cas où il serait la cible d'une attaque. Qu'elle est l'importance des données qui se trouvent sur votre serveur ?

Pour un site de loisirs, le risque n'est pas grand. En revanche, pour un site de commerce électronique, ou dès que vous recueillez les adresses et données personnelles de vos visiteurs et que vous les stockez, vous ne pouvez plus vous permettre de prendre de risque. Ces données ne vous appartiennent pas.

De plus, les composants devenant de plus en plus complexes, les opérations de mise à jour et de fiabilisations sont parfois négligées par les concepteurs et par les responsables de site Web, trop occupés par ailleurs.

Un des projets actuels de Google Summer of Code concerne la création d'un système de mise à jour automatisé pour Joomla!. Il permettra de télécharger automatiquement les mises à jour et éventuel-lement de les installer. Ce genre de système profiterait grandement aux extensions.

Je ne pense pas qu'il faille refuser d'utiliser les préversions du type Release Candidates (RC) voir les versions Bêta, même pour un site à accès public. Nous vivons dans un monde réel, et ce sont souvent les clients qui réclament les mises à jour.

D'ailleurs, certaines versions Bêta sont souvent très matures. Le gestionnaire de bases de données MySQL a longtemps été exploité en tant que version Bêta, de même que le serveur Web Apache.

Cela dit, vous devez prendre le temps de réfléchir aux risques que vous êtes prêts à endosser !

Dans la mesure du possible, si vous pouvez vous en sortir en utilisant uniquement le noyau Joomla!, vous êtes assuré de ne prendre aucun risque.

13 Conception de templates Joomla! (modèles)

Pour adapter le site Web à l'identité de votre entreprise ou de votre association, ne serait-ce qu'au niveau du choix des couleurs, il vous faut modifier un template existant plus ou moins en profondeur ou bien en concevoir un nouveau. C'est ce que nous vous proposons d'étudier dans ce chapitre.

13.1 Identité du site et charte graphique

La notion d'*identité d'entreprise* ou Corporate Identity englobe les règles appliquées dans la perception d'une entreprise au sens large par le monde extérieur (cela s'applique autant aux institutions qu'aux associations), notamment, mais pas seulement, au niveau visuel ; elle rejoint donc la notion de *charte graphique*. Cette manière d'apparaître, cette identité, sera guidée en premier lieu par l'histoire et la tradition de l'entité à présenter, mais elle peut aussi être totalement redéfinie. Cette identité cohérente transmet aux visiteurs du site un sentiment positif par rapport à l'entité et simplifie sa reconnaissance spontanée.

Voici quelques éléments de réflexion :

- politique (stratégie tarifaire, de produits et de publicité) ;
- personnalité visuelle (charte graphique) ;
- relations publiques (modalités de dialogues avec l'extérieur) ;
- éthique (comportements des salariés entre eux et avec les partenaires).

Tous ces domaines doivent avoir été pris en compte lors de la conception initiale du site. Pour les mettre en place, il faut savoir créer un template Joomla! présentant au minimum un logo, une police de caractères et des couleurs standardisées dans l'entreprise.

Vos visiteurs doivent reconnaître votre site au premier regard.

13.2 HTML/XHTML, CSS, XML

Les sigles HTML/XHTML, CSS et XML désignent des technologies Internet exploitées dans Joomla!. Toutes ont été standardisées par le consortium W3 (*http://www.w3.org/*).

13.2.1 HTML/XHTML

Vous savez que le réseau Web se fonde sur le langage de description de pages HTML (*HyperText Markup Language*). Rappelons qu'il s'agit non pas d'un langage de programmation, mais d'un langage précisant l'aspect des informations sur un écran distant du serveur.

Tout texte un peu long est constitué d'éléments structurels : titres, sous-titres, paragraphes de texte, listes, mots en gras ou en italique, tableaux, etc. Le principe de HTML est d'insérer des codes spéciaux appelés balises (*tags*) entre les mots du texte. Une balise se distingue en commençant par un signe < et en se terminant par un signe >. Voici comment est codé un texte qui doit être affiché en tant que titre de premier niveau :

```
<h1>Je suis un grand titre</h1>
```

C'est dans le navigateur du visiteur que les balises sont interprétées et supprimées du texte tout en affichant ce texte selon les règles définies pour le type de balise concerné.

HTML est un langage très simple à apprendre. Vous trouverez des dizaines de sites et de livres qui vous en expliqueront les rudiments.

HTML ne progresse plus, car il est remplacé progressivement par son descendant XHTML dans sa version 1.06.

13.2.2 CSS

CSS signifie *Cascading Stylesheets* ou feuilles de style en cascade. C'est un complément au langage HTML rendu nécessaire pour permettre une plus grande richesse de mise en page des sites Web. Ce n'est pas non plus un langage de programmation ; il s'agit d'un vocabulaire pour définir les propriétés d'une série de styles, propriétés qui sont applicables aux contenus de certaines balises HTML.

Les directives CSS permettent par exemple de stipuler que les titres de premier niveau doivent être affichés en corps 18 dans la police Arial non gras avec un espace entre paragraphes de 15 mm.

Ce genre de contrôle de l'aspect est impossible avec les seules balises HTML, car ce langage n'avait pas prévu d'aller aussi loin à l'époque de sa conception. De nos jours, une grande richesse visuelle et une forte cohérence visuelle des sites Web sont devenues indispensables, surtout pour les sites de commerce électronique.

Trois approches sont possibles pour exploiter des styles CSS dans des pages HTML. Voyons-les de la plus locale à la plus globale.

Au niveau local d'un fichier HTML

Dans ce cas, les instructions CSS sont insérées au début du fichier HTML dans une balise <style> :

```
<head>
<title>Nom du fichier</title>
<style type="text/css">
<!--
/*  ... Instructions CSS ... */
-->
</style>
</head>
```

Dans un fichier CSS indépendant

La solution la plus efficace et la plus répandue consiste à créer un fichier de feuilles de style à extension .css qui devient de ce fait exploitable par toute une série de fichiers HTML. Il suffit d'insérer une référence à ce fichier au début de chaque fichier HTML concerné. C'est l'approche choisie dans Joomla! :

```
<head>
<title>Nom du fichier</title>
<link rel="stylesheet" type="text/css" href="formate.css">
</head>
```

À l'intérieur d'une balise HTML

Vous pouvez insérer des instructions CSS à l'intérieur d'une balise HTML, mais la lisibilité s'en ressent :

```
<body>
<h1 style="... Instructions CSS ...">...</h1>
</body>
```

Combinaisons

Les trois approches peuvent se combiner et se contredire au sein d'un même fichier HTML. Vous pouvez définir des règles de base dans le fichier CSS externe, qui s'appliquent à toutes les pages, sauf à celles dans lesquelles le même style est redéfini. Mais cette méthode entraîne rapidement de grosses difficultés de maintenance. Il est préférable de faire évoluer le fichier CSS partagé.

13.2.3 XML

Le langage de marquage étendu XML (*Extended Markup Language*) est un univers à lui seul. Il constitue en effet un métalangage, c'est-à-dire un langage pour définir des langages tels que le HTML. Son origine remonte aux années 1960 avec le langage SGML (*Standard Generalized Markup Language*). Dans notre contexte, XML nous permet de décrire les métadonnées des templates qui vont servir à l'installateur de templates et à l'affichage dans le Gestionnaire de templates de Joomla!.

Le principe reste d'insérer des balises entre chevrons :

```
<name>Livre Joomla!</name>
```

L'énorme différence est qu'en XML aucune balise n'a d'effet intrinsèque. Vous êtes entièrement libre de définir la structure arborescente de balises et sous-balises et les noms des balises (mais des standards se mettent en place au niveau planétaire pour assurer les échanges de données).

13.3 Création d'un template Joomla!

Nous voulons créer un template de partie publique de site. Bien des choses sont à réaliser dans l'ordre adéquat. Progressons pas à pas. Mais d'abord un peu de théorie.

13.3.1 Le concept

Commencez par définir les grandes lignes de votre projet de structure. Lorsque l'on envisage de créer un template de site, il faut partir d'un schéma ou d'un croquis sommaire. Vous pouvez utiliser un crayon et du papier (millimétré) ou dégrossir le projet dans un outil d'édition graphique comme *Adobe Photoshop* ou son équivalent libre *Gimp* (*http://www.gimp.org/*).

Dimensions fixes ou adaptables ?

Les dimensions d'un template de site peuvent être soit fixes, soit variables. Un template variable est capable de s'adapter à la largeur et la hauteur d'affichage disponibles dans la fenêtre du navigateur du visiteur. Dans ce cas, si l'écran du visiteur offre une résolution de 1600 × 1200 pixels, s'il ouvre le navigateur en plein écran, les constituants de la page Web vont être distribués sur ce vaste espace. Les éléments graphiques, *a priori* non retaillables (logo, bannière, textes), n'auront plus l'aspect prévu par le concepteur du template. Le contrôle exact du résultat vous échappe.

L'autre approche est plus conservatrice. Vous décidez d'un format minimal d'écran, par exemple 800 × 600 (1024 × 768 est courant, mais pas universel) et vous positionnez exactement tous les éléments au pixel près. Le contrôle est total. Si le visiteur dispose d'une meilleure résolution, les marges libres devront être remplies par un motif répétitif pour éviter la vacuité.

Il n'y a pas de solution idéale. Pesez le pour et le contre de chaque approche puis décidez-vous. Tenez compte de vos besoins de mise en conformité avec la Loi Handicap en étudiant l'accessibilité de votre template (voir le Chapitre 14) et concevez deux variantes. Vous connaissez sans doute des sites Web sur lesquels le visiteur peut faire varier la taille des textes. À côté de la commande de changement de taille se trouve souvent un bouton pour changer de présentation (voir Figure 13.1).

Figure 13.1

Changement de présentation.

Si vous optez pour la taille fixe 800 × 600 pixels que quasiment tous les écrans actuels supportent de nos jours (réfléchissez si votre site doit être accessible dans des pays en voie de développement moins richement dotés), vous devez tenir compte de la barre de défilement du côté droit de la fenêtre du navigateur et du cadre. Il ne vous reste donc plus que 780 pixels utilisables en largeur.

Structure

Vous travaillez sur des données structurées. Il faut donc organiser leur positionnement dans une matrice qui sera plus ou moins visible. Joomla! exploite normalement la structure suivante (voir Figure 13.2).

Figure 13.2

Exemple de structure de page.

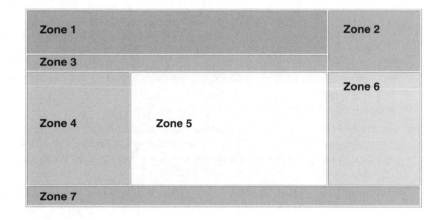

Partie 1

- Section 1 : espace du logo ou image marquante et nom de page (*header*) ;
- Section 2 : champ de recherche ;
- Section 3 : champ servant de barre d'adresse (*breadcrumbs*).

Partie 2

- Section 4 : les menus principaux viennent en colonne gauche (*left*) ;
- Section 5 : le contenu de la page est au centre (*mainbody*) ;
- Section 6 : les menus secondaires et les cartouches viennent en colonne droite (*right*).

Partie 3

- Section 7 : pied de page avec accès aux mentions légales (*footer*).

13.3.2 La rédaction en langage HTML

Une fois la maquette élaborée, nous pouvons passer à la rédaction du code HTML correspondant. Si vous avez utilisé un éditeur graphique, vous pouvez parfois exporter l'image de la maquette sous forme de code HTML. Mais vous pouvez aussi travailler manuellement dans un éditeur de texte ou un éditeur HTML (il en existe plusieurs gratuits et d'autres payants comme Macromedia Dreamweaver).

`<table>` ou `<div>` ?

Dans le langage HTML, la balise `<table>` peut être enrichie ou remplacée par la balise `<div>`. Cette dernière permet de regrouper de façon logique plusieurs éléments HTML qui peuvent être du texte ou du graphique. Cette section n'a pas d'autre effet visuel que de forcer à commencer sur une nouvelle ligne. La balise `<div>` n'a pas d'autres propriétés spécifiques. En revanche, elle devient très intéressante lorsqu'elle est combinée avec des instructions de style CSS. C'est d'ailleurs pour cette raison qu'a été inventée la balise `<div>`.

Jusqu'en 2004 à peu près, la structure des pages Web utilisait principalement des tableaux HTML. Mais la balise `<div>` et les styles CSS ont été de plus en plus appréciés, et leur support dans les navigateurs a fini par être total. C'est pourquoi vous rencontrez de plus en plus de templates n'utilisant aucun tableau HTML. Pour autant, les sites Web qui ne contiennent que du HTML correctement formulé sans utilisation d'aucun tableau sont encore rares. Un excellent premier pas dans la bonne direction consiste à adopter justement cette balise `<div>` pour structurer les pages.

Joomla! 1.5 abandonne de plus en plus l'approche tabulaire et propose d'écrire du code HTML validable. Il reste néanmoins possible de continuer à utiliser des tableaux HTML.

Le template fourni en standard *rhuk_milkyway* n'utilise aucune balise de tableau car toute la structure est définie au moyen de balises `<div>`. Vous pouvez jeter un œil sur le code source du template pour vous acclimater à cette nouvelle approche. Pour en savoir plus au sujet de cette puissante balise `<div>`, cherchez sur le Web. Ajoutons que le logiciel Dreamweaver supporte très bien cette nouvelle approche.

Le code source du fichier HTML initial possède l'aspect du Listing 13.1. Nous avons volontairement conservé un contenu simple. D'ailleurs, l'en-tête n'est pas conforme au standard XHTML. Le nom du fichier de cette présentation doit être *index.php*. En effet, Joomla! va essayer de l'interpréter en tant que fichier du langage PHP.

Observez la section head. C'est à cet endroit que sera référencé le fichier CSS externe contenant les styles du template (voir Listing 13.2). Pour le moment, le fichier CSS ne contient qu'une seule instruction pour définir la taille des caractères.

Listing 13.1 : Fichier CSS /index.php

```
<html>
<head>
<link href="/joomla150/templates/livrejoomla150/css/template.css"
rel="stylesheet" type="text/css" />
</head>
<body>
<div id="Partie1">Zone d'en-tete / header<br /><br />
  <div id="Section1">Section1</div>
  <div id="Section2">Section2</div>
</div>
<div id="Partie2">Zone principale / main<br /><br />
  <div id="Section3">Breadcrumbs</div>
  <div id="Section6">Colonne droite</div>
```

```html
        <div id="Section4">Colonne gauche</div>
        <div id="Section5">Contenu</div>
    </div>
    <div id="Partie3">Pied de page /footer<br /><br />
        <div id="Section7">Section7</div>
    </div>
    </body></html>
```

Listing 13.2 : Fichier CSS /css/template.css

```css
body{
    font-size: 12px;
    font-family: Helvetica,Arial,sans-serif; }
#Partie1{ /* header */
    float: left;
    border: 2px dotted green; }
#Partie2{ /* main */
    float: left;
    border: 2px dotted yellow; }
#Partie3{ /* Pied */
    clear:all;
    border: 2px dotted red; }
#Section1{ /* A droite en haut */
    float: left; width: 18em;
    margin: 0 0 1.2em;
    border: 1px dashed silver; background-color: #eee; }
#Section2{ /* A gauche en haut */
    float: right; width: 12em;
    margin: 0 0 1.1em; background-color: #eee; border: 1px dashed silver; }
#Section3{ /* Breadcrumbs */
    border: 1px dashed silver;
    background-color: #eee; }
#Section4{ /* Colonne gauche */
    float: left; width: 15em;
    margin: 0 0 1.2em;
    border: 1px dashed silver; }
#Section5{ /* Contenu */
    margin: 0 12em 1em 16em;
    padding: 0 1em;
    border: 1px dashed silver; }
```

```
#Section6{  /* Colonne droite */
    float: right; width: 12em;
    margin: 0 0 1.1em;
    background-color: #eee; border: 1px dashed silver; }
#Section7{  /* Pied */
  margin: 0 0 1.1em;
  background-color: #eee; border: 1px dashed silver; }
```

Pour ce premier essai, et dans un but pédagogique, nous allons mettre en place manuellement les fichiers de ce template dans l'arborescence de Joomla!. Nous verrons ensuite comment créer un fichier paquetage d'installation dont nous testerons l'installation au moyen du module approprié de Joomla!. Pour le moment, intéressez-vous à ce fichier HTML qui doit porter le nom *index.php*. Vous devez le transférer dans le sous-dossier *[CheminJoomla]/templates/livrejoomla150/*. Le fichier *template.css* doit se trouver dans un sous-dossier qui s'appelle *[CheminJoomla]/templates/livre-joomla150/css/*.

Ces deux fichiers suffisent à un template minimal. Il ne manque qu'un fichier XML pour que le Gestionnaire de templates puisse prendre en compte ce nouveau couple de fichiers.

13.3.3 Arborescence de dossiers d'un template

Découvrons donc les conventions invariables que vous devrez suivre. Le template doit être stocké en utilisant les trois sous-dossiers suivants :

```
[CheminJoomla]/templates/[NomDuTemplate]/
[CheminJoomla]/templates/[NomDuTemplate]/css/
[CheminJoomla]/templates/[NomDuTemplate]/images/
```

Dans `NomDuTemplate`, vous ne devez utiliser ni lettres accentuées, ni espaces, ni caractères spéciaux. Lorsque nous produirons un paquetage installable, l'installateur se servira de ce nom pour créer le sous-dossier. C'est ce qui peut entraîner des problèmes sur certains systèmes d'exploitation si vous utilisez des caractères ne faisant pas partie du jeu minimal. Essayez de choisir un nom suggestif malgré tout. Nous avons choisi pour notre exemple `livrejoomla150`.

Plusieurs fichiers sont à prévoir dans les différents dossiers de cette structure, et leurs noms sont invariables.

Fichiers de mise en page

/templates/livrejoomla150/index.php

C'est le fichier HTML que nous avons étudié plus haut. Il doit porter l'extension .php pour que Joomla! puisse le faire interpréter comme du langage PHP.

Image miniature d'aperçu

/templates/livrejoomla150/template_thumbnail.png

Ce fichier dont le nom est figé contient une image réduite de la fenêtre du template. Cette image apparaît lorsque vous amenez le pointeur dans la ligne du template désiré, dans la liste des templates (EXTENSIONS > GESTION DES TEMPLATES). Les aperçus doivent avoir un format d'environ 200 sur 150 pixels. Vous pourrez générer ce fichier plus tard, lorsque vous aurez besoin de vérifier l'affichage de l'aperçu.

Métadonnées du Template

/templates/livrejoomla150/templateDetails.xml

Ce fichier contient les instructions destinées à l'installateur du template. Les données sont utilisées dans la liste des templates du gestionnaire. C'est ici que vous indiquez quels fichiers doivent être copiés où, comment se nomme le concepteur du template, et d'autres métadonnées. Lorsque nous verrons comment installer le template automatiquement par l'interface, ce fichier sera exploité par le langage PHP pour copier les données en place à partir des indications. Dans notre exemple, vous pouvez partir du fichier présenté dans le Listing 13.3 et le personnaliser. Il faut définir une balise container XML pour chacun des fichiers utilisés par le template. Vous devez indiquer le nom de fichier et le chemin d'accès.

```
<files>
<filename> ... Nom du fichier dans la racine du template ... </filename>
<filename> ... Un conteneur filename par fichier</filename>
</files>
```

Les autres conteneurs du fichier XML servent à décrire le template. Voici le listing source complet de ce fichier XML (Listing 13.3) :

Listing 13.3 : Le fichier templateDetails.xml

```
<install version="1.5" type="template">
    <name>livrejoomla150</name>
    <version>1.0</version>
    <creationDate>11.11.2007</creationDate>
<author>Hagen Graf+OE</author>
<copyright>GNU/GPL</copyright>
<authorEmail>hagen@cocoate.com</authorEmail>
<authorUrl>http://www.cocoate.com</authorUrl>
<version>0.1</version>
<description>... Description</description>
```

```
<files>
        <filename>index.php</filename>
        <filename>templateDetails.xml</filename>
        <filename>template_thumbnail.png</filename>
        <filename>css/template.css</filename>
</files>
</install>
```

Le fichier *templateDetails.xml* doit lui aussi se trouver dans la racine relative *[CheminJoomla]/ templates/livrejoomla150/*.

Fichier CSS

/templates/livrejoomla150/css/template.css

Vous pouvez prévoir plusieurs fichiers CSS pour un seul template. Les noms et le contenu des fichiers sont libres. Tenez cependant compte des conventions en vigueur pour les éléments CSS. Vous trouverez quelques informations à ce sujet dans la section A.3 de l'Annexe. Pour l'instant, un seul fichier CSS nous suffira.

Images et illustrations

/templates/livrejoomla150/images/[fichiers d'images au choix]

C'est dans ce sous-dossier que vous pouvez réunir les fichiers graphiques référencés par votre template. L'installateur copiera ces fichiers dans le sous-dossier *images*.

13.3.4 Premier essai

Une fois que tous les sous-dossiers sont prêts dans la racine relative *[CheminJoomla]/templates/* avec les fichiers adéquats (voir Figure 13.3), nous pouvons tester le nouveau template en y accédant dans Joomla! Par le menu EXTENSIONS > GESTION DES TEMPLATES, ouvrez la liste des templates. Sélectionnez le nouveau template qui est apparu et cliquez sur le bouton DÉFAUT (voir Figure 13.4).

Si vous accédez à la partie publique de votre site, vous voyez le résultat (voir Figure 13.5). Pour l'instant, il n'y a aucun contenu. En effet, les contenus étant générés de façon dynamique, il faut ajouter des instructions pour les injecter dans les différentes sections du template. N'hésitez pas à utiliser la structure d'exemple que nous avons préparée pour vous dans le dossier *CHAP13* du CD-ROM accompagnant le livre.

Figure 13.3

Structure de sous-dossiers
et fichiers du template
livrejoomla150.

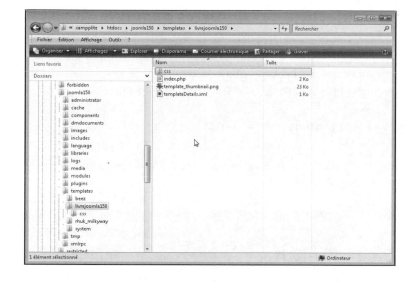

Figure 13.4

Le nouveau template
dans la liste des templates.

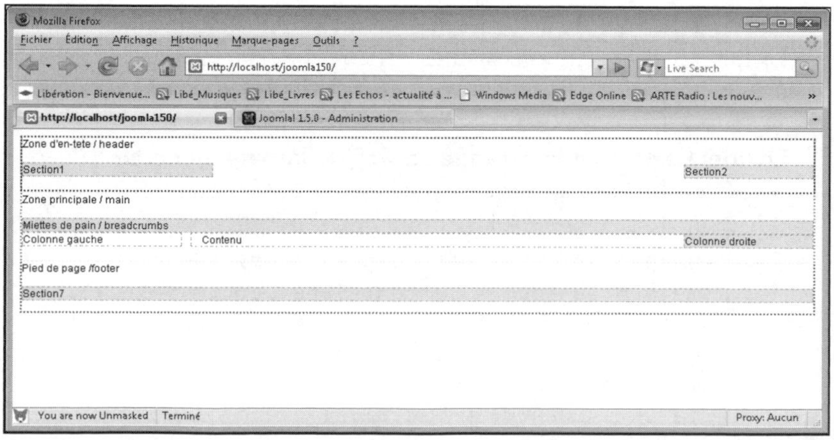

Figure 13.5

Aspect du nouveau template
minimal dans le navigateur.

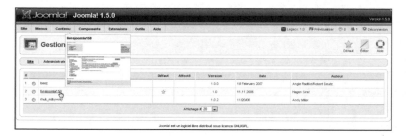

13.3.5 Injection des données depuis les modules Joomla!

L'injection des données générées par les modules se base sur les instructions placées dans le code HTML. Le principe se fonde sur un espace de noms conventionnels appelé jdoc que Joomla! utilise pour positionner les éléments dans le template. Si nous ajoutons par exemple dans l'en-tête du fichier *index.php* la ligne de l'instruction jdoc suivante :

```
<head>
<jdoc:include type="head" />
</head>
```

le template affiche un titre et le petit symbole d'abonnement à un fil d'actualités dans la barre d'adresse (voir Figure 13.6).

Figure 13.6

La page avec un titre et une icône d'abonnement RSS.

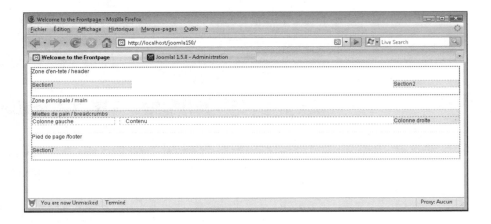

Si vous demandez l'affichage du code source HTML de la page depuis votre navigateur, vous constatez que les métadonnées définies dans l'administration ont été injectées dans le code HTML (voir Listing 13.4). Les fils d'actualités RSS ont été référencés par les balises de liens. C'est ce qui permet à un navigateur du type Firefox d'afficher l'icône d'abonnement RSS dans la barre d'adresse.

Listing 13.4 : Extrait du code source de la page générée

```
...
<head>
<base href="http://localhost/joomla150/" />
<meta http-equiv="Content-Type" content="text/html; charset=utf-8" />
<meta name="robots" content="index, follow" />
<meta name="keywords" content="joomla, joomla!, Joomla, Joomla!, J!" />
<meta name="description" content="Joomla! - dynamische Portal-Engine und
Content-Management-System" />
<meta name="generator" content="Joomla! 1.5 - Gestion CMS Open Source" />
```

```
<title>Welcome to the Frontpage</title>
<link href="/joomla150/index.php?format=feed&amp;type=rss"
rel="alternate" type="application/rss+xml" title="RSS 2.0" />
<link href="/joomla150/index.php?format=feed&amp;type=atom"
rel="alternate" type="application/atom+xml" title="Atom 1.0" />
<script type="text/JavaScript" src="/joomla150/media/system/js/mootools.js">
</script>
<script type="text/JavaScript" src="/joomla150/media/system/js/caption.js">
</script>
...
```

Puisque notre première injection s'est bien déroulée, nous pouvons maintenant insérer les autres instructions jdoc.

L'instruction suivante :

```
<jdoc:include type="modules" name="top" style="none" />
```

attend en paramètre d'entrée le type d'injection, qui est ici modules. Le paramètre name détermine la position du module (top, right, left, user1...) sur la page. Vous contrôlez cette position dans la section des modules de la commande EXTENSIONS > GESTION DES MODULES. Le paramètre nommé style indique une valeur qui détermine la nature exacte du code HTML générée par le module. Lorsque la valeur est none, les données HTML sont pures, sans aucune balises de structuration <div> (voir le Tableau 13.1).

Tableau 13.1 : Paramètres de module

Paramètre	Résultat
table	Les données du module sont affichées dans une colonne de tableau.
horz	Les données sont présentées horizontalement dans une cellule du tableau courant.
xhtml	Les données du module sont présentées dans un élément <div> conforme au XHTML.
rounded	La présentation utilise des coins arrondis. La classe de l'élément <div> passe de moduletable à module.
beezDivision	Option spécifique au template Beez. Elle permet de faire varier la taille des titres (header). L'option n'est pas disponible en dehors du module Beez.
	`<jdoc:include type="modules" name="left" style="beezDivision" headerLevel="3" />`
none	Les données du module sont affichées sans formatage.

Voyons l'ensemble des instructions d'injection jdoc dans le fichier définitif *index.php* est visible dans le Listing 13.5.

Listing 13.5 : index.php avec les injections jdoc

```
<!DOCTYPE html PUBLIC « -//W3C//DTD XHTML 1.0 Transitional//EN" «http://
www.w3.org/TR/xhtml1/DTD/xhtml1-transitional.dtd">
<html xmlns="http://www.w3.org/1999/xhtml">
<head>
<jdoc:include type="head" />
<link href="css/template.css" rel="stylesheet" type="text/css" />
<link href="/joomla150/templates/livrejoomla150/css/template.css"
rel="stylesheet" type="text/css" />
</head>  <body>
<div id="Partie1">Zone d'en-tete / header<br /><br />
  <div id="Section1">Section1
  <jdoc:include type="modules" name="user3" style="xhtml" />
  </div>     <div id="Section2">Section2
    <jdoc:include type="modules" name="top" style="xhtml" />
  </div>
</div>  <div id="Partie2">Zone principale / main<br /><br />
  <div id="Section3">Miettes de pain / breadcrumbs
    <jdoc:include type="modules" name="breadcrumb" style="xhtml" />
  </div>
  <div id="Section6">Colonne droite
    <jdoc:include type="modules" name="right" style="xhtml" />
  </div>
  <div id="Section4">Colonne gauche
    <jdoc:include type="modules" name="left" style="xhtml" />
  </div>
  <div id="Section5">Contenu
    <jdoc:include type="component" style="xhtml" />
  </div>
</div>  <div id="Partie3">Pied de page /footer
<br /><br />
  <div id="Section7">Section7
    <jdoc:include type="modules" name="footer" style="xhtml" />
  </div>
</div>
</body>
</html>
```

Si vous affichez la version mise à jour de votre template sur le site Web, vous voyez dorénavant les contenus dynamiques. Le template a accueilli toutes les données du module. L'aspect visuel pourrait être encore amélioré, mais vous avez compris les principes. Vous savez maintenant créer un template.

Figure 13.7

Un template contenant
des données dynamiques.

Voyons enfin comment créer un paquetage pour installer automatiquement le template.

13.3.6 Création d'un paquetage de template

Pour diffuser votre template, vous devez le conditionner dans une archive compressée. Pensez à créer tout d'abord, si ce n'est encore fait, le fichier image d'aperçu (fichier *template_thumbnail.png*) en lui donnant les dimensions 227 sur 162 pixels. C'est cette miniature qui permet d'avoir un aperçu du template avant de l'activer (voir Figure 13.8).

Figure 13.8

Image d'aperçu du
template livrejoomla150.

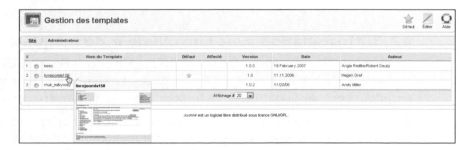

Il ne reste plus qu'à créer un fichier compressé à partir de tous les fichiers qui se trouvent dans la racine relative `livrejoomla150`, avec les sous-dossiers. Méfiez-vous de ne pas créer deux sous-niveaux homonymes en créant l'archive.

Placez-vous dans la racine relative suivante et sélectionnez tous les fichiers et sous-dossiers :

[CheminJoomla]/templates/livrejoomla150/

Produisez un fichier d'archive portant le nom *livrejoomla150.zip*.

Faites une sauvegarde de votre template. C'est fini !

Désinstallation de l'ancien template

Vous pouvez maintenant diffuser votre paquetage auprès des autres. Pour le tester, il nous faut d'abord désinstaller le même template que nous avions installé manuellement.

Pour ce faire, il faut réactiver l'un des autres templates. Par la commande EXTENSIONS > GESTION DES TEMPLATES, sélectionnez un autre template et cliquez sur le bouton DÉFAUT.

Vous pouvez maintenant désinstaller le template. Par la commande EXTENSIONS > INSTALLER/DÉSINSTALLER, cliquez sur le lien de la page TEMPLATES. Choisissez le template *livrejoomla150* puis cliquez sur le bouton DÉSINSTALLER (voir Figure 13.9).

Figure 13.9

Desinstallation du template installé manuellement.

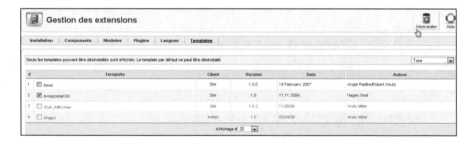

13.3.7 Installation avec l'installateur de template de Joomla!

Une fois que vous avez éliminé toute trace de l'installation manuelle antérieure (supprimez le sous-dossier s'il n'a pas pu l'être par Joomla! parce que vous aviez laissé une fenêtre d'explorateur ouverte), choisissez la commande EXTENSIONS > INSTALLER/DÉSINSTALLER.

Servez-vous du bouton PARCOURIR pour désigner votre fichier *livrejoomla150.zip* puis cliquez sur le bouton TRANSFERT DE FICHIER & INSTALLATION. Normalement, l'installateur affiche ensuite un message comme quoi l'installation a réussie. Le message qui apparaît a été tiré du fichier XML (voir Figure 13.10).

Si vous revenez dans la liste des templates, vous devriez maintenant voir réapparaître *livrejoomla150* (revoir la Figure 13.8).

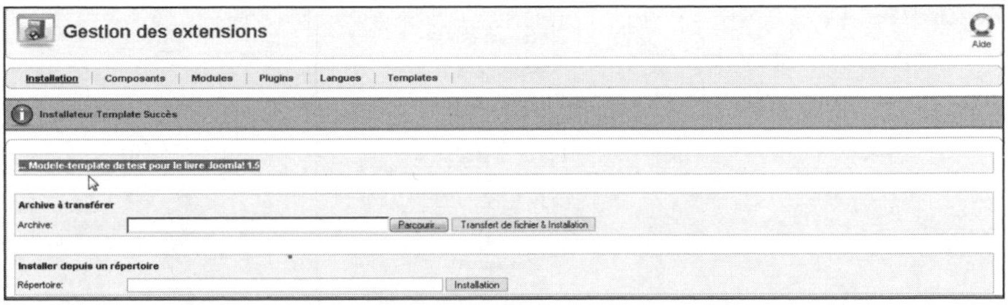

Figure 13.10

Réussite de l'installation
du paquetage du template.

[figure : Gestion des extensions — Installateur Template Succès]

13.3.8 Quel code source provient de Joomla! ?

Nous savons maintenant créer un template. Étudions brièvement le code HTML généré avec les données injectées par Joomla!.

Joomla! génère le code qui est présenté dans les conteneurs de la présentation. Il s'agit de balises HTML qui font référence à des classes de styles CSS et à des identificateurs ID. Joomla! se base notamment sur deux fichiers CSS qui décrivent certaines classes et identificateurs et qui doivent être présentes dans tout template.

Ces deux templates se nomment */templates/system/css/system.css* et */templates/system/css/general.css*.

Les deux fichiers sont référencés dans la section d'en-tête <head> du template au moyen des instructions suivantes :

```
<link rel="stylesheet" href="<?php echo $this->baseurl ?>
/templates/system/css/system.css" type="text/css" />
<link rel="stylesheet" href="<?php echo $this->baseurl ?>
/templates/system/css/general.css" type="text/css" />
```

Découvrons brièvement les classes et les identificateurs ID que contiennent ces fichiers.

Étude détaillée de la position de module left

Prenons comme sujet d'étude le container correspondant à la colonne de gauche (voir Figure 13.11).

Voici le code HTML qui se trouve dans le fichier de mise en page *index.php* :

```
<div id="Section4">Colonne gauche <jdoc:include type="modules"
name="left" style="xhtml" />
```

La balise <div> de la section est reliée à un identificateur de style CSS par le nom Section4.

Si vous affichez le code source dans le navigateur, le listing résultant sera bien plus long, puisque toutes les instructions jdoc ont fait l'objet d'une injection de données par Joomla! (Listing 13.6).

Figure 13.11

Le module dans la position left.

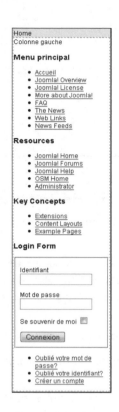

Listing 13.6 : Extrait du code source HTML généré et affiché

```
... Autres instructions HTML
<div id="Section4">Colonne gauche
  <div class="moduletable_menu">
    <h3>Menu principal</h3>
    <ul class="menu">
      <li id="current" class="active item1">
      <a href="http://localhost/joomla150/">Accueil</a>
    </li>
    <li class="item2">
      <a href="/joomla150/joomla-license">Licence de Joomla! </a>
    </li>
  </ul>
</div>
... Autres instructions HTML
```

Remarquez dans cet extrait les trois classes CSS appelées menu, active item1 et item2. Nous avons présenté les différents suffixes CSS dans les paramètres de module au Chapitre 7. Ces suffixes sont utilisés ici. Vous les repérez aisément dans un fichier CSS du template standard *rhuk_milkyway* :

```
div.module_menu h3 {
    font-family: Helvetica, Arial, sans-serif;
    font-size: 12px;
    font-weight: bold;
    color: #eee;
    margin: -23px -4px 5px -5px;
    padding-left: 10px;
    padding-bottom: 2px;
}
div.module_menu {
    margin: 0;
    padding: 0;
    margin-bottom: 15px;
}
div.module_menu div div div {
    padding: 10px;
    padding-top: 30px;
    padding-bottom: 15px;
    width: auto;
}
div.module_menu div div div div {
    background: none;
    padding: 0;
}
div.module_menu ul {
    margin: 10px 0;
    padding-left: 20px;
}
div.module_menu ul li a:link, div.module_menu ul li a:visited {
    font-weight: bold;
}
```

Dans ce cas précis, les blocs CSS permettent d'afficher des coins arrondis pour les menus. D'autres instructions dans le même fichier permettent de contrôler le format des titres de troisième niveau (<h3></h3>) et les listes non triées (les éléments de menu).

C'est bien cette méthode de formatage des contenus à laquelle nous nous attendions. Les données générées dans les structures de balises <div> peuvent recevoir une personnalisation supplémentaire *via* l'attribut style. Dans notre template d'exemple, nous nous sommes cantonné à un paramètre

style avec la valeur XHTML. Dans le précédent template, le même paramètre utilisait la valeur rounded. Il correspond à la balise en quatre parties <div>.

Ce mode de génération du code est tout à fait approprié au contrôle du format par des styles CSS. Mais si vous poursuivez la lecture du code source, vous allez à nouveau tomber sur des balises de tableaux ! En effet, le composant Content continue à utiliser cette ancienne méthode. C'est là que vos problèmes commencent, si vous prenez l'idée de vouloir contrôler le format de Content (le contenu du milieu de la page) de façon individuelle, sans utiliser le tableau. Mais Joomla! vous propose une solution.

Template Overrides (adaptation des données HTML en sortie sans modification des données de départ)

Pour résoudre le problème de l'utilisation des tableaux en sortie, il faudrait normalement modifier les données d'origine dans Joomla!. Content serait dans ce cas libéré du problème des tableaux, mais vos données personnalisées seraient sans doute écrasées dès la prochaine mise à jour de Joomla!.

Pour se libérer de ce souci, Joomla!1.5.0 propose le concept de vue (View). À chaque composant est associé un sous-dossier supplémentaire appelé *views* dans lequel se trouvent différentes vues de sortie des données du composant. Dans le cas du composant nommé com_content, les cinq sous-dossiers s'appellent *archive*, *article*, *category*, *frontpage* et *section*. Chacun d'eux contient des fichiers qui offre des vues différentes du contenu. Souvenez-vous des affichages sous forme de tableau et de blog. Chacun des cinq sous-dossiers contient un dossier *tmpl* qui contient à son tour plusieurs fichiers chargés de contrôler la présentation (voir Figure 13.12).

Pour adopter cette nouvelle approche, il faut définir un nouveau sous-dossier dans le dossier de votre template. Si nous conservons le même exemple, ce sous-dossier doit s'appeler *com_content/article* si vous désirez intervenir sur la présentation des données du composant Content dans la mise en page du type article.

Autrement dit, il faut copier les fichiers suivants :

[CheminJoomla]/components/com_content/view/article/tmpl/.**

Dans le nouveau sous-dossier du template puis les adapter à vos besoins exacts.

[CheminJoomla]/templates/[nomtemplate]/html/com_content/article

Cette approche est facile à adopter en relation avec le template Beez. Dans ce cas précis, les fichiers se trouvent à cet endroit :

[CheminJoomla]/templates/beez/html/com_content/article

Ils passent outre les données du noyau sans les modifier (surcharge, *override*).

Joomla! va ensuite chercher les différents fichiers dans le dossier du template. S'il les trouve, il les utilise. S'il ne les trouve pas, il utilise les données du noyau provenant du composant lui-même.

Figure 13.12

Structure arborescente
du sous-dossier views.

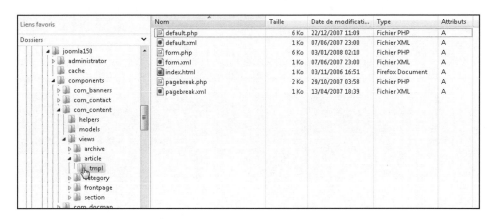

14 L'accessibilité dans Joomla!

par Angie Radtke, conceptrice du modèle Beez

Quand Hagen Graf m'a demandé de rédiger ce chapitre, je me suis sentie un peu mal à l'aise au départ, car il ne me restait environ qu'une semaine.

À dire vrai, je partais avec un peu d'avance. La plupart des sujets que j'aborde dans ce chapitre ont déjà été décrits en détail dans mon livre sur *La conception Web et l'accessibilité* cosigné avec Michael Charlier (pas encore traduit en français).

Mais ici, je dois me concentrer sur l'essentiel. Je vais donc présenter les principes de la conception Web accessible. Puis je passerai en revue la manière dont ces concepts ont été mis en pratique dans le template standard Beez, qui permet de créer des pages Web accessibles avec Joomla!.

Jusqu'à sa version 1.0.3, l'accessibilité était quasiment hors de portée de Joomla!. L'opération n'était vraiment pas simple. Avec la version 1.5 et le template Beez, il n'y a plus d'obstacle à la création d'un site Web dont les contenus sont accessibles à tous les individus.

14.1 Principes de l'accessibilité ?

Pour beaucoup, Internet s'est intégré à la vie quotidienne. Au bout de la souris, se trouve une masse d'informations que l'on recueille facilement : promotions du supermarché du coin, heures d'ouverture de la mairie, pages jaunes, dictionnaires, etc. Tout est toujours disponible. Finies les fastidieuses recherches dans les bibliothèques ou les annuaires. Il suffit d'aller voir sur le Web.

Mais tout le monde ne profite pas de ce fantastique progrès. Les handicapés physiques ou mentaux ne participent pas totalement à la vie sociale. En théorie, ils devraient réduire cette mise à l'écart grâce aux techniques modernes de communication. Mais ils butent sur des barrières qui les empêchent d'accéder aux informations ou de profiter des offres. Pourtant la plupart de ces barrières peuvent être levées, à condition de structurer la présentation des informations en conséquence.

Les responsables de sites de commerce électronique et de sites bancaires devraient être les premiers à se soucier de ce pourcentage non négligeable de leur clientèle éventuelle. Presque 10 % de la population allemande (ou française) souffre d'un handicap physique qui leur rend plus difficile l'accès aux informations sur Internet.

La conception Web accessible a pour but d'organiser les contenus et l'interface utilisateur pour rendre les contenus accessibles à tous les groupes d'utilisateurs et sur tous les équipements.

On résume communément la conception Web accessible aux précautions qu'il faut prendre pour rendre Internet accessible aux aveugles. Cette définition ne fait pas le tour de la question, loin de là.

Je me suis d'ailleurs souvent demandée d'où venait cette simplification. Peut-être parce que l'écran informatique est devenu le symbole de l'ordinateur ? Celui qui ne voit pas, ne peut pas s'en servir. Je fais régulièrement ce constat : des non-voyants s'en sortent parfois mieux que d'autres handicapés devant une page Internet non conçue à leur égard.

On considère comme non-voyant ou mal-voyant une personne dont la vision se réduit à quelques pourcentages de la valeur moyenne. Rien qu'en Allemagne, il y en a entre 150 000 et 200 000. Certains utilisent un ordinateur en augmentant la taille des caractères et en accentuant les contrastes des couleurs des textes, mais cela reste un décryptage. D'autres doivent se rabattre sur une lecture vocale des données affichées ou un équipement de lecture en braille.

Le pourcentage de personnes ayant des difficultés de vision est encore plus important.

Environ un quart de la population en âge de travailler souffre d'un problème de vision, et le temps n'arrange pas les choses. Certains problèmes se corrigent grâce à des verres, mais pas tous. Des pathologies oculaires peuvent être réparées par la chirurgie, ou du moins réduites. D'autres, comme la rétinopathie pigmenteuse ou la rétinopathie diabétique, entraînent une perte progressive et totale de la vision. Le syndrome de vision en tunnel réduit énormément le champ de vision. Tenez une pièce d'un euro au bout du bras et imaginez que le diamètre de la pièce soit votre champ de vision.

Environ 10 % de la population masculine souffre d'une certaine insensibilité aux couleurs. Le daltonisme les empêche de distinguer les tons rouges des tons verts, en général. En revanche, la confusion des autres couleurs ou l'insensibilité totale aux couleurs sont très rares chez les femmes, le daltonisme les touche moins aussi.

Un autre groupe rassemble les utilisateurs qui ne peuvent saisir les objets. Tout le monde ne peut pas manipuler une souris ou un clavier normal.

Les causes sont multiples : bras et doigts paralysés, ou difficiles à contrôler, amputation ou paralysie de la totalité du tronc ou d'un côté suite à un infarctus. Mais tant qu'une personne reste capable de communiquer, même *via* un signal binaire constitué de 0 et de 1, si elle a de l'énergie, l'envie d'apprendre et un logiciel approprié, elle pourra piloter toutes les fonctions d'un ordinateur.

Il y a par ailleurs presque 100 000 personnes en Allemagne qui connaissent des difficultés d'audition. Quelques milliers d'entre elles en souffrent depuis l'enfance. À un point tel qu'elles ont eu beaucoup de difficultés à apprendre à lire et à écrire, et n'ont atteint qu'un niveau scolaire équivalent au CM2. Cela pour souligner l'importance de la formulation des textes dans les logiciels.

Pour communiquer entre elles, mais aussi pour trouver des informations dans le monde qui les entourent, ces personnes utilisent la langue des signes française (LSF).

Il n'y a pas que les malentendants qui naviguent sur le Web sans se servir de leurs oreilles ! Vous ne devez jamais vous contenter d'émettre une alerte sous forme d'un signal audio. Il faut toujours l'accompagner d'un message visuel facile à distinguer.

Plus Internet s'immisce dans tous les domaines de la vie, plus les handicaps de situation prennent de l'importance : accès ralentis à Internet depuis un hôtel, conditions d'éclairage insuffisantes dans un moyen de transport, impossibilité d'utiliser le son au travail, etc.

Tout le monde tirera profit de sites Web plus accessibles. Il ne s'agit pas pour autant de chercher à satisfaire à toutes les règles édictées, comme le font les sites officiels des établissements publics. Le moindre effort en direction de l'accessibilité renforce le confort d'utilisation des pages Web.

Le succès qu'a rencontré Joomla! en fait un vecteur sérieux pour propager ces concepts. Grâce au template standard Beez, il est devenu assez simple de créer des pages accessibles au plus grand nombre.

14.2   La réglementation en vigueur

Les recommandations visant à rendre les ordinateurs utilisables par les personnes handicapées sont plus anciennes qu'Internet. Dès décembre 1982, les Nations Unies ont mis au point un programme d'action mondiale (WPA) visant à rendre accessibles les technologies modernes aux handicapés. Les multinationales telles que IBM, Microsoft et Sun ont dans les années suivantes atteint d'importants objectifs à ce niveau. En décembre 1993, à l'époque où le protocole du Web HTTP n'avait qu'à peine deux ans, l'Assemblée générale des Nations Unies a rédigé une résolution. Elle avait pour objectif de permettre un accès égal aux informations et à la communication pour les handicapés. Quelques pays ont pris en compte cette recommandation en publiant des lois et règlements appropriés. En France, c'est la Loi Handicap de février 2005 (*http://www.handicap.gouv.fr/*).

En 1994 a été créé le Consortium de normalisation W3C. Parmi ses nombreuses activités de standardisation, le Consortium a mis en place un comité pour établir des règles d'accessibilités du Web. Les travaux se sont terminés en 1998, ce qui a permis aux Nations Unies de les prendre en compte dans leur amendement de décembre 1998 (section 508). La publication de cette norme a rendu obligatoire pour le gouvernement des États-Unis et ses fournisseurs la mise en conformité de tous leurs produits. L'initiative d'accessibilité du Web du W3C a de son côté produit en mai 1999 un document appelé Règles d'accessibilité des contenus Web (WCAG 1.0). Ce document a été repris sans retouches importantes par le gouvernement allemand dans son décret BITV (*Barrierefreie Informationstechnologie Verordnung*). Il a suivi la loi sur l'égalité des personnes handicapées de 2002 et bien d'autres règlements parus entretemps dans d'autres pays. Après l'an 2000, d'autres règles ont été définies, par exemple en ce qui concerne la conception accessible des navigateurs Web et des autres logiciels d'agent utilisateur (UAAG) ou de création (Authoring, ATAG).

 Pour en savoir plus, rendez-vous sur le site gouvernemental *http://delegation.Internet.gouv.fr/actions/accessibilite.htm.*

Certaines préconisations du document original WCAG1 de 1998 sont devenues obsolètes de nos jours, en raison des évolutions technologiques. Nous ne nous en servons plus dans nos travaux actuels.

Un document révisé WCAG2, qui aurait dû paraître dès 2001, est en cours de validation. Une version préliminaire en été publiée courant 2007 et son contenu est actuellement en débat.

L'expert en accessibilité canadien Joe Clark avait proposé en juin 2007 l'Errata Samurai de WCAG dans lequel il faisait des propositions de révision drastique du document original.

Malgré leurs faiblesses actuelles, les documents basés sur WCAG1 restent pour l'heure les seules bases stables pour guider la création des pages Web accessibles. Nous conseillons de ce fait à tous les intéressés de s'en tenir à ces règles, sauf exception justifiée. Surveillez également les discussions souvent publiques qui vont mener à la publication de la version 2.

Le document WCAG1 réunit 14 recommandations, chacune articulée en plusieurs points. La conformité à ce document compte trois niveaux : objectifs obligatoires, objectifs conseillés et objectifs complémentaires. Selon le niveau de conformité d'un site Web, il obtient la note A, AA ou AAA respectivement (niveaux croissants). Le décret allemand BITV regroupe les deux premiers niveaux, ce qui ramène à deux les niveaux à distinguer : ce qui est obligatoire et ce qui est facultatif. Les sites ne peuvent être donc que de niveau AA ou AAA. Autrement dit, les objectifs du BITV sont en théorie plus rigoureux que ceux du document WCAG.

14.3   Aperçu des critères d'accessibilité des pages

14.3.1   Séparation du contenu et de la mise en page

La première règle est la plus importante à suivre pour les concepteurs de sites Web : la séparation la plus complète possible des contenus et de leur présentation :

- du code HTML propre et pur pour les contenus ;
- pas d'utilisation inutile des cadres de mise en page ;
- formatage uniquement par des styles CSS ;
- structuration logique et arborescente des contenus ;
- repères visuels de saut.

La présentation linéaire des contenus et le formatage uniquement basé sur CSS constituent l'une des principales décisions pour augmenter l'accessibilité.

Ainsi, les techniques et appareillages d'assistance au handicap préparent et exploitent les contenus sans influer sur la présentation visuelle. La définition de la présentation par des feuilles de style permet par exemple à un mal-voyant de mettre en place ses propres feuilles de style pour adapter l'affichage des pages à ses attentes. La présentation linéaire des contenus et une structuration en rapport avec le sens des contenus sont notamment indispensables pour les utilisateurs des lecteurs d'écran.

Un lecteur d'écran évalue le contenu d'une page Web de haut en bas, donc de façon linéaire. Si vous utilisez trop de tableaux pour la présentation, le flux linéaire est rompu.

La notion de sémantique des pages Web peut sembler difficile à saisir au départ. Vous pourriez songer à une analyse linguistique. Sans aller si loin, le concept de sémantique joue un grand rôle dans les contenus Web. Par exemple, un outil de lecture d'écran permet souvent à l'utilisateur de passer en revue les grands titres ou seulement les listes, afin de se faire une idée générale du contenu. Si la page Web ne contient aucun titre, cela n'est plus possible.

La structure de présentation du document devrait dans la mesure du possible refléter la structure signifiante de son contenu. D'ailleurs, de nombreux projets de publication Web doivent se conformer à une charte rédactionnelle quant à l'emploi des différents niveaux de titres.

Repères visuels

La présentation linéaire des contenus souffre d'un inconvénient sérieux : il faut parfois revenir loin en arrière pour retrouver un contenu antérieur. En choisissant une présentation sur trois colonnes par exemple, il est possible de faire démarrer en haut plusieurs articles. Le regard embrasse plus d'informations, en utilisant éventuellement des aides visuelles. Ces aides sont représentées par des repères. Le but est d'obtenir une formulation différente de celle de la présentation graphique. Un équipement de lecture linéaire exploite ainsi un plus grand nombre de domaine d'informations dès le début de la page. Ensuite, le lecteur se rend directement au bloc d'informations qui l'intéresse.

En général, les repères visuels prennent la forme d'un menu pour naviguer dans chaque page. Ce menu placé en début de page doit être masqué dans l'affichage graphique. Il est assez désagréable pour les valides de constater que rien ne se passe lorsqu'ils cliquent sur un lien, puisque la cible du lien est déjà présentée dans l'affichage. Le menu des repères visuels ne doit jamais être trop long et son contenu bien pensé. Il ne faut pas qu'il vienne ajouter à la complexité. Il est généralement conseillé de choisir comme premier repère visuel un lien pour revenir à la page d'accueil. Les visiteurs qui connaissent déjà le site et ont pris l'habitude de la navigation disposent ainsi d'un chemin rapide pour revenir au point de départ de leur navigation.

Ces observations vous ont sans doute permis de mieux comprendre que les pages, notamment les plus complexes, doivent offrir une présentation graphique étudiée et avoir fait l'objet d'une véritable conception des contenus. Le but est qu'elles ne constituent pas de barrières inutiles pour les logiciels d'exploitation linéaire.

14.3.2 Contraintes de conception et de contenu

Créer un site Web ne se limite pas à trouver une belle présentation. La conception doit aider les visiteurs à assimiler les informations. Elle doit montrer les possibilités d'interaction tout en laissant transparaître l'identité du propriétaire des pages, que ce soit une entreprise ou un particulier.

La conception doit permettre de mener le visiteur dans un chemin logique à travers les contenus essentiels, en sorte qu'il se sente guidé pour capter le concept global.

Voici les points à surveiller dans la conception d'un site accessible :

- une distribution logique des contenus ;
- un choix réfléchi des couleurs ;
- un contraste visuel suffisant ;
- des tailles de caractères variables ;
- des mises en page retaillables (mise à l'échelle) ;
- aucun texte sous forme graphique ;
- aucun arrière-plan transparent pour les graphiques ;
- des textes d'attente sensés pour les images ;
- des composants de navigation de dimensions suffisantes ;
- des précautions pour mettre en place des événements pilotés seulement *via* la souris.

14.3.3   Organisation visuelle et sémantique du contenu

Pour guider de façon logique le visiteur dans votre site, il faut obtenir une bonne séparation des différentes zones des pages. Plus la structure est logique, mieux les visiteurs trouveront leur route.

La structuration des contenus a autant d'importance que celle de la présentation. D'ailleurs, il existe une règle importante au niveau de la structuration des contenus :

Vous devez structurer vos contenus conformément aux attentes de vos visiteurs.

Cet objectif n'est pas toujours simple à atteindre, et il faut parfois changer d'approche. Les auteurs des contenus connaissent leur projet ou leur entreprise. Ils ont donc tendance à structurer les choses d'une manière qui n'est pas celle que le visiteur choisirait.

Plusieurs conventions destinées à la structuration visuelle ont fini par s'établir : le haut de page contient en général des informations concernant l'auteur du site. L'objectif de la page et les principaux composants de navigation (contact, mentions légales et aide à la navigation) sont présentées au même endroit avec parfois des liens vers un plan du site et une fonction de recherche. Cette position particulière permet de placer certaines informations directement devant le visiteur, ce qui fournit un point de référence en cas de souci d'accès.

Dans les langues occidentales, l'écriture se faisant de gauche à droite, l'œil est entraîné naturellement à analyser le contenu d'un document dans le même sens, soit de gauche à droite et de haut en bas. Voilà pourquoi le logo est généralement placé dans le coin supérieur gauche. C'est à cet endroit que l'on s'attend à le voir.

La plupart des utilisateurs s'attendent à trouver les éléments de navigation du côté gauche. C'est un vaste sujet de débat, et les détracteurs prétendent que cela prouve un certain manque d'imagination. Mais les hommes aiment les habitudes, y compris sur le Web. Chacun a son expérience et agit en conséquence. En laissant à l'endroit habituel les éléments attendus, vous faites gagner du temps aux visiteurs. Ils trouvent plus facilement ses repères.

14.3.4   Choix des couleurs

Le choix des couleurs est essentiel pour limiter les obstacles à l'accès. Même les individus souffrant de handicaps visuels doivent profiter pleinement de votre site Web.

Testez votre site en le forçant en niveaux de gris, ce qui vous permet de le voir comme les personnes insensibles aux couleurs. La capacité de distinguer différentes nuances de gris dépend bien sûr de l'individu. Nombreux sont les handicapés qui ont appris à se repérer d'une autre manière, et parviennent à deviner à quelles couleurs correspondent les tons qu'ils voient. Ils savent que l'herbe est verte et peuvent ainsi repérer d'autres tons verts par rapprochement.

Figure 14.1

Aspect du modèle
Beez après conversion
en niveaux de gris.

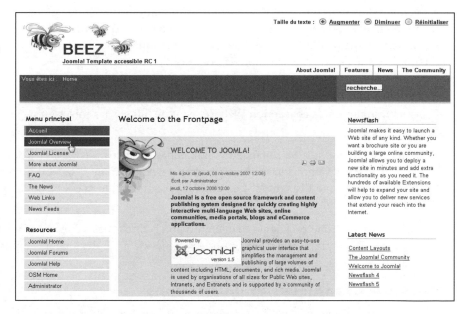

Le daltonisme est plus répandu. Les daltoniens confondent le rouge et le vert ainsi que les mélanges de ces deux couleurs.

 Vous pouvez en déduire qu'il faut bannir les combinaisons de rouge sur vert ou l'inverse.

14.3.5 Contraste

L'optimisation du choix des couleurs permet également de faciliter la navigation aux personnes souffrant d'autres problèmes visuels. En effet, ce n'est pas que la nuance de couleur qui a de l'importance, mais également le contraste suffisant entre plusieurs couleurs.

Dans les zones de texte, la couleur d'arrière-plan et d'avant-plan doivent offrir un contraste suffisant. Il n'est cependant pas possible de satisfaire tout le monde. Un texte noir sur fond blanc est ce qui offre le plus de contraste. Pour éviter un effet d'éblouissement, il peut être utile d'adoucir un peu la teinte du fond. Certains mal-voyants ont besoin d'un contraste très marqué pour distinguer les éléments d'une page. Les combinaisons du style texte en blanc sur fond orange leur seront inaccessibles. D'autres individus sont éblouis par un contraste trop fort.

14.3.6 Tailles de caractères configurables

Une autre règle importante consiste à laisser l'utilisateur augmenter le corps des caractères.

Les navigateurs actuels offrent tous la possibilité d'augmenter ou de réduire la taille des caractères à l'écran. Mais cela n'est possible que si les définitions des tailles de caractères ont été faites de façon relative, et non en nombre de pixels. Vous pouvez indiquer les valeurs en pourcentage ou dans l'unité em (largeur d'un M en capitale). Ces deux unités font référence à la hauteur des caractères lorsque vous les associez à la propriété nommée font-size.

14.3.7 Mises en page à géométrie variable

Dans le domaine de la conception Web, on peut distinguer les mises en page figées et les mises en page souples.

Une mise en page souple est capable de s'adapter aux dimensions variables de la fenêtre d'affichage. Les largeurs des colonnes doivent être spécifiées en pourcentage ou en espace em pour exploiter toute la surface d'affichage disponible. Le contenu est automatiquement remis en page en fonction des dimensions de la fenêtre.

Il s'agit *a priori* d'une excellente manière de procéder. À mes yeux toutefois, la largeur ne devrait pas dépasser 1000 pixels afin d'éviter que les lignes de texte deviennent trop longues, ce qui nuit à la lisibilité.

14.3.8 Graphiques et illustrations

Les objets graphiques peuvent être implantés dans les pages Web soit au niveau du template, soit au niveau des contenus.

En ce qui concerne les templates, il faut bien préparer le logo en évitant de le concevoir avec un fond transparent. Supposons un logo avec un texte en noir sur un fond transparent.

Les mal-voyants activent souvent le mode d'affichage inversé sous Windows. Dans ce cas, le texte est en clair sur un fond sombre.

Le logo de Beez possède un arrière-plan blanc, ce qui le rend lisible même sur un fond noir (voir Figure 14.2).

Figure 14.2

Affichage inversé.

Il va sans dire que si le texte est noir sur un fond transparent, il deviendra invisible si le fond est noir.

Évitez dans la mesure du possible d'utiliser des textes sous forme de graphiques. Prévoyez au minimum un texte de remplacement. En effet, les textes graphiques ne peuvent pas être retaillés par l'utilisateur pour offrir des caractères plus lisibles.

Mais il arrive que le client du site demande une police particulière. Si vous devez générer des textes sous forme graphique, produisez une version en gros caractères puis réduisez la taille en pourcentage em afin de laisser l'utilisateur augmenter un peu la taille du texte.

Et n'oubliez pas de toujours prévoir un texte de rechange (alternatif) suggestif.

Réfléchissez bien aux contenus de ces textes de rechange pour les graphiques. Ceux qui ne peuvent pas lire le contenu de vos graphiques n'ont que ces textes pour comprendre votre message.

Vous pouvez aisément définir vos textes de rechange au moyen de l'attribut Alt de la balise IMG.

Il n'est pas toujours simple de trouver un texte bref mais informatif.

Vous ne pouvez notamment pas fournir de texte pour une image trop vague. C'est le cas de toutes les images de décor ou des simples agréments visuels. Il faut reconnaître qu'il n'est pas facile avec de telles images de se conformer à une des premières règles d'accessibilité des sites Web.

D'un autre côté, vous pouvez rencontrer des problèmes pour trouver des textes de rechange adéquats pour les graphiques très chargés en informations, comme c'est le cas pour une image rappelant le résultat des dernières élections. Dans ce cas il faut recourir à l'attribut nommé `longdesc`.

Cet attribut reçoit comme valeur un chemin d'accès à un fichier externe qui contient un texte complémentaire :

```
<img src="ResultatsVote.jpg" width="271" height="265" alt="Résultats des
municipales 2008" longdesc="resultatsvote.html">
```

Sachez cependant que `longdesc` n'est pas correctement exploité par tous les logiciels de lecture écran.

14.3.9   Des boutons de navigation confortables

Les handicapés pour utiliser une souris doivent exploiter d'autres méthodes, par exemple le clavier. L'astrophysicien anglais Steven Hawking est un des plus célèbres handicapés moteur du monde. Il souffre d'une forme rare de sclérose latérale amyotrophique (SLA) et pilote son fauteuil roulant avec sa bouche. Les appareillages qui ont été inventés pour satisfaire les besoins des handicapés sont de véritables bijoux technologiques qui permettent d'atteindre un résultat incroyable.

Pendant des années, on a considéré qu'il fallait éviter de définir des événements qui étaient contrôlables uniquement avec une souris. Ils n'étaient pas pilotables par les handicapés moteur ni par les utilisateurs d'un logiciel lecteur d'écran. Mais les choses ont évolué dans ce domaine et la simulation de la souris est devenue possible (*http://assistiveware.com*).

Cela dit, les personnes n'utilisant que le clavier n'ont toujours pas accès à certains événements normalement réalisés à la souris.

Dans tous les cas, songez à concevoir des boutons de commande offrant une surface suffisante. Il n'est pas facile de pointer sur un lien ou sur un bouton de trop petite taille, y compris pour les personnes ne souffrant d'aucun handicap.

14.3.10 Formulaires

L'interactivité est devenue prépondérante sur le Web. Elle doit être conçue en sorte de simplifier les communications entre le visiteur et l'éditeur du site. Le visiteur fournit souvent des données personnelles qu'un programme recueille précieusement.

À l'heure actuelle, la technique favorite d'interaction reste le formulaire HTML.

C'est une bonne chose au niveau accessibilité. Le langage HTML fournit des possibilités minimales pour établir des interactions indépendantes de la plate-forme et de l'équipement du visiteur. Il n'y a pas à remettre en cause l'utilisation des formulaires lorsqu'ils permettent d'adapter la fonction à des handicapés qui se servent d'appareillages complémentaires.

Les principaux points à considérer lors de la conception d'un formulaire HTML accessible sont la linéarité du contenu et le regroupement.

Les éléments fieldset et label

Les concepteurs Web ont souvent tendance à implanter leurs formulaires dans des tableaux pour la mise en page. La conception des formulaires est simplifiée. Mais dans la structure qui en résulte, les relations logiques entre les contenus, notamment entre légendes et éléments de saisie, ne peuvent plus être suivies.

Article BITV 10.2 : tous les composants de contrôle des formulaires dotés de légendes implicites doivent être conçus en sorte que les légendes soient correctement placées.

Règle BITV 12.4 : les légendes doivent être associées précisément aux composants concernés.

Pour établir une relation logique entre un élément de formulaire et sa légende, il suffit d'utiliser l'élément nommé `label` du langage (X)HTML :

```
<label for="Prenom" title="Prenom">Prénom:</label><input id="Prenom"
type="text" size="20"  name="Prenom" value="" />
```

Le champ de saisie de l'exemple porte un nom unique en utilisant l'attribut universel ID. L'attribut `for` de l'élément `label` peut ainsi y faire référence.

Règle BITV 12.3 : les blocs de données volumineux doivent être distribués en plusieurs groupes plus légers à l'aide de balises du langage considéré.

Lorsqu'un formulaire présente tout une série de champs de saisie similaires, comme par exemple le nom de l'époux et celui de l'épouse, groupez les sous-ensembles au moyen de `fieldset`, selon des frontières logiques :

```
<fieldset>
<legend>  Données épouse</legend>
<label  for="PrenomEpouse">Prénom de l'épouse :</label>
<input id="PrenomEpouse" type="text" size="20"  name="Prenom" value="" />
...
</fieldset>
<fieldset>
<legend>  Données époux</legend>
<label  for="PrenomEpoux">Prénom de l'époux :</label>
<input id="PrenomEpoux" type="text" size="20"  name="Prenom" value="" />
...
```

La plupart des logiciels de lecture écran lisent le contenu de **legend** dans le mode Formulaire avant chaque **label**. Le contenu doit donc être court.

Les utilisateurs de lecteur écran Jaws peuvent profiter dans le cadre de `legend` d'une aide à la navigation. En effet, ils passent d'un groupe `fieldset` au suivant, et ainsi se font rapidement une idée globale des éléments du formulaire. Le logiciel WebFormator ne propose pas cette possibilité.

14.4 Accessibilité dans Joomla! 1.5 : avec Beez

Figure 14.3

Le logo de Beez.

Joomla! est l'un des systèmes de gestion de contenus les plus répandus. En le dotant d'un template d'accessibilité tel que Beez, ce produit peut faire concrètement progresser le monde du Web en direction de l'accessibilité pour tous.

Beez est le fruit d'importants efforts de programmation, et encore plus de persuasion. Ce template permet aux professionnels d'accélérer la création de projets Web accessibles. C'est un gain de temps, un gain d'argent et une incitation à tenir compte des besoins des personnes handicapées. C'est une approche très intéressante pour les sites des mairies et autres structures étatiques qui doivent montrer l'exemple.

Mais Beez a également été structuré pour permettre à des individus peu versés dans la programmation de concevoir des pages complexes et très accessibles.

Ainsi, Joomla! combiné à Beez constitue un excellent outil de multiplication des sites Web compatibles avec les attentes du monde du handicap.

Le template Beez n'est qu'un exemple des possibilités nouvelles qui s'ouvrent dans Joomla! 1.5. C'est un point de départ que vous pouvez facilement modifier et enrichir. Vous pouvez notamment intervenir sur son aspect visuel en modifiant librement les fichiers CSS.

Les programmeurs peuvent créer de nouveaux templates à partir de Beez, en étant assurés de rester conformes aux recommandations d'accessibilité sans perdre en performance.

À l'heure actuelle, ce que l'on désigne comme template Joomla! est la partie qui gère l'aspect visuel. Au premier regard, Beez ne semble pas très attrayant. Il faut savoir que l'aspect visuel et le code CSS associé ne constituent qu'un épiderme que vous pouvez aisément modifier si vous connaissez la syntaxe du langage CSS.

Le fichier *index.php* ne s'écarte quasiment pas de celui des templates habituels. Nous n'en aborderons pas les détails.

Voici d'abord quelques exemples de sites qui ont été réalisés avec ce template sans effectuer de personnalisation poussée.

Figure 14.4

http://www.lichtblick.ch/

Figure 14.5

http://jobs.pr-journal.de/

Figure 14.6

http://www.assfinet.de/

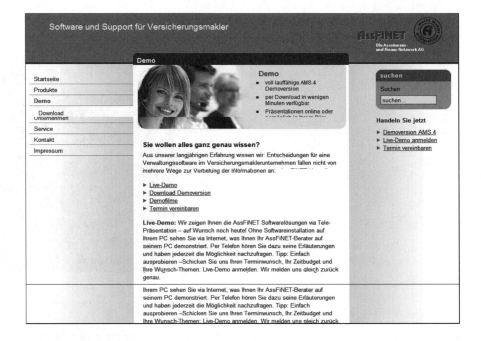

Figure 14.7

http://www.kommkonzept.de/

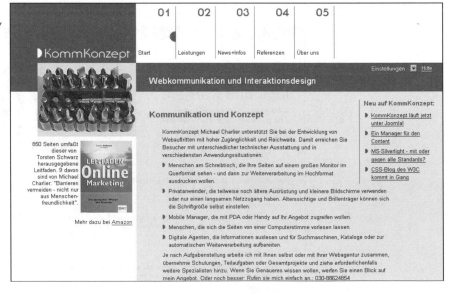

Figure 14.8

AWO.

14.5   Le code HTML

Dans Joomla!, les contenus étaient jusqu'à présent versés dans des tableaux de mise en page. Dans Joomla! 1.5, un nouveau système fait son apparition : les *Template-Overwrites*.

Il devient possible de positionner les données HTML dans le template sans avoir recours à une multiplication de tableaux. Cela permet de se mettre en conformité avec les objectifs d'accessibilité. Il n'est pas très simple d'agir sur le code HTML en sortie, mais la structure des données reste logique et l'ensemble forment un tout. Il suffit de quelques connaissances en langage PHP pour réussir à ajouter des personnalisations.

Joomla! se base donc sur le système appelé *Template-Overwrites*. Son principe est le suivant : si Joomla! trouve dans le dossier des templates un sous-dossier HTML avec du contenu, il en exploite les fichiers. Dans le cas contraire, il utilise le code standard qui se base sur des tableaux pour des raisons de compatibilité. Beez illustre très bien ce nouveau mécanisme. Voyez à ce sujet la section 13.3.8 du Chapitre 13.

Si l'on analyse la structure arborescente des dossiers de Beez, le nouveau sous-dossier HTML saute aux yeux (voir Figure 14.9).

Figure 14.9

Structure arborescente d'un modèle avec dossier HTML.

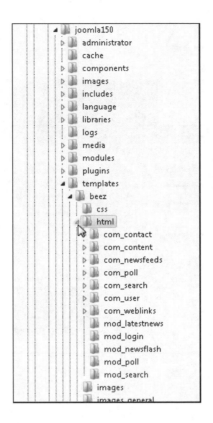

Ce dossier contient les noms de tous les modules et composants définis dans cette installation de Joomla!. La génération des données HTML en sortie pour tous ces fichiers a été adaptée. Pour être conforme à l'objectif de séparation entre contenu et présentation, j'ai conçu une convention de marquage qui reproduit la structure des contenus. Elle suffit à la plupart des domaines d'emploi sans retouches supplémentaires.

Il en découle les points suivants :

- Tous les éléments d'un document sont rangés dans l'ordre logique, quelle que soit la position à laquelle ils seront présentés ensuite à l'écran (à côté ou dessous).

- Tous les éléments ont été conçus en conformité avec leur signification dans le document (leur sémantique) : les titres sont des titres, les paragraphes sont des paragraphes, les citations aussi, etc. Cela permet de réexploiter le même document vers différents périphériques de sortie, y compris de façon optimale *via* un logiciel de lecture d'écran.

La Figure 14.10 donne un aperçu de la structure apparente des titres et sous-titres de Beez.

Figure 14.10

Structure des titres.

14.6 Repères visuels de navigation

L'énorme inconvénient de la représentation linéaire des contenus est d'obliger le visiteur, dans certain cas, à passer par de nombreuses étapes pour revenir à un contenu antérieur.

Beez gère les repères visuels de navigation de deux manières. Tout d'abord par le fichier *index.php* dans lequel la position courante est mentionnée. Beez gère également les repères visuels au niveau des composants et des modules qui contiennent des éléments de formulaire.

14.6.1 Le fichier index.php

Voici un extrait du début du code source de ce fichier :

```
<ul>
<li><a href="#content" class="u2">
  <?php echo JText::_('Skip to Content'); ?>
</a></li>
<li><a href="#mainmenu" class="u2">
  <?php echo JText::_('Jump to Main Navigation and Login'); ?>
</a></li>
<li><a href="#additional" class="u2">
  <?php echo JText::_('Jump to additional Information'); ?>
</a></li>
</ul>
```

Les liens de repères visuels font référence à l'intérieur du document à leur point d'ancrage. Ils sont insérés de façon sémantiquement correcte dans une liste. Les instructions JText servent à la localisation. Elles sont automatiquement traduites dans la langue choisie pour l'interface (revoyez le Chapitre 4).

Avant chaque ancre apparaît un titre dont la position est définie par un style CSS au niveau de la surface d'affichage Viewport. Le titre est normalement caché, mais il est exploité par les appareillages tels que les lecteurs d'écran. Cela facilite grandement la compréhension de la structure du contenu.

```
<h2 class="unseen">
<?php echo JText::_(' View , Navigation and Search'); ?>
</h2>
...
<a name="mainmenu"></a>
```

Il est également possible de placer le repère de saut en relation directe avec l'identificateur ID de la balise locale <div>, ce qui est encore plus en adéquation avec la notion de document structuré. Mais il faut tenir compte des logiciels de lecture d'écran plus anciens qui ne savent pas gérer cette approche.

14.6.2 Les liens de saut dans les formulaires

Un utilisateur d'un appareillage de lecture écran valide un formulaire qui n'est pas doté d'une balise de repère de saut. Il arrive au niveau du début de la page et doit tout d'abord faire défiler jusqu'au contenu qui l'intéresse. Pour éviter cela, les formulaires utilisés dans le template Beez définissent des repères permettant de se rendre directement au contenu :

```
<form action="<?php echo JRoute::_( 'index.php?option=com_
search#content' ) ?>" method="post" class="search_result<?php echo
$this->params->get('pageclass_sfx') ?>">
```

14.7 Beez et les modules

Joomla! est livré dès le départ avec toute une série de modules apportant des enrichissements fonctionnels au noyau. Certains permettent d'utiliser du code HTML en rédaction libre. D'autres, très spécialisés, permettent par exemple d'afficher la liste des articles les plus lus. Dans la partie administrative de Joomla!, vous pouvez décider de la position exacte des différents modules au sein du template dans la partie publique. Les identifiants des différentes positions possibles pour les modules sont définis dans le fichier XML interne au template. L'intervention dans ce fichier permet de personnaliser la structure de la page en fonction des besoins particuliers de chaque projet.

L'exemple de code suivant implante un module dans la zone de position left :

```
<jdoc:include type="module" name="left" />
```

Le template Beez dispose d'une méthode particulière pour associer les modules à une position. C'est ce qui permet de contrôler l'élément `header-level`, c'est-à-dire la représentation sémantique des titres du module.

À chaque module peut être associé un titre issu d'un niveau de hiérarchie. Le choix de l'aspect des titres et sous-titres revêt une grande importance dans les pages. La présentation doit paraître logique dans la mesure où les différents contenus ont des importances inégales.

```
<jdoc:include type="modules" name="left" style="beezDivision" headerLevel="3" />
```

 Un module remarquable en relation avec la création de page accessible est le module *Most Read*. En présentant les articles les plus consultés, il facilite l'assimilation des données par le lecteur.

14.8   Le composant com_content

Le composant `com_content` dirige la génération en sortie de tous les contenus. Il constitue le noyau de notre code de template.

Les fichiers correspondants sont disponibles dans le sous-dossier *templates/beez/html/com_content*.

Dans le template standard, Joomla! use et abuse des tableaux pour mettre en page les contenus. Cela ne nécessite aucune définition CSS.

Si vous adoptez Beez, il faut tout revoir. Dans ce template, nous définissons des balises `<div>` imbriquées et associées à différentes classes CSS afin d'offrir une grande souplesse de mise en page. Il existe des classes pour les lignes et colonnes individuelles, ce qui permet d'adapter l'aspect à quasiment tous les besoins de présentation. Ceux qui considèrent cette variété de classes comme trop riche peuvent supprimer le code approprié avec la fonction de recherche et de remplacement.

Voici comme exemple un extrait du fichier *beez/html/com_content/frontpage/default.php* :

```
<div class="article_row<?php echo $this->params)get('pageclass_sfx'); ?>">
<?php for ($z = 0; $z < $colcount && $ii < $introcount && $i < $this->
total; $z++, $i++, $ii++) : ?>
<div class="article_column column<?php echo $z + 1; ?> cols<?php echo
$colcount; ?>" >
<?php $this->item =& $this->getItem($i, $this->params);
echo $this->loadTemplate('item'); ?>
</div>
<span class="article_separator"> </span>
<?php endfor; ?>
<span class="row_separator<?php echo $this->params->get('pageclass_
sfx'); ?>"> </span>
</div>
```

14.9   Formulaires

Vous savez que Beez abandonne définitivement les tableaux de mise en page, notamment au niveau des formulaires.

J'ai décidé, en conformité avec les standards, d'établir les liaisons logiques entre les éléments des formulaires et leurs légendes en utilisant l'élément `label`. Les champs de saisie sont identifiés grâce à l'attribut universel ID, et nous faisons référence à ce numéro dans l'attribut `for` de l'élément `label`. Tous les éléments de formulaire ont été repensés en conséquence dans le template Beez. À chaque endroit où il me semblait logique de procéder ainsi, j'ai regroupé les contenus par un élément `fieldset` et je lui ai associé un élément `legend` (par exemple pour le formulaire d'édition de contenu).

14.10 Tables de base de données

Il ne faut pas bannir totalement les tableaux. Lorsqu'ils servent à représenter des structures de données, ils restent le mode de présentation le plus pertinent.

Joomla! utilise dans de nombreuses occasions des tableaux de données peu complexes. C'est notamment le cas dans la liste des liens Web ou celle des contacts.

Les tableaux de données restent des éléments accessibles lorsqu'ils sont utilisés pour représenter des données tabulaires.

L'attribut nommé `headers` établit la liaison entre chaque cellule de données (balise `td`) et son titre (balise `th`) *via* l'identificateur ID du titre ou, lorsqu'il y a plusieurs titres, par identificateurs ID numériques croissants. Cette approche est utilisée pour les tableaux de données internes de Joomla!.

Rappelons par ailleurs que la configuration de la liste des liens Web ou celle des contacts contient un paramètre pour masquer la ligne des en-têtes de tableaux.

Veillez à ne pas masquer cette ligne, car cela réduit la lisibilité de vos tableaux de données.

14.11 La conception et les styles CSS

J'ai fait mon possible pendant la conception pour répondre aux multiples questions relatives à CSS au fur et à mesure qu'elles se faisaient jour. C'est notamment le cas des contenus flottants et celui du positionnement absolu par rapport à des éléments relatifs.

Les personnes qui maîtrisent le langage CSS trouveront rapidement leurs repères dans le code proposé afin de l'adapter à leurs besoins. Les débutants auront intérêt à se tourner d'abord vers un livre d'initiation à CSS.

14.11.1 Les fichiers CSS internes de Beez

Vous trouverez toute une série de fichiers CSS dans le sous-dossier nommé *CSS*. Leurs rôles sont divers.

Le positionnement et l'affichage ont été volontairement distribués dans plusieurs fichiers. Ce qui permet, par exemple pour modifier les couleurs, de n'intervenir que sur un fichier, tel *layout.css*. Vous ne risquez pas de modifier par mégarde des positions avec cette approche. C'est une garantie de sécurité.

Liste des fichiers CSS

- *position.css* ;
- *layout.css* ;
- *print.css* ;
- *template.css* ;
- *ie7only.css* ;
- *ieonly.css* ;
- *general.css* ;
- *template_rtl.css*.

14.11.2 Positionnement

La position exacte de chaque contenu est régie par les définitions du fichier *position.css*.

Il contient toutes les instructions CSS pour le document cadre, tel qu'il a été défini dans le fichier *index.php*, ainsi que pour la position sur une ou deux colonnes de la zone de contenu et celle de l'article d'entrée *Leading story*. N'intervenez sur le contenu de *position.css* que si vous savez exactement ce que vous voulez faire.

L'exemple suivant ajoute à l'article Leading story une image d'abeille en arrière-plan :

```
.leading
{
  background: #EFDEEA url(../images/biene.gif) no-repeat top left;
  border: solid 1px #CCC;
  color: #000;
  margin: 30px 0px 10px 0px;
  padding: 20px 20px 40px 120px;
  position: relative;
}
```

14.11.3 La mise en page ou présentation

Vous pouvez en revanche vous en donner à cœur joie en termes de personnalisation dans le fichier *layout.css*. Il ne définit que les formats et les choix de couleurs. Vous trouverez cependant certaines définitions de position pour les contenus.

L'exemple de style CSS suivant gère l'apparence du titre de l'article Leading story puis place le lien pour la suite dans le coin inférieur droit. Nous utilisons un positionnement absolu à l'intérieur de l'élément à position relative Leading story :

```
#main .leading h2,#main2 .leading h2 {
  background:#EFDEEA;
  border-bottom:solid 0 #333;
  color:#93246F;
  font-family:trebuchet MS, sans-serif;
  font-size:1.4em;
  font-weight:normal;
  margin:0 0 10px;
  text-transform:uppercase;
}  #main .leading .readon,#main2 .leading .readon {
  background:url(../images/pfeil.gif) #93246F no-repeat;
  border:solid 0;
  bottom:0;
  color:#FFF !important;
  display:block !important;
  margin-top:20px !important;
  position:absolute;
  right:0;
  text-decoration:none;
  padding:2px 2px 0 30px;
}
```

14.11.4 Autres considérations

Le fichier *template.css* est intégré à Joomla! dès que vous demandez l'affichage d'un contenu dans une fenêtre sans composant de navigation. C'est par exemple le cas dans la fenêtre flottante d'envoi d'un courriel ou lorsque vous choisissez ce genre d'affichage pour un article. Dans ces conditions, la mise en page est totalement dépendante des définitions trouvées dans ce fichier.

Les deux fichiers *ie7only.css* et *ieonly.css* prennent en charge le bogue de non-conformité des différentes générations du navigateur Internet Explorer. Elles sont activées de façon conditionnelle au tout début du fichier *index.php via* des commentaires conditionnels.

Rappelons que les commentaires conditionnels ne sont visibles que par le navigateur Internet Explorer de Microsoft à partir de la version 5. Les instructions qu'il délimite ne sont interprétées que par ces navigateurs :

```
<!--[if lte IE 6]>
 <link href="<?php echo $this->baseurl ?>/templates/beez/css/ieonly.css"
rel="stylesheet" type="text/css" />
<![endif]-->
<!--[if IE 7]>
 <link href="<?php echo $this->baseurl ?>/templates/beez/css/ie7only.
css" rel="stylesheet" type="text/css" />
<![endif]-->
```

Le fichier *print.css* ne réclame pas de commentaires. Il se charge de mettre en forme la page pour une impression et ne sert dans aucun autre domaine. En revanche, vous pourriez vous étonner de voir apparaître en gros caractères le mot Content juste avant le contenu, alors que ce mot n'était pas dans les données d'origine.

Il faut savoir que CSS permet d'injecter du contenu dans un document, comme le montre l'extrait qui suit. Notez que seuls les navigateurs conformes à la norme sont capables d'interpréter cette demande :

```
#main2:before
{
        content: « content «;
   …
}
```

Le fichier nommé *general.css* permet de personnaliser l'aspect des messages d'erreur internes de Joomla! pour qu'ils s'intègrent bien à la présentation choisie.

Enfin, le fichier *template_rtl.css* se charge de gérer l'affichage des pages avec une écriture de droite à gauche. L'acronyme RTL signifie *Right to Left*. Vous choisissez le sens d'écriture dans le fichier XML des fichiers de langues en vigueur. Il est disponible sous forme d'une variable dans le fichier *index.php* du template.

```
<?php if($this->direction == 'rtl') : ?>
<link rel="stylesheet" href="<?php echo $this->baseurl ?>/templates/
beez/css/template_rtl.css" type="text/css" />
 <?php endif; ?>
```

Cet extrait d'un fichier CSS permet par exemple d'exploiter le template Beez avec des contenus en langue hébraïque ou arabe.

Vous pouvez vous amuser à voir le résultat d'un basculement d'un contenu en anglais ou en français vers une écriture de droite à gauche. Il suffit de faire passer à 1 la variable mentionnée (voir Figure 14.11).

Chemin d'accès : *language/en-GB/en-GB.xml*

```
...
<metadata>
    …
    <rtl>1</rtl>
    …
</metadata>
```

Figure 14.11

Beez avec un affichage en écriture de droite à gauche (RTL).

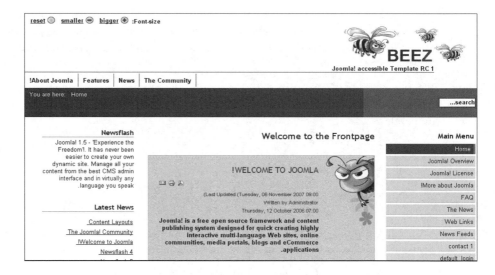

14.12 Fonctions d'accessibilité internes de Joomla!

Dans Joomla!, vous pouvez faire apparaître seulement le début des articles, c'est-à-dire les chapeaux ou les accroches. Dans les précédentes versions de Joomla!, chaque début d'article était suivi d'un lien indiquant Lire la suite (ou *Read more*). Le texte de ce lien était le même partout jusqu'à la version 1.5.

Les appareillages d'aide tel que les lecteurs d'écran ne permettent de traiter que les liens d'une seule page. Par conséquent, il devient nécessaire de reformuler les textes des liens pour identifier la cible avant de décider de s'y rendre.

Cette démarche concerne également le libellé de type Lire la suite, qui doit être personnalisé pour chaque article. Si vous ne conformez pas le site à cette contrainte, il sera rejeté dès le premier test de conformité.

Dans Joomla! 1.5, le libellé du lien de suite est positionné de façon standard, ce qui aide à le distinguer de la cible du lien.

Cette approche n'est cependant pas viable à long terme. Elle provoque l'apparition d'une information en double et c'est une donnée qui est difficilement accessible aux rédacteurs.

Nous avions vu au Chapitre 8 (section 8.2.1) comment accéder aux paramètres avancés d'un article, afin de décider de son aspect et du contenu à rendre visible sur chaque page. Dans Joomla! 1.5, un nouveau paramètre est apparu. Il s'intitule *Texte alternatif Lire la suite*. Vous pouvez le distinguer dans le bas de la liste montré à la Figure 14.12.

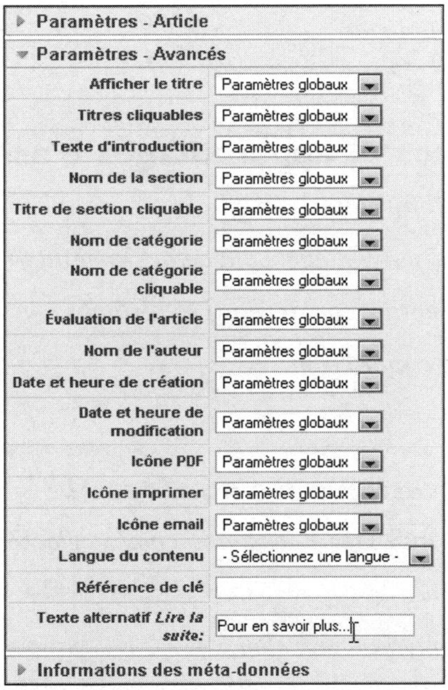

Figure 14.12

Le paramètre de saisie du texte alternatif pour les liens Lire la suite.

▶ **Paramètres - Article**	
▼ **Paramètres - Avancés**	
Afficher le titre	Paramètres globaux
Titres cliquables	Paramètres globaux
Texte d'introduction	Paramètres globaux
Nom de la section	Paramètres globaux
Titre de section cliquable	Paramètres globaux
Nom de catégorie	Paramètres globaux
Nom de catégorie cliquable	Paramètres globaux
Évaluation de l'article	Paramètres globaux
Nom de l'auteur	Paramètres globaux
Date et heure de création	Paramètres globaux
Date et heure de modification	Paramètres globaux
Icône PDF	Paramètres globaux
Icône imprimer	Paramètres globaux
Icône email	Paramètres globaux
Langue du contenu	- Sélectionnez une langue -
Référence de clé	
Texte alternatif *Lire la suite:*	Pour en savoir plus...
▶ **Informations des méta-données**	

Il est envisageable de faire de la saisie d'un contenu suggestif dans ce paramètre un impératif rédactionnel. En effet, il ne sert pas qu'à personnaliser les textes des liens. Il permet également d'attirer la curiosité du lecteur afin de l'inviter à lire la suite.

14.13 Sources d'informations sur l'accessibilité

14.13.1 Sources diverses

En français :

http://w3qc.org/ressources/traductions/composantes-essentielles/

http://fr.wikipedia.org/wiki/Accessibilit%C3%A9_du_web

http://www.braillenet.org/accessibilite/

http://www.accessibiliteweb.org/

En allemand :

http://www.einfach-fuer-alle.de

http://www.barrierefrei-kommunizieren.de

http://www.blog.der-auftritt.de

14.13.2 Technologies et appareillages d'assistance

Webformator : *http://www.webformator.com*

IBM Homepagereader : *http://www.-5.ibm.com/de/accessibility/hpr.html*

Jaws : *http://www.freedomscientific.com/fs_downloads/jaws.asp*

Windows eyes : *http://www.gwmicro.com*

VIRGO : *http://www.baum.at*

14.13.3 Outils de contrôle de conformité

Colour Contrast Analyser : *http://www.juicystudio.com/services/colourcontrast.php*

Vischeck : *http://vischeck.com/*

Cynthia Says : *http://www.contentquality.com*

Bobby : *http://webxact.watchfire.com*

Validator : *http://validator.w3.org*

Validator : *http://www.htmlhelp.com*

Wave : *http://www.wave.webaim.org/wave/index.jsp*

Accessibility Toolbar Moziall/Firefox : *http://cita.disability.uiuc.edu/software/mozilla/*

15 Conception de composants, de modules et de plugins

Supposons que vous deviez répondre à un besoin informatique pour lequel Joomla! n'offre aucun composant approprié. Prenons comme exemple un concessionnaire automobile qui aimerait proposer des automobiles d'occasion *via* un site Web Joomla!. Vous pouvez facilement augmenter le périmètre fonctionnel en concevant de nouveaux composants, modules et plugins. Au départ, cela peut paraître une aventure complexe, mais même les débutants en langage PHP en viennent à bout.

Le Chapitre 13 vous a permis de découvrir les rouages de la construction et de la mise en place d'un template (modèle). Vous devinez donc ce qui vous attend. Dans ce chapitre, nous allons moins nous intéresser à la présentation qu'au traitement des données.

 À partir du 1er janvier 2008, la version 4 de PHP n'évolue officiellement plus. Toutes les nouvelles extensions doivent donc être conçues pour la version 5 de PHP. Joomla! est compatible avec les deux standards dans sa version 1.5. Pour en savoir plus, rendez-vous sur le site *http://gophp5.org/*.

15.0.1 L'approche MVC (Model – View – Controller)

La version 1.5 de Joomla! introduit une nouvelle approche pour la conception des extensions : l'approche Modèle-Vue-Contrôleur que l'on abrège en MVC. Ce concept se répand de plus en plus dans le monde du développement logiciel afin de maintenir un minimum d'organisation.

En matière de développement de logiciel, on distingue généralement trois domaines :

- un modèle de données (le Modèle) ;
- une présentation des données (la Vue) ;
- un pilotage du programme (le Contrôleur).

Ces trois domaines ont été standardisés, mais les programmeurs, souvent très individualistes, ont tendance à mal réagir à toute injonction externe. Il faut donc leur apporter de véritables avantages. Voyons-les plus en détail.

M : le Modèle (model)

Le modèle définit les données à traiter et à afficher. L'origine de ces données n'est pas figée. Le modèle ne sait ni comment les données vont être présentées, ni comment elles vont être traitées et modifiées.

V : la Vue (présentation, view)

Ce domaine s'intéresse à l'utilisation des données par affichage ou transfert. Une connexion fonctionnelle doit être établie entre le modèle et la vue pour exploiter les données.

C : le Contrôleur

Que reste-t-il au contrôleur ? Il se charge du contrôle de l'ensemble des opérations. C'est le contrôleur qui réagit aux données saisies par l'utilisateur et aux autres événements. C'est lui qui gère les modèles et les vues, et retransmet les données de sortie à une vue (ou une autre).

15.0.2 Quels sont les avantages de MVC ?

Nous avons dit plus haut que cette approche permettait de mieux organiser le développement avec Joomla!. Dans la version 1.0, vous pouviez programmer à bâtons rompus. C'est dorénavant déconseillé dans Joomla! 1.5. Le but n'est pas de créer un carcan pour la création, mais de mieux répondre aux attentes des utilisateurs, c'est-à-dire peut-être vous.

Voici en effet ce que vous pouvez désirer :

- des sites Web accessibles à tous (overrides) ;
- des adresses URL optimisées pour les moteurs de recherche (référencement) ;
- une authentification distribuée ;
- des possibilités de localisation vers d'autres langues ;
- la sécurité et la facilité de maintenance ;
- des possibilités de réutilisation ;
- et bien d'autres possibilités...

Toutes ces « autres possibilités » sont une des raisons principales de vouloir maintenir de l'ordre dans le projet. Si vous êtes à la tête d'une entreprise unipersonnelle, vous pouvez encore stocker l'organisation dans votre petite tête avec un papier et un crayon. Mais cela devient bien plus difficile avec dix salariés. Si votre société commence à croître, il vous faut un système pour gérer vos projets !

MVC est une réponse, tout du moins au niveau du logiciel. Cette approche permet de concevoir les programmes pour simplifier leur modification ultérieure et en permettre la réutilisation dans d'autres projets. Ce n'est pas la panacée, mais c'est déjà un pas dans la bonne direction. Si vous vous conformez aux règles que définit cette approche, c'est tout bénéfice pour vous !

Bien sûr, des questions fondamentales surgissent :

- Où dois-je placer ma logique de traitement ? Dans le contrôleur ou dans le modèle ?
- Comment réutiliser des boîte de dialogue ? Dans la vue ?
- Comment jongler avec plusieurs vues (tableaux, fiches, partie publique, partie administrative).

Il n'y avait pas de structure comparable dans Joomla! 1.0. C'est pourquoi je pense que l'adoption et la réalisation concrète de ce modèle dans Joomla! 1.5 représente l'un des plus beaux objectifs atteint par l'équipe de Joomla!. Seul l'avenir nous dira si les utilisateurs et les programmeurs en conviennent aussi. :-)

Quel est donc l'avantage pour tous ?

L'avantage de cette approche, vous le connaissez déjà. Il est beaucoup plus simple de maintenir en ordre votre bureau, votre cuisine, votre garage, votre véhicule ou votre grenier si vous avez pris un jour la décision de tout bien y ranger. Dans le monde de la conception des logiciels, cette précaution doit être prise dès le départ pour que le projet puisse évoluer et rester contrôlable. Joomla! n'en est qu'au début de sa longue route. Autrement dit, puisque l'équipe qui s'en occupe a pris la décision de faire le ménage dans Joomla! 1.0, c'est pour vous la garantie que Joomla! pourra répondre à l'avenir à tous vos besoins.

15.1 Le composant d'exemple hallo

Avant de plonger dans un composant trop complexe, plions-nous à la tradition qui consiste à choisir comme premier programme complet un programme qui se contente d'afficher un petit message de bienvenue du style « Bonjour tout le monde ! » (« Hello world » en anglais et « Hallo Welt » en allemand). Les composants se répartissent en composants de partie publique *Frontend* et composants d'administration *Backend*. Les résultats des premiers sont visibles par les visiteurs alors que les autres ne servent qu'à l'administration du site, notamment celle de la partie publique. Vous pouvez reconnaître le type du composant à la manière dont l'adresse de la page correspondante est écrite :

L'adresse URL suivante :

http://localhost/joomla150/index.php?option=com_contact

fait appel à un composant de la partie publique appelé com_contact.

Si nous plongeons dans les dossiers de Joomla!, nous trouverons dans le sous-dossier *[CheminJoomla]/ components* toute une série de composants, parmi lesquels ce fameux com_contac*t* (voir Figure 15.1).

Figure 15.1

Le sous-dossier des composants de Joomla!

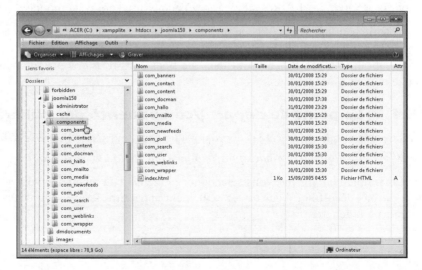

Pour chaque dossier de composants, est créé un certain nombre de sous-dossiers. Ils contiennent des fichiers qui incarnent les constituants de l'approche MVC.

15.1.1 Un lieu de résidence pour l'exemple

Tout composant possède son dossier unique. Voici comment Joomla! trouve son chemin pour atteindre le composant :

1. Joomla! analyse la valeur transmise dans l'adresse URL : */index.php?option=com_hallo*.
2. Il cherche dans le tableau des composants s'il trouve un composant nommé `com_hallo`.
3. Il cherche ensuite un sous-dossier portant le nom `com_hallo`.
4. Dans ce sous-dossier il cherche un fichier appelé `hallo.php`.
5. Il exécute le contenu de ce fichier.

Pour que l'exécution soit correcte, plusieurs fichiers sont nécessaires :

- `hallo.php` : le point d'entrée fonctionnel du composant ;
- `controller.php` : le module de contrôle ;
- `views/hallo/view.html.php` : la présentation qui transmet les données au template ;
- `views/hallo/tmpl/default.php` : un modèle par défaut qui est remplacé par les définitions du modèle en vigueur ou qui est utilisé tel quel par défaut ;
- `hallo.xml` : le fichier XML utilisé par l'installateur pour connaître le paquetage du composant, où il doit être installé et qui en est responsable.

Certains d'entre vous auront envie de tourner les talons pour se réfugier dans le douillet monde chaotique de Joomla! 1.0. Résistez ! Venez découvrir ce nouveau monde !

Pour voir le résultat, vous pouvez immédiatement installer le paquetage du composant `com_hallo.zip` *via* l'installateur de Joomla!. Pensez à créer un élément de menu pour afficher le résultat. Après l'installation, tous les fichiers sont dans les bons sous-dossiers et vous pouvez consulter le texte source tout en lisant la suite.

15.1.2 Le point de départ (/component/com_hallo/hallo.php)

C'est ce fichier qui est exécuté d'abord, lorsque vous fournissez l'adresse URL suivante :

http://localhost/joomla150/index.php?option=com_hello&view=hello

ou plus simplement lorsque vous sélectionnez l'élément de menu que vous y avez associé. Le résultat n'est pas décoiffant. Vous voyez seulement apparaître le message de bienvenue dans la partie centrale de la fenêtre.

Étudions le code source de ce fichier (voir Listing 15.1).

Listing 15.1 : /component/com_hallo/hallo.php

```php
<?php
// Accès direct interdit
defined('_JEXEC') or die('Restricted access');
// Lecture du contrôleur primaire
require_once (JPATH_COMPONENT.DS.'controller.php');
// Définition d'un autre contrôleur
$classname   = 'HalloController'.$controller;
$controller = new $classname( );
// Chercher si des paramètres sont fournis (Requests)
$controller->execute( JRequest::getVar('task'));
// Redirection dans le contrôleur
$controller->redirect();
?>
```

Voyons cela en détail.

```php
defined('_JEXEC') or die('Restricted access');
```

La première ligne est un test de sécurité. Elle vérifie que l'exécution des instructions a été demandée par Joomla!. Si le script a été appelé directement, il est interrompu immédiatement *via* la fonction die().

```php
require_once (JPATH_COMPONENT.DS.'controller.php');
```

Nous procédons ensuite à l'appel du premier contrôleur. Il est désigné par le chemin d'accès absolu JPATH_COMPONENT (components/com_hallo). Le suffixe DS est le caractère servant de séparateur dans les chemins d'accès en vigueur sur le système d'exploitation concerné. Vous savez que sous Windows, les séparateurs des chemins d'accès sont des barres obliques inverses (\) alors que sous Unix ce sont des barres obliques directes (/). Joomla! gère automatiquement cette divergence.

```php
$classname   = 'HalloController'.$controller;
$controller = new $classname( );
```

Nous pouvons ensuite passer à la création en mémoire du premier contrôleur qui devient ensuite utilisable. Lorsque nous n'avons qu'un contrôleur, et c'est souvent le cas dans la partie publique Frontend, les instructions suivantes suffisent :

```php
$controller = new HalloController();
$controller->execute( JRequest::getVar('task'));
```

Les instructions destinées au composant s'écrivent sous la forme suivante :

index.php?option=com_   hallo&task=Tâche (save, edit, new, ...)

Elles doivent être intégrées à l'adresse URL. La ligne de l'exemple vérifie s'il y a des données à lire.

```php
$controller->redirect();
```

Souvent, le contrôleur doit retransmettre la demande à une autre page, par exemple pour la sauvegarde des données. C'est la raison d'être de la dernière instruction.

15.1.3 Le contrôleur (/component/com_hallo/controller.php)

Notre composant est volontairement simple. Son contrôleur n'a rien d'autre à faire que l'affichage des données. Nous n'avons besoin d'aucun modèle de données et d'une seule méthode d'affichage `display()` (voir Listing 15.2).

Listing 15.2 : /component/com_hallo/controller.php

```php
<?php
jimport('joomla.application.component.controller');
class HalloController extends JController
{
    function display()
    {
        parent::display();
    }
}
?>
```

Nous décidons du nom et de la présentation de la vue dans l'appel à la méthode `display()`. Vous verrez le résultat des variantes d'affichage lorsque vous créerez par exemple un nouvel élément de menu. Notre composant simplifié n'utilise que la présentation standard.

Figure 15.2

Élément de menu pour le composant com_hallo.

15.1.4 La vue (/component/com_hallo/views/hallo/views.html.php)

Et voici pour terminer notre vue standard (voir Listing 15.3).

Listing 15.3 : /component/com_hallo/views/hallo/views.html.php

```php
<?php
jimport( 'joomla.application.component.view');
class HalloViewHallo extends JView
{
    function display($tpl = null)
    {
        $greeting = «Salut tout le monde!";
        $this->assignRef( 'greeting', $greeting );
        parent::display($tpl);
    }
}
?>
```

La vue, c'est-à-dire la présentation, reçoit en temps normal des données provenant du modèle, puis les met en forme et les envoie en direction du template.

```php
$greeting = «Salut tout le monde!";
$this->assignRef( 'greeting', $greeting );
parent::display($tpl);
```

Dans notre premier exemple, le modèle est inutilisé puisque nous affectons une valeur littérale à la variable nommée $greeting. Elle pourrait tout à fait recevoir le résultat d'une requête complexe auprès d'une base de données. La méthode assignRef() permet de transmettre le contenu de la variable et son nom au template. Enfin l'instruction suivante passe le contrôle au template :

```php
parent::display($tpl);
```

15.1.5 Le template (/component/com_hallo/views/hallo/tmpl/ default.php)

Nous arrivons enfin à notre template standard. Son nom est toujours *default.php*. Dans son format le plus simple, il se présente comme ceci (voir Listing 15.4).

Listing 15.4 : /component/com_hallo/views/hallo/tmpl/default.php

```php
defined('_JEXEC') or die('Restricted access'); ?>
<h1><?php echo $this->greeting; ?></h1>
```

15.1.6 Le résultat visible

Si vous accédez à votre site public et demandez l'affichage de l'élément, le résultat n'est pas specta-culaire (voir Figure 15.3) :

Figure 15.3

Affichage du composant minimal.

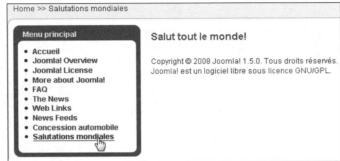

15.1.7 L'installation du composant

Il suffit de réunir tous les fichiers de la structure de sous-dossiers dans un fichier paquetage compressé au format zip. Ce fichier devient ensuite installable dans Joomla!. Les fichiers de la partie publique Frontend du composant /component/com_hallo doivent être réunis dans un sous-dossier nommé *site*. La partie administrative, c'est-à-dire /com_hallo/administrator/component doit être placée dans un sous-dossier nommé *admin*. Il faut enfin ajouter un fichier XML qui décrit les différents fichiers et qui doit porter le nom du composant, c'est-à-dire ici *hallo.xml* (voir Listing 15.5).

Listing 15.5 : hallo.xml

```xml
<?xml version="1.0" encoding="utf-8"?>
<!DOCTYPE install SYSTEM "http://dev.joomla.org/xml/1.5/component-
install.dtd">
<install type="component" version="1.5.0">
  <name>Hallo</name>
  <creationDate>November</creationDate>
  <author>Personne</author>
  <authorEmail>moi@example.org</authorEmail>
  <authorUrl>http://www.example.org</authorUrl>
  <copyright>Copyright Info</copyright>
  <license>License Info</license>
  <version>Component Version String</version>
  <description>Description du composant ...</description>
  <!-- Site Main File Copy Section -->
```

```
<files folder="site">
  <filename>index.html</filename>
  <filename>hallo.php</filename>
  <filename>controller.php</filename>
  <filename>views/index.html</filename>
  <filename>views/hallo/index.html</filename>
  <filename>views/hallo/view.html.php</filename>
  <filename>views/hallo/tmpl/index.html</filename>
  <filename>views/hallo/tmpl/default.php</filename>
</files>
<administration>
  <!-- Administration Menu Section -->
  <menu>Salut le monde !</menu>
  <!-- Administration Main File Copy Section -->
  <files folder="admin">
    <!-- Site Main File Copy Section -->
  <filename>index.html</filename>
  <filename>admin.hallo.php</filename>
  </files>
</administration>
</install>
```

Soyez bien attentif lorsque vous créez votre fichier Zip. La figure suivante montre où se placer pour créer le Zip sans produire de premier niveau inutile. Le fichier doit porter le nom *com_hallo.zip* (voir Figure 15.4) :

Figure 15.4

Création du paquetage d'installation du composant.

Vous pouvez maintenant procéder à l'installation depuis Joomla!.

15.1.8 Conclusion

Le composant minimal que nous venons de créer est facile à maintenir, à enrichir et simple à analyser. Au premier regard, les nombreux petits fichiers peuvent rendre perplexe, mais ce n'est qu'une impression vite estompée. En effet, chaque fichier contient relativement peu de code source, ce qui permet de bien garder le contrôle des choses. C'est exactement cet effet que veut promouvoir le concept MVC. Si vous avez besoin de produire un template plus sophistiqué, il suffit de remplacer par le code source de votre template les fichiers de la partie Vue (revoyez le Chapitre 13 à la section 13.3.8).

15.2 Un exemple complet : auto

Faisons maintenant un grand pas vers plus de complexité. Nous voulons disposer d'une liste de véhicules d'occasion pouvant être mise à jour depuis la partie administrative.

Il nous faut concevoir les éléments suivants :

- un nouveau composant public pour le Frontend ;
- un composant d'administration pour le Backend ;
- une table de données dédiée ;
- (facultatif) un module pour afficher les entrées sur le site Web ;
- (facultatif) un module de recherche pour étendre la recherche de Joomla! à vos nouveaux contenus.

Pour vous faire une idée de l'objectif que nous désirons atteindre, la figure suivante présente la liste sur le site. Vous pouvez immédiatement voir le résultat en installant le composant nommé *com_auto.zip*.

Vous devez voir apparaître sur le site une liste de véhicules avec une vue miniature. Si vous cliquez sur une miniature, une fenêtre apparaît avec une vue détaillée du véhicule (voir Figure 15.5).

Notre liste concerne des types de véhicules, mais vous pouvez gérer des données très différentes. En général, une telle liste convient aux attentes des visiteurs. Nous ne les autorisons pas à modifier les données.

L'administrateur doit en revanche pouvoir ajouter, supprimer et modifier des enregistrements.

Cette gestion des données comprend les opérations suivantes :

- création de nouveaux enregistrements ;
- modification des enregistrements existants ;
- suppressions des enregistrements existants.

Pour éviter de rendre l'exemple trop complexe, nous allons nous limiter à quatre champs. Deux champs contiendront du texte (pour le type de véhicule et le constructeur) et deux autres champs contiendront les références des fichiers des photos (petit et grand format). Vous comprendrez vite le principe de la programmation d'un composant dans Joomla! et vous aurez sans doute envie de réutiliser l'exemple avec une structure de données plus complexe. Le composant doit s'intégrer à la structure d'administration existante. L'interface de gestion doit offrir un aspect comme celui de la Figure 15.6. Il faut pouvoir réaliser les fonctions qui sont proposées par les boutons standard du haut de la fenêtre. Vous devez prévoir une barre d'outils pour l'affichage sous forme de liste et une autre pour le mode Édition d'un enregistrement. Vous devez publier et dépublier les enregistrements et profiter de la fonction de sélection multiple avec les cases à cocher à gauche des lignes dans la liste.

Figure 15.5

Exemple de composant spécifique sur le site Web.

Figure 15.6

Affichage de l'interface de gestion dans l'administration de Joomla!

Il faut également concevoir un formulaire pour le mode Modification et un autre pour le mode Création d'enregistrement (voir Figure 15.7).

Nous décidons d'appeler ce composant com_auto. Pensez à installer le composant pour mieux suivre les explications. Vous pourrez éventuellement décompresser le paquetage dans un dossier de travail pour le modifier, ou le modifier directement dans son dossier d'implantation. Après chaque retouche, vous pouvez juger de son impact (pour parfois constater que cela ne fonctionne plus). Un exemple trop complexe devient vite incompréhensible. Voilà pourquoi j'ai cherché à maintenir les fichiers courts, en ne conservant que l'essentiel.

Figure 15.7

Exemple d'enregistrement en mode Édition dans l'administration de Joomla!

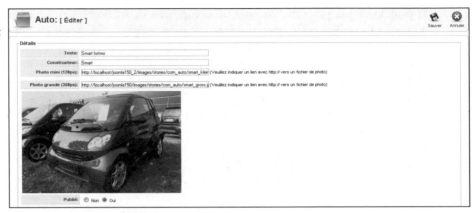

15.2.1 La table de données MySQL

Le composant se base sur une table MySQL dans laquelle sont stockés les enregistrements des véhicules. Cette table est créée automatiquement pendant l'installation. Les instructions SQL correspondantes sont stockées après l'installation dans le fichier nommé */administrator/com_auto/install.sql*. Il existe par ailleurs un fichier *uninstall.sql* pour supprimer la table lorsque vous désinstallez le composant.

Vous pouvez visualiser cette table nommée `jos_auto` en naviguant sur le site local jusqu'à la racine puis dans l'administration PHP par l'adresse *http://localhost/phpmyadmin*. Vous pouvez accéder à la table `jos_auto` (voir Figure 15.8).

Le préfixe `jos_` a été défini pendant l'installation de Joomla! dans la configuration. Le champ nommé `published` contient soit la valeur 1 (l'enregistrement est publié), soit la valeur 0 (non publié). Pour les deux photos, nous prévoyons un chemin d'accès que vous devrez sans doute adapter. En vous servant du libellé, vous devinerez où créer un sous-répertoire portant le nom du composant et contenant les images fournies sur le CD-ROM d'accompagnement.

15.2.2 La partie publique Frontend

Commençons par la liste des véhicules visibles par les visiteurs. Comme avec le premier composant, il nous faut plusieurs fichiers :

- /components/com_auto/auto.php ;
- /components/com_auto/controller.php ;
- /components/com_auto/views/auto/view.html.php ;
- /components/com_auto/views/auto/tmpl/default.php ;
- /components/com_auto/models/auto.php.

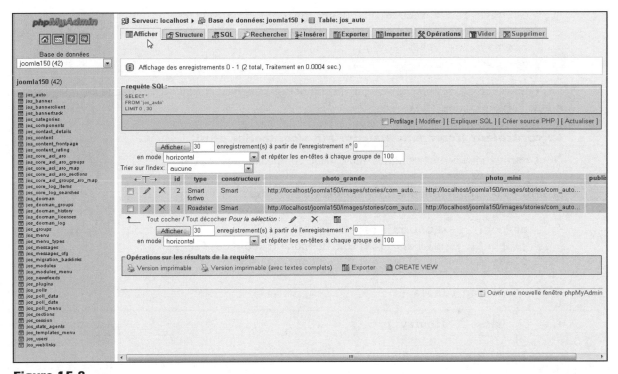

Figure 15.8

La table spécifique jos_auto dans MySQL.

Cette fois-ci, nous utilisons un modèle, ce qui est normal puisque nous allons gérer des données provenant d'une base de données.

Le point d'entrée (/components/com_auto/auto.php)

Il est normal d'avoir un point d'entrée. Il correspond au fichier */components/com_auto/auto.php*. Ce fichier centralise les éléments puis délègue les différentes opérations (voir Listing 15.6).

Listing 15.6 : /components/com_auto/auto.php

```php
<?php
// Accès direct interdit
defined('_JEXEC') or die('Restricted access');
// Chargement du contrôleur primaire de Joomla!
require_once (JPATH_COMPONENT.DS.'controller.php');
// Création d'un contrôleur
$controller = new AutoController();
// Lecture de la tâche à réaliser
```

```php
$controller->execute(JRequest::getCmd('task'));
// Redirection depuis le contrôleur
$controller->redirect();
?>
```

Le code source est très proche de celui du composant com_hallo (vous voyez que le recyclage fonctionne !) (voir Listing 15.7).

Le contrôleur (/components/com_auto/controller.php)

Nous retrouvons les mêmes lignes que dans le composant com_hallo :

Listing 15.7 : /components/com_auto/controller.php

```php
<?php
defined('_JEXEC') or die();
jimport('joomla.application.component.controller');
class AutoController extends JController
{
 function display()
 {
   parent::display();
 }
}
```

La vue (/components/com_auto/views/auto/view.html.php)

C'est ici que nous divergeons du précédant exemple. Il faut définir comment récupérer les données pour peupler notre liste (voir Listing 15.8).

Listing 15.8 : /components/com_auto/views/auto/view.html.php

```php
<?php
jimport( 'joomla.application.component.view');
class AutoViewAuto extends JView
{
    function display($tpl = null)
    {
        $model = &$this->getModel();
          $rows = $model->getAutoList();
        $this->assignRef('rows'  , $rows);
        parent::display($tpl);
    }
}
?>

$model = &$this->getModel();
```

Nous créons une instance du modèle, c'est-à-dire un objet qui est stocké dans la variable appelée $model :

```
$rows = $model->getAutoList();
```

La méthode getAutoList() est appelée dans l'objet et renvoie en résultat un tableau de type Array appelé $rows (il contient les lignes ou enregistrements) :

```
$this->assignRef('rows', $rows);
parent::display($tpl);
```

Les données qui en résultent sont récupérées puis transmises au template.

Le template (/components/com_auto/views/auto/tmpl/default.php)

Dans le template standard, les différentes lignes contenues dans le tableau $rows sont transmises une à une dans une boucle for (voir Listing 15.9).

Listing 15.9 : /components/com_auto/views/auto/tmpl/default.php

```php
<?php
defined('_JEXEC') or die('Restricted access');
?>
<script type="text/JavaScript">
  function FensterOeffnen (Adresse) {
    MeinFenster = window.open(Adresse, "Auto",
      „width=400,height=300,left=100,top=200");
    MeinFenster.focus();
  }
</script>
<h1><?php echo "Liste de nos voitures"; ?></h1>
<ul>
<?
// Lecture des enregistrements vers un tableau Array
foreach ($this->rows as $row) {     ?>
  <li><?php echo $row->type; ?> <small><em>(<?php echo $row-
>constructeur; ?>)
</em></small><br>
      <a href="<?php echo $row->photo_grande; ?>" onclick="FensterOeffnen
      (this.href); return false"><img src=<?php echo $row->photo_mini; ?>>
      </a>
  </li>
<?php
}
?>
```

```
</ul>  foreach ($this->rows as $row) {    ?>
  <li>
  <?php echo $row->type; ?>
  <?php echo $row->constructeur; ?>
  <?php echo $row->photo_mini; ?>
  </li>
<?php } ?>
```

C'est la seule partie spécifique dans ce template. Les autres lignes concernent le formatage en HTML ou le code JavaScript pour ouvrir la fenêtre flottante. Vous pouvez enrichir ces portions du code source avec des effets visuels. Servez-vous d'outils appropriés comme Dreamweaver ou MooTools. Cette partie du formatage est devenue autonome dans Joomla!1.5, hormis la variable $rows.

Le Modèle (/components/com_auto/models/auto.php)

Nous allions oublier l'essentiel, le modèle ! Il faut expliquer comment accéder aux données (voir Listing 15.10).

Listing 15.10 : /components/com_auto/models/auto.php

```php
<?php
defined('_JEXEC') or die();
jimport('joomla.application.component.model');  class AutoModelAuto
extends JModel
{
  function _getAutoQuery( &$options )
  {
    $db = JFactory::getDBO();
    $id = @$options['id'];
    $select = 'a.*';
    $from = '#__auto AS a';
    $wheres[] = 'a.published = 1';
    $query = "SELECT " . $select .
        "\n FROM " . $from .
        "\n WHERE " . implode( "\n  AND ", $wheres );
    return $query;
  }
  function getAutoList( $options=array() )
  {
    $query  = $this->_getAutoQuery( $options );
    $result = $this->_getList( $query );
    return @$result;
  }
}
?>
```

Deux méthodes sont essentielles dans ce modèle. Tout d'abord, la méthode _getAutoQuery() qui se charge d'accéder aux données. C'est elle qui contient l'instruction SQL. L'autre méthode se nomme getAutolist(). Elle contrôle l'accès et récupère le résultat. Vous vous souvenez peut-être encore du contenu du fichier *views.html.php*. Il contenait la ligne suivante :

```
$rows = $model->getAutoList();
```

C'est de cette manière que la méthode accède à l'objet représentant le modèle puis récupère les données résultantes dans $rows. Dans la classe AutoModelAuto, ce renvoi des données est réalisé par la méthode getAutoList().

Conclusion

Nous sommes entrés dans une époque où il est normal de plonger dans le langage PHP et la programmation orientée objet. Pourtant, même si vous n'avez aucune connaissance des concepts de classe, de méthode et d'héritage, vous pourrez parvenir à créer des projets (mais vous serez quelque peu perdu).

En vous laissant guider par l'approche MVC de Joomla!, vous comprenez concrètement comment ces différents concepts s'articulent. Si vous comparez par exemple le premier composant com_hallo à la partie de com_auto que nous venons de voir, force est de constater que 80 % du code ne change pas (sauf le modèle bien sûr).

15.2.3 La partie administration de com_auto

L'affichage des données sur le site Web s'est avérée assez simple, mais leur gestion sera un peu plus complexe. Ici, nous devrons présenter les données aux yeux de l'administrateur, pour qu'il puisse les modifier, créer de nouveaux enregistrements, en supprimant et décider lesquels doivent être visibles, donc publiés. Il faut prévoir beaucoup plus de fonctions d'interactivité.

La table des composants

Dans Joomla!, tous les éléments des menus des composants sont définis sous forme d'enregistrements dans une table de la base de données qui porte le nom [préfixe]components. C'est également à cet endroit que vous trouverez les éléments de menu de tous les composants de la partie administrative. Il n'est donc pas étonnant que nous y trouvions le composant com_auto (voir Figure 15.9).

Vous remarquerez qu'il y a également un objet graphique dans cette table. C'est celui qui doit apparaître à gauche du menu ('js/ThemeOffice/component.png'). Tous les graphiques des menus se trouvent dans le sous-dossier *[CheminJoomla]/includes/js/ThemeOffice* (voir Figure 15.10).

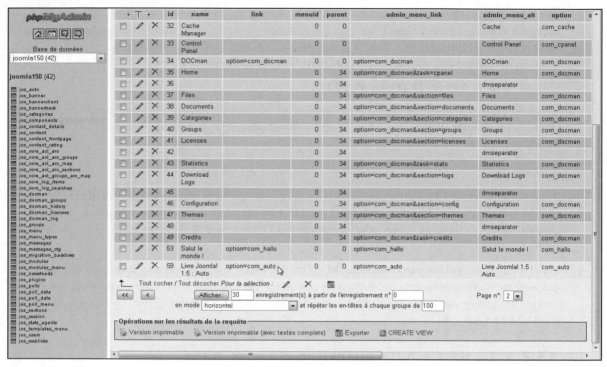

Figure 15.9

La table components dans phpMyAdmin.

Figure 15.10

Le petit graphique à gauche de l'élément de menu.

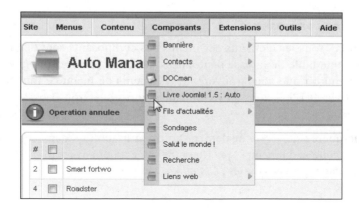

Pour créer la partie administrative du composant, il faut encore plus de fichiers. Voici tous les fichiers en langage PHP du sous-dossier *[CheminJoomla]/administration/components/com_auto/* :

- /administration/components/admin.auto.php ;
- /administration/components/controller.php ;
- /administration/components/controllers/auto.php ;
- /administration/components/com_auto/views/autos/view.html.php ;
- /administration/components/com_auto/views/autos/tmpl/default.php ;
- /administration/components/com_auto/views/auto/view.html.php ;
- /administration/components/com_auto/views/auto/tmpl/form.php ;
- /administration/components/com_auto/tables/auto.php ;
- /administration/components/com_auto/install.sql ;
- /administration/components/com_auto/uninstall.sql.

Le point d'entrée (/administration/components/com_auto/admin.auto.php)

La partie d'administration présente elle aussi un point d'entrée fonctionnel (voir Listing 15.11).

Listing 15.11 : /administration/components/com_auto/admin.auto.php

```php
<?php
defined('_JEXEC') or die('Restricted access');
$controller = JRequest::getVar('controller', 'auto');
require_once(JPATH_ADMINISTRATOR.DS.'controllers'.DS.$controller.'.php';
$classname = 'AutosController'.$controller;
$controller = new $classname( );
$controller->execute( JRequest::getVar('task'));
$controller->redirect();
?>
```

Maintenant que nous sommes devenus des spécialistes, tout cela ne nous pose aucun problème de compréhension. La seule nouveauté est éventuellement l'instruction conditionnelle if qui permet de chercher d'autres contrôleurs après le contrôleur primaire.

Le Contrôleur (/administration/components/com_auto/controller.php)

Le contrôleur primaire ne nous apporte rien de neuf (voir Listing 15.12).

Listing 15.12 : /administration/components/com_auto/controller.php

```php
<?php
jimport('joomla.application.component.controller');
class AutosController extends JController
{
  function display()
  {
    parent::display();
  }
}?>
```

Un autre contrôleur (/administration/components/com_auto/controllers/auto.php)

Les choses deviennent plus spécifiques maintenant. Nous devons définir un autre contrôleur que voici (voir Listing 15.13) :

Listing 15.13 : /administration/components/com_auto/controllers/auto.php

```php
<?php
defined('_JEXEC') or die();
class AutosControllerAuto extends AutosController
{
  function __construct(){
    parent::__construct();
    $this->registerTask( 'add', 'edit' );
    $this->registerTask( 'unpublish', 'publish');
  }
  function edit() {
    JRequest::setVar( 'view', 'auto' );
    JRequest::setVar( 'layout', 'form'  );
    JRequest::setVar('hidemainmenu', 1);
    parent::display();
  }
  function save() {
    $model = $this->getModel('auto');
    if ($model->store($post)) {
      $msg = JText::_( 'Auto sauvegarde OK !' );
    } else {
      $msg = JText::_( 'Erreur de sauvegarde de Auto' );
    }
    $link = 'index.php?option=com_auto';
    $this->setRedirect($link, $msg);
```

```
    }
    function remove(){
      $model = $this->getModel('auto');
      if(!$model->delete()) {
        $msg = JText::_( 'Erreur: Une ou plusieurs autos non supprimees'' );
      } else {
      $msg = JText::_( 'Auto(s) supprimees' );
      }
      $this->setRedirect( 'index.php?option=com_auto', $msg );
    }
    function publish(){
      $this->setRedirect( 'index.php?option=com_auto' );
      $db =& JFactory::getDBO();
      $user =& JFactory::getUser();
      $cid = JRequest::getVar( 'cid', array(), 'post', 'array' );
      $task = JRequest::getCmd( 'task' );
      $publish = ($task == 'publish');
      $n = count( $cid );
      if (empty( $cid )) {
      return JError::raiseWarning( 500, JText::_( 'Pas de selection' ) );
      }
      JArrayHelper::toInteger( $cid );
      $cids = implode( ',', $cid );
      $query = 'UPDATE #__auto'
          . ' SET published = ' . (int) $publish
          . ' WHERE id IN ( '. $cids .' )'
          ;
      $db->setQuery( $query );
      if (!$db->query()) {
      return JError::raiseWarning( 500, $row->getError() );
      }
      $this->setMessage( JText::sprintf( $publish ? 'Publies' : 'Non publiés',
      $n ) );
    }
    function cancel(){
      $msg = JText::_( 'Operation annulee' );
      $this->setRedirect( 'index.php?option=com_auto', $msg );
    }
  }
?>é»'
```

Ce contrôleur définit toute une série de méthodes : `edit`, `save`, `remove`, `publish` et `cancel`. Le modèle est instancié dans ces méthodes. Des appels sont effectués dans le modèle, par exemple à la méthode de stockage `store`. Les deux classes statiques nommées `JText` et `JError` permettent de renseigner l'utilisateur sur la réussite ou non de l'opération (voir Figure 15.11).

Figure 15.11

Affichage d'un message par la classe statique JText.

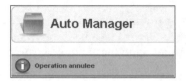

La vue Liste (/administration/components/com_auto/views/autos/view.html.php)

Cette définition de vue est un peu plus complexe car il faut insérer une barre d'outils spécifique (voir Listing 15.14).

Listing 15.14 : /administration/components/com_auto/views/autos/view.html.php

```php
<?php
defined('_JEXEC') or die();
jimport( 'joomla.application.component.view' );
class AutosViewAutos extends JView
{
  function display($tpl = null)
  {
    JToolBarHelper::title(   JText::_( 'Auto Manager' ), 'generic.png' );
    JToolBarHelper::publishList();
    JToolBarHelper::unpublishList();
    JToolBarHelper::deleteList();
    JToolBarHelper::editListX();
    JToolBarHelper::addNewX();
    $items = & $this->get( 'Data');
    $this->assignRef('items', $items);
    parent::display($tpl);
  }
}
```

Figure 15.12

Aperçu de la barre d'outils dans la liste des autos.

La classe nommée `JToolbarHelper` se charge de l'affichage (voir Figure 15.12).

**La liste du template
(/administration/components/com_auto/views/autos/tmpl/default.php)**

Il faut bien sûr assurer une mise en forme de la liste. Nous procédons donc à la préparation des données du template standard (voir Listing 15.15).

Listing 15.15 : /administration/components/com_auto/views/autos/tmpl/default.php

```php
<?php defined('_JEXEC') or die('Restricted access'); ?>
<form action="index.php" method="post" name="adminForm">
<div id="editcell">
  <table class="adminlist"><thead><tr>
  <th width="5"><?php echo JText::_( 'NUM' ); ?></th>
  <th width="20"> <input type="checkbox" name="toggle" value=""
    onclick="checkAll(<?php echo count( $this->items ); ?>);" /></th>
  <th  class="title"><?php echo JHTML::_('grid.sort',  'Auto', 'a.text',
    @$lists['order_Dir'], @$this->lists['order'] ); ?></th>
  <th width="5%" align="center"><?php echo JHTML::_('grid.sort', 'Published',
    'a.published', @$this->lists['order_Dir'], @$this->lists['order'] ); ?>
    </th>
  <th width="1%" nowrap="nowrap"><?php echo JHTML::_('grid.sort', 'ID', 'a.id',
    @$this->lists['order_Dir'], @$this->lists['order'] ); ?></th>
  </tr></thead>
  <?php
  $k = 0;
  for ($i=0, $n=count( $this->items ); $i < $n; $i++)
  {
    $row = &$this->items[$i];
    $published = JHTML::_('grid.published', $row, $i );
    $link = JRoute::_( 'index.php?option=com_auto&controller=auto&task=
    edit&cid[]='.
      $row->id );
    ?>
    <tr class="<?php echo "row$k"; ?>">
    <td></td>
    <td></td>
    <td><a href="<?php echo $link; ?>"><?php echo $row->type; ?></a></td>
    <td align="center"><?php echo $published;?></td>
    <td align="center"><?php echo $row->id; ?></td>
    </tr>
    <?php
    $k = 1 - $k;
  }
```

```
      ?>
  </table></div>
  <input type="hidden" name="option" value="com_auto" />
  <input type="hidden" name="task" value="" />
  <input type="hidden" name="boxchecked" value="0" />
  <input type="hidden" name="controller" value="auto" />
  </form>
```

Le template est constitué d'un code HTML assez simple dans un formulaire. C'est ce code qui se charge de l'affichage de la table (voir Figure 15.13).

Figure 15.13

La table du composant auto.

La vue formulaire
(/administration/components/com_auto/views/auto/view.html.php)

Il faut également prévoir un affichage sous forme de fiche pour chaque auto (un seul enregistrement). Observez bien le nom du sous-dossier. Nous sommes à présent dans le sous-dossier *auto*, alors que la liste se trouve dans le sous-dossier *autos* au pluriel (Listing 15.16).

Listing 15.16 : /administration/components/com_auto/views/auto/view.html.php

```php
<?php
defined('_JEXEC') or die();
jimport( 'joomla.application.component.view' );
class AutosViewAuto extends JView
{
  function display($tpl = null)
  {
    $auto =& $this->get('Data');
    $isNew = ($auto->id < 1);
    $text = $isNew ? JText::_( 'New' ) : JText::_( 'Edit' );
    JToolBarHelper::title(   JText::_( 'Auto' ).': <small>[ ' . $text.' ]
    </small>' );
    JToolBarHelper::save();
    if ($isNew)  {
      JToolBarHelper::cancel();
    } else {
    JToolBarHelper::cancel( 'cancel', 'Close' );
```

```
        }
        $this->assignRef('auto', $auto);
        parent::display($tpl);
    }
}
```

Nous procédons à la construction de la barre d'outils pour la vue fiche (voir Figure 15.14). Dans cet affichage, nous pouvons insérer des données et modifier un enregistrement existant. La variable nommée $isNew permet de décider entre les deux contextes.

Figure 15.14

La barre d'outils du formulaire du mode fiche.

Formulaire du template (/administration/components/com_auto/views/auto/tmpl/form.php)

Ce template standard permet de construire le formulaire de la vue fiche individuelle (voir Listing 15.17).

Listing 15.17 : /administration/components/com_auto/views/auto/tmpl/form.php

```php
<?php defined('_JEXEC') or die('Restricted access'); ?>
<script language="JavaScript" type="text/JavaScript">
  function submitbutton(pressbutton) {
    var form = document.adminForm;
    if (pressbutton == 'cancel') {
      submitform( pressbutton );
      return;
    }
    // do field validation
    if (form.text.value == "") {
      alert( "<?php echo JText::_( 'Texte obligatoire', true ); ?>" );
    } else {
      submitform( pressbutton );
    }
  }
</script>  <form action="index.php" method="post" name="adminForm"
id="adminForm">
<div>
  <fieldset class="adminform">
  <legend><?php echo JText::_( 'Details' ); ?></legend>
  <table class="admintable">
```

```html
<tr>
  <td width="110" class="key">
    <label for="title">
      <?php echo JText::_( 'Type' ); ?>:
    </label>
  </td>
  <td>
    <input class="inputbox" type="text" name="type" id="type"
    size="60" value="<?php echo $this->auto->type; ?>" />
  </td>
</tr>
<tr>
  <td width="110" class="key">
    <label for="alias">
      <?php echo JText::_( 'Constructeur' ); ?>:
    </label>
  </td>
  <td>
    <input class="inputbox" type="text" name="constructeur"
    id="constructeur" size="60" value="<?php echo $this->auto->
    constructeur; ?>" />
  </td>
</tr>
<tr>
  <td class="key">
    <label for="lag">
      <?php echo JText::_( 'Photo mini (120px)' ); ?>:
    </label>
  </td>
  <td>
    <input class="inputbox" type="text" name="photo_mini" id="photo_
    mini" size="60" value="<?php echo $this->auto->photo_mini; ?>" />
    <?php echo JText::_( '(Veuillez indiquer un lien avec http://
    vers un fichier de photo)' ); ?>
  </td>
</tr>
<tr>
    <td colspan="2">
    <?php if ($this->auto->photo_mini){?>
      <img src="<?php echo $this->auto->photo_mini; ?>">
    <?php } ?>
    </td>
</tr>
```

```
<tr>
  <td class="key">
    <label for="lag">
      <?php echo JText::_( 'Photo grande (350px)' ); ?>:
    </label>
  </td>
  <td>
    <input class="inputbox" type="text" name="photo_grande" id="photo_
    grande" size="60" value="<?php echo $this->auto->photo_grande; ?>" />
    <?php echo JText::_( '(Veuillez indiquer un lien avec http://
    vers un fichier de photo)' ); ?>
  </td>
</tr>
<tr>
  <td colspan="2">
  <?php if ($this->auto->photo_grande){?>
    <img src="<?php echo $this->auto->photo_grande; ?>">
  <?php } ?>
  </td>
</tr>
<tr>
  <td width="120" class="key">
    <?php echo JText::_( 'Published' ); ?>:
  </td>
  <td>
    <?php echo JHTML::_( 'select.booleanlist', 'published', 'class=
    "inputbox"', $this->auto->published ); ?>
  </td>
</tr>
</table>
</fieldset>
</div>
<div class="clr"></div>
<div class="clr"></div>  <input type="hidden" name="option" value="com_auto" />
<input type="hidden" name="id" value="<?php echo $this->auto->id; ?>" />
<input type="hidden" name="task" value="" />
<input type="hidden" name="controller" value="auto" />
</form>
```

Nous trouvons à nouveau du code HTML pur ainsi que des variables PHP ($this->auto->id) et des appels de classes statiques (JText). La Figure 15.15 montre le résultat affiché.

Figure 15.15

Formulaire de modification d'un enregistrement de la table.

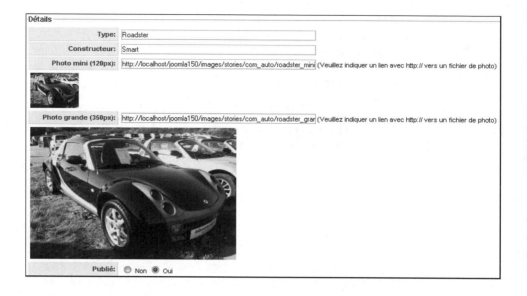

La table auto (/administration/components/com_auto/tables/auto.php)

Il nous reste à définir la classe de la table pour que le modèle sache quelles données il doit manipuler. La classe nommée JTable simplifie tous les accès aux données. C'est une classe abstraite (autrement dit une interface). Les classes qui en dérivent peuvent exploiter la structure dont elles héritent *via* leurs méthodes. Le nom de la table et la clé primaire (l'index) sont définis au niveau du constructeur de la classe (voir Listing 15.18).

Listing 15.18 : /administration/components/com_auto/tables/auto.php

```php
<?php
// Accès direct interdit
defined('_JEXEC') or die('Restricted access');  class TableAuto extends
JTable

{
  /** @var int Primary key */
  var $id           = 0;
  /** @var string */
  var $type         = '';
  /** @var string */
  var $constructeur         = '';
  /** @var string */
  var $photo_mini     = '';
  /** @var string */
```

```
var $photo_grande    = '';
/** @var string */
var $published       = 0;
/** @var int */    /**
 * Constructor
 *
 * @param object Database connector object
 */
function TableAuto(& $db) {
  parent::__construct('#__auto', 'id', $db);
}
}
?>
```

Installation (/administration/components/com_auto/install.sql)
et désinstallation (idem/uninstall.sql)

Les deux procédures d'installation et de désinstallation supposent pour Joomla! de savoir créer la table du composant et la supprimer. Deux fichiers contenant des instructions SQL sont conçus à cet effet (voir Listings 15.19 et 15.20).

Listing 15.19 : /administration/components/com_auto/install.sql

```
DROP TABLE IF EXISTS `#__auto`;
CREATE TABLE `#__auto` (
  `id` int(11) NOT NULL auto_increment,
  `type` text character set utf8 NOT NULL,
  `constructeur` varchar(100) character set utf8 NOT NULL,
  `photo_grande` varchar(200) character set utf8 NOT NULL,
  `photo_mini` varchar(200) character set utf8 NOT NULL,
  `published` tinyint(1) NOT NULL,
  PRIMARY KEY (`id`)
) ENGINE=MyISAM  AUTO_INCREMENT=5 ;
INSERT INTO `#__auto` (`id`, `type`, `constructeur`, `photo_grande`,
`photo_mini`, `published`) VALUES
(2, 'Smart fortwo', 'Smart', 'http://localhost/joomla150/images/stories/
com_auto/smart_grande.jpg', 'http://localhost/joomla150/images/stories/
com_auto/smart_mini.jpg', 1),
(4, 'Roadster', 'Smart', 'http://localhost/joomla150/images/stories/com_
auto/roadster_grande.jpg', 'http://localhost/joomla150/images/stories/
com_auto/roadster_mini.jpg', 1);  Listing 15.20 : administration/
components/com_auto/uninstall.sql
DROP TABLE IF EXISTS `#__auto`;
```

15.2.4 Test du composant

Après avoir étudié tous ces fichiers sources, vous pouvez tester le composant et vérifier que vous pouvez gérer entièrement la table de données par l'administration Joomla!. Essayez de créer des enregistrements, d'en effacer, d'en modifier et d'en publier. Vous pouvez agir sur tout un groupe en sélectionnant plusieurs enregistrements par leur case à cocher.

15.2.5 Création d'un paquetage d'installation

Pour concevoir un paquetage exploitable par l'installateur, il nous reste à écrire le fichier XML contenant les métadonnées.

administrator\components\com_autoauto.xml

C'est dans ce fichier que vous décrivez les éléments qui constituent le nouveau composant. L'installateur va se servir de ces descriptions. Le fichier doit contenir tous les noms de fichiers enchâssés dans des balises XML. C'est grâce à cela que l'installateur de Joomla! va savoir créer les sous-dossiers, y copier les fichiers et enfin créer la table de données (voir Listing 15.21).

Listing 15.21 : administrator\components\com_autoauto.xml

```xml
<?xml version="1.0" encoding="utf-8"?>
<!DOCTYPE install SYSTEM "http://dev.joomla.org/xml/1.5/component-install.dtd">
<install type="component" version="1.5.0">
  <name>Auto</name>
  <creationDate>November 2007</creationDate>
  <author>Hagen Graf</author>
  <authorEmail>hagen.graf@gmail.com</authorEmail>
  <authorUrl>http://www.cocoate.com</authorUrl>
  <copyright>All rights reserved</copyright>
  <license>GNU/GPL</license>
  <version>Component Version String</version>
  <description>Description du composant  ...   </description>
  <files folder="site">
    <filename>index.html</filename>
    <filename>auto.php</filename>
    <filename>controller.php</filename>
    <filename>views/index.html</filename>
    <filename>views/auto/index.html</filename>
    <filename>views/auto/view.html.php</filename>
    <filename>views/auto/tmpl/index.html</filename>
    <filename>views/auto/tmpl/default.php</filename>
    <filename>models/auto.php</filename>
  </files>
```

```xml
<install>
  <sql>
    <file charset="utf8" driver="mysql">install.sql</file>
  </sql>
</install>
<uninstall>
  <sql>
    <file charset="utf8" driver="mysql">uninstall.sql</file>
  </sql>
</uninstall>
<administration>
  <menu>Livre Joomla! 1.5 : Auto</menu>
  <files folder="admin">
    <filename>index.html</filename>
    <filename>admin.auto.php</filename>
    <filename>controller.php</filename>
    <filename>controllers/auto.php</filename>
    <filename>controllers/index.html</filename>
    <filename>models/auto.php</filename>
    <filename>models/autos.php</filename>
    <filename>models/index.html</filename>
    <filename>views/autos/view.html.php</filename>
    <filename>views/autos/index.html</filename>
    <filename>views/autos/tmpl/default.php</filename>
    <filename>views/autos/tmpl/index.html</filename>
    <filename>views/auto/view.html.php</filename>
    <filename>views/auto/tmpl/form.php</filename>
    <filename>views/auto/index.html</filename>
    <filename>views/auto/tmpl/index.html</filename>
    <filename>tables/auto.php</filename>
    <filename>tables/index.html</filename>
    <filename>install.sql</filename>
    <filename>uninstall.sql</filename>
  </files>
</administration>
</install>
```

Vous savez déjà créer le paquetage en rassemblant tous les fichiers dans un fichier .zip qui porte le nom du composant. Dans notre cas le paquetage s'appelle *com_auto.zip*. Les fichiers de la partie Frontend sont dans le sous-dossier de premier niveau *site* et ceux de l'administration dans le sous-dossier *admin* (voir Figure 15.16).

Figure 15.16

Les fichiers du composant com_auto prêt à être empaquetés.

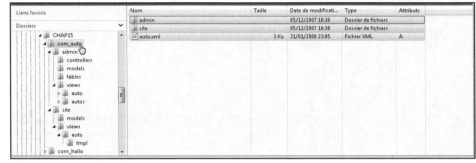

Vous pouvez maintenant procéder à l'installation du fichier .zip dans Joomla! et le diffuser à d'autres utilisateurs. Pensez toujours à désinstaller la version précédente du composant avant de le réinstaller. Vous savez comment faire : EXTENSIONS > INSTALLER/DÉSINSTALLER, sélection du composant et cliquez sur le bouton DÉSINSTALLER.

15.3 Création d'un module

Un module est beaucoup plus simple qu'un composant, tout d'abord parce que les modules n'ont en général pas d'interface d'administration, mais seulement quelques paramètres. Le but du module est de traiter des données pour produire une nouvelle présentation sur le site public. Le module coopère avec le template. En général, les modules viennent enrichir les fonctions d'un composant existant et l'on peut donc supposer que les tables de données avec leur contenu sont déjà disponibles.

Pour concevoir un module, il faut deux fichiers : un pour la logique de traitement et l'affichage, puis un fichier XML pour l'installateur de Joomla!. Les deux fichiers doivent avoir un nom commençant par le préfixe mod_.

15.3.1 Le code source du module

Étudions le code source des différents fichiers. Nous utilisons ici aussi un template spécifique. Il y a quatre fichiers à considérer :

- mod_auto.php ;
- helper.php ;
- tmpl/default.php ;
- mod_auto.xml.

Découvrons-les tour à tour.

Le point d'entrée (mod_auto.php)

Le fichier intitulé *mod_auto.php* sert de point de contrôle du module (voir Listing 15.22).

Listing 15.22 : mod_auto.php

```php
<?php
defined('_JEXEC') or die('Restricted access');
require_once (dirname(__FILE__).DS.'helper.php');
$auto = modAutoHelper::getAuto($params);
require(JModuleHelper::getLayoutPath('mod_auto'));
?>
```

Vous remarquez que nous ne définissons aucun contrôleur primaire, mais en revanche une classe de soutien `Helper`.

La classe Helper (helper.php)

Cette classe de soutien combine le contrôleur au modèle (voir Listing 15.23). (En gras est présentée la seule référence au nom d'un champ de la table de données.)

Listing 15.23 : helper.php

```php
<?php
defined( '_JEXEC' ) or die( 'Restricted access' );
class modAutoHelper
{
  function getAuto(&$params)
  {
    global $mainframe;
    $db     =& JFactory::getDBO();
    $query = "SELECT *"
        . "\n FROM #__auto"
        . "\n WHERE published = 1"
        . "\n LIMIT 0,5"
        ;
    $db->setQuery( $query );
    $rows = $db->loadObjectList();;
    $auto = "<ul>\n";
    if ($rows) {
     foreach ($rows as $row) {
        $auto .= "  <li>". $row->type . "</li>\n";
     }
    }
    $auto .=  "</ul>\n";
    return $auto;
  }
}
?>
```

Dans cette classe, nous trouvons tout d'abord une opération d'extraction des données puis leur préparation dans une boucle `for`.

Le template du module (tmpl/default.php)

Ce code source très simple ne fait qu'afficher le contenu de la variable $auto qui appartient à la classe `Helper`. Vous pourriez tout à fait faire exécuter la boucle itérative `for` à cet endroit afin de mieux contrôler le code HTML généré en sortie. Cela permettrait à un concepteur de template de redéfinir le code source (voir Listing 15.24).

Listing 15.24 : tmpl/default.php

```
defined( '_JEXEC' ) or die( 'Restricted access' ); ?>
<?php echo $auto; ?>
mod_auto.xml
```

Enfin, pour installer ce module, il faut créer le traditionnel fichier XML de description (voir Listing 15.25).

Listing 15.25 : mod_auto.xml

```xml
<?xml version="1.0" encoding="utf-8"?>
<install type="module" version="1.5.0">
  <name>Auto</name>
  <author>Hagen Graf</author>
  <creationDate>November 2007</creationDate>
  <copyright>(C) 2007 cocoate.com All rights reserved.</copyright>
  <license>GNU/GPL</license>
  <authorEmail>hagen.graf@gmail.com</authorEmail>
  <authorUrl>www.cocoate.com</authorUrl>
  <version>0.1</version>
  <description>Module Auto</description>
  <files>
    <filename module="mod_auto">mod_auto.php</filename>
    <filename>index.html</filename>
    <filename>helper.php</filename>
    <filename>tmpl/default.php</filename>
    <filename>tmpl/index.html</filename>
  </files>
</install>
```

15.3.2 Installation

Réunissez tous les fichiers dans un seul sous-dossier et produisez un paquetage au format .zip en lui donnant le nom *mod_auto.zip*. Vous pouvez ensuite installer le module depuis Joomla! et le diffuser. Si ce n'est pas votre premier essai, pensez à désinstaller la version antérieure du module auparavant.

N'oubliez pas d'activer le module par la commande EXTENSIONS > GESTION DES MODULES.

15.3.3 Aspect sur le site Web

Vous devriez ensuite apprécier l'affichage de votre nouveau module à la position choisie. Il présente les données trouvées dans la table de données jos_auto (voir Figure 15.17).

Figure 15.17

Affichage du module mod_auto sur le site Web.

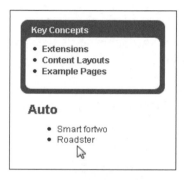

15.4 Conception d'un plugin

Terminons ce tour d'horizon en permettant à la fonction de recherche standard de Joomla! de scruter les données gérées par notre nouveau composant. À cet effet, nous devons concevoir un plugin du type search. Au niveau des plugins, il n'y a pas un sous-dossier pour chacun d'eux, mais seulement un sous-dossier par type de plugin. Nous allons donc travailler dans le sous-dossier *[CheminJoomla]/ plugins/search* puisque c'est un plugin de recherche. Il faut prévoir au minimum un fichier PHP pour la logique de recherche (voir le Listing 15.26) et le traditionnel fichier XML de description pour l'installateur. Les noms des fichiers doivent dériver du nom du composant qui est ainsi enrichi. Les deux fichiers s'appelleront donc *auto.php* et *auto.xml*. (Pour écrire un plugin de type User, vous décidez des noms des fichiers par rapport à l'objectif du plugin.)

Dans notre exemple, nous faisons directement référence au composant com_auto. Comme les autres extensions, les plugins doivent être inscrits dans une table de gestion, qui s'appelle dans ce cas jos_plugins. L'installateur se charge d'ajouter un enregistrement dans cette table. Notre fonction de recherche est assez complète et pourrait être rendue encore plus souple en prévoyant des paramètres.

Le code source qui suit donne une idée des possibilités. Notre composant ne conserve pas trace de la date de création des enregistrements ni du nombre d'accès à chacun d'eux (nous n'avons pas prévu de page des détails par voiture). De nombreuses possibilités de recherche restent donc inutilisées ici.

Listing 15.26 : auto.php

```php
<?php
defined( '_JEXEC' ) or die( 'Restricted access' );
$mainframe->registerEvent( 'onSearch', 'plgSearchAuto' );
$mainframe->registerEvent( 'onSearchAreas', 'plgSearchAutoAreas' );
function &plgSearchAutoAreas() {
  static $areas = array('auto' => 'Auto');
  return $areas;
}
function plgSearchAuto( $text, $phrase='', $ordering='', $areas=null ){
  $db =& JFactory::getDBO();
  $user =& JFactory::getUser();
  if (is_array( $areas )) {
    if (!array_intersect( $areas, array_keys( plgSearchAutoAreas() ) )) {
    return array();
    }
  }
  $plugin =& JPluginHelper::getPlugin('search', 'auto');
  $pluginParams = new JParameter( $plugin->params );
  $limit = $pluginParams->def( 'search_limit', 50 );
  $text = trim( $text );
  if ($text == '') {
    return array();
  }
  $section = JText::_( 'Auto' );
  $wheres = array();
  switch ($phrase){
    case 'exact':
    $text = $db->getEscaped($text);
    $wheres2 = array();
    $wheres2[]= "LOWER(a.type) LIKE '%$text%'";
    $wheres2[]= "LOWER(a.constructeur) LIKE '%$text%'";
      $where = '(' . implode( ') OR (', $wheres2 ) . ')';
      break;
    case 'all':
    case 'any':
    default:
      $words = explode( ' ', $text );
      $wheres = array();
```

```php
      foreach ($words as $word) {
        $word = $db->getEscaped($word);
        $wheres2 = array();
        $wheres2[] = "LOWER(a.type) LIKE '%$word%'";
        $wheres2[] = "LOWER(a.constructeur) LIKE '%$word%'";
        $wheres[]    = implode( ' OR ', $wheres2 );
      }
    $where= '(' . implode( ($phrase == 'all' ? ') AND (' : ') OR ('),
    $wheres ) . ')';
    break;
  }
  switch ( $ordering ) {
    default:
    $order = 'a.type ASC';
    break;
  }
  $query = "SELECT * FROM #__auto AS a"
          . "\n WHERE ( $where )"
          . "\n AND published = '1'"
          . "\n ORDER BY $order";
  $db->setQuery( $query, 0, $limit );
  $rows = $db->loadObjectList();
  foreach($rows as $key => $row) {
    $rows[$key]->href = 'index.php?option=com_auto&view=auto';
  }
  return $rows;
}
?>
```

Le fichier d'installation *auto.xml* contient la description des fichiers du plugin (voir Listing 15.27).

Listing 15.27 : auto.xml

```xml
<?xml version="1.0" encoding="utf-8"?>
<install version="1.5" type="plugin" group="search">
  <name>Search - Auto</name>
  <author>Hagen Graf</author>
  <creationDate>November 2007</creationDate>
  <copyright>(C) 2007 cocoate.com. All rights reserved.</copyright>
  <license>GNU/GPL</license>
  <authorEmail>hagen.graf@gmail.com</authorEmail>
  <authorUrl>www.cocoate.com</authorUrl>
  <version>0.1</version>
```

```
<description>Plugin de recherche pour composant com_auto</description>
<files>
  <filename plugin="auto">auto.php</filename>
</files>
</install>
```

Installez le plugin puis activez-le par la commande ᴇxᴛᴇɴsɪᴏɴs > ɢᴇsᴛɪᴏɴ ᴅᴇs ᴘʟᴜɢɪɴs. Vous pouvez essayer de faire chercher un terme n'existant que dans les données du composant. Les deux champs du type et du constructeur sont scrutés dans la base et les résultats affichés dans le masque de résultat de recherche standard de Joomla! (voir Figure 15.18).

Figure 15.18

Exemple d'utilisation du plugin de recherche plu_auto.

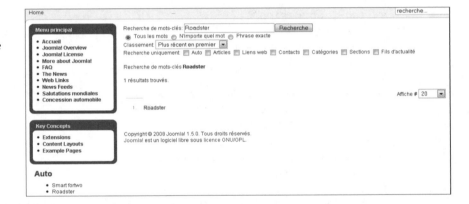

Ce plugin est volontairement simple. Il faudrait par exemple ajouter un lien dynamique dans les résultats de recherche pour se rendre directement à la vue détaillée de l'enregistrement trouvé. Mais nous n'avons pas prévu dans le composant de vue détaillée et ne pouvons donc pas mettre en place un tel lien.

15.5 Conclusion

Nous avons voulu dans ce chapitre vous offrir un aperçu global du processus de conception d'un composant, d'un module et d'un plugin.

Vous pouvez envisager d'autres développements en partant des composants existants. Notre composant n'a par exemple qu'une vue table. Pour y ajouter une vue détaillée (une vue fiche), inspirez-vous d'un composant qui en dispose, par exemple com_contact.

De même au niveau des paramètres des modules, cherchez parmi ceux fournis en standard puis concevez votre propre module.

Ce qui paraissait en début de chapitre assez complexe s'avère, vous en conviendrez, assez simple en fin de compte.

Je vous souhaite bien du plaisir dans vos développements !

16 Un site Web complet avec Joomla!

Si vous venez des pages précédentes du livre, vous avez pu voir des dizaines de captures d'écran de la partie administration. Vous en savez plus sur les imbrications des technologies et les approches de conception Web et vous avez l'esprit truffé d'acronymes : HTTP, HTML, CSS, SQL, PHP, SEO, SEF, DIV, MVC, et *tutti quanti*.

Mais en réalité, vous vouliez seulement créer un site Web ! Mais peut-être vous êtes vous rendu directement à ce chapitre pour savoir comment faire ?

Dans tous les cas, bienvenue dans ce projet concret. Nous allons voir comment concevoir puis réaliser un site Web avec Joomla!, de l'idée initiale à la publication.

16.1 L'idée de départ

Le site Web que nous allons réaliser est celui d'une famille de viticulteurs du Languedoc, les Bertrand. Le chef de l'entreprise se nomme Pascal Bertrand. Il en incarne la troisième génération. Il propose à la vente différents cépages et millésimes.

Jusqu'à ce jour, il livrait son vin à une coopérative viticole, avec un peu de vente directe pendant la saison estivale. Mais M. Bertrand voudrait aussi proposer son vin sur Internet, et se servir de Joomla! pour y parvenir.

Voici les objectifs de son site :

- présentation de l'entreprise Bertrand ;
- informations générales sur la viticulture ;
- possibilité de commande et de règlement en ligne ;
- possibilité pour M. Bertrand de diffuser des actualités sur son site ;
- ajout de reportages photo et vidéo présentant les vendanges et les installations ;
- création d'une zone réservée aux utilisateurs identifiés, pour leur proposer des promotions et une lettre d'information ;
- formulaire de contact pour les visiteurs ;
- injection de fils d'actualité en provenance de la branche viticole.

On dispose d'un délai de deux jours pour réaliser le site.

16.2 Préparatifs

Pour atteindre cet objectif, il faut un peu se préparer.

16.2.1 Le logo et la charte visuelle

La famille Bertrand rencontre une illustratrice appelée Ruth Prantz pour réfléchir sur l'aspect visuel du site, exception faite des contenus à diffuser. Ruth demande tout d'abord s'il existe déjà un logo et une charte graphique qui seraient utilisés dans les documents imprimés (prospectus, papier de correspondance, factures, enseigne).

L'entreprise possède en effet un logo qui avait été dessiné voilà bien longtemps par le grand-père Bertrand (voir Figure 16.1).

Figure 16.1

Le logo dessiné par le grand-père Bertrand.

Effectivement, le logo apparaît sur différents documents historiques de l'entreprise. Il n'y a cependant pas de charte graphique constante. Les couleurs varient d'un imprimé à l'autre, les polices aussi tout comme les illustrations et les styles graphiques.

Ruth cherche ensuite à connaître les attentes de la famille Bertrand pour son site Web et des groupes de clients visés.

Les vignes Bertrand sont conduites en culture biologique en portant une attention particulière à la qualité, ce qui est bien dans l'air du temps. L'objectif est de vendre environ 5 % de leur production *via* le Web. Les clients attendus sont d'abord des amateurs de vin et leurs cercles d'amis, avec un profil d'âge de 35 ans et plus.

Pour que le site se distingue de la concurrence, Ruth conseille à M. Bertrand de travailler sur le logo, les couleurs et les caractères sans attendre.

En moins d'une heure, un premier projet apparaît à l'écran (voir Figure 16.2).

Figure 16.2

Le premier projet du logo
Bertrand retravaillé par Ruth.

Ruth a utilisé le logiciel de retouche graphique Photoshop Elements de Adobe que de nombreux fournisseurs d'accès à Internet proposent gratuitement lors de la signature du contrat d'hébergement. Vous pouvez bien sûr vous servir de n'importe quel autre programme et notamment le logiciel libre Gimp.

La famille Bertrand apprécie le premier projet. Ruth prend congé en promettant de concevoir un template à partir du logo et du choix des couleurs. Pendant ce temps, la famille Bertrand va réunir des documents pour les publier sur le site Web et réfléchir à la structure du site dans Joomla!.

16.2.2 Illustrations

Il est indispensable de diffuser des photographies et des illustrations pour donner au visiteur une idée de la production du vin, de l'environnement, des cépages, du processus de fabrication et de la famille. Le fils Didier et la fille Marlène sont chargés de fouiller dans la grande masse d'archives photos et vidéos dont ils disposent pour sélectionner des éléments. Par ailleurs, ils partent faire un reportage vidéo sur la fête viticole qui a justement lieu le même jour.

16.2.3 Textes

En ce qui concerne les textes à diffuser sur le site, M. Bertrand tient à s'en occuper personnellement. Il a déjà rédigé de nombreux prospectus et recueilli des articles dans la presse locale et spécialisée. Il possède également une série d'attestations d'analyse des sols et des vins. Il aimerait bien numériser tous ces documents et les proposer en téléchargement au format PDF, mais uniquement aux membres.

16.3 Réalisation technique

Pendant que ses enfants rassemblent les documents, M. Bertrand aimerait commencer à préparer la structure de son site Web.

16.3.1 Installation locale

Il décide d'installer une version locale de Joomla! dans un environnement XAMPP lite, comme décrit au Chapitre 2. Son site ne sera pas implanté dans la racine relative précédente *[Chemin-Joomla]/joomla150*, mais dans une nouvelle branche qui sera *[CheminJoomla]/bertrand*.

Voici les données qu'il saisit lors de l'étape d'installation relative au serveur MySQL :

- Nom du serveur : `localhost` ;
- Nom d'utilisateur : root ;
- Mot de passe : aucun (laisser le champ vide) ;
- Nom de la base de données : bertrand.

Il n'a pas besoin des données d'exemples pour son site puisqu'il va injecter ses propres contenus. Dans l'étape correspondante de l'installation, M. Bertrand évite donc de cliquer sur le bouton des données d'exemples. Bien sûr, l'affichage peut être perturbant puisque le bouton d'option à côté du bouton d'action propose d'installer les données d'exemples. Tant que l'on ne clique pas sur le bouton action, les données ne seront pas installées, ce qui est le but ici (voir Figure 16.3).

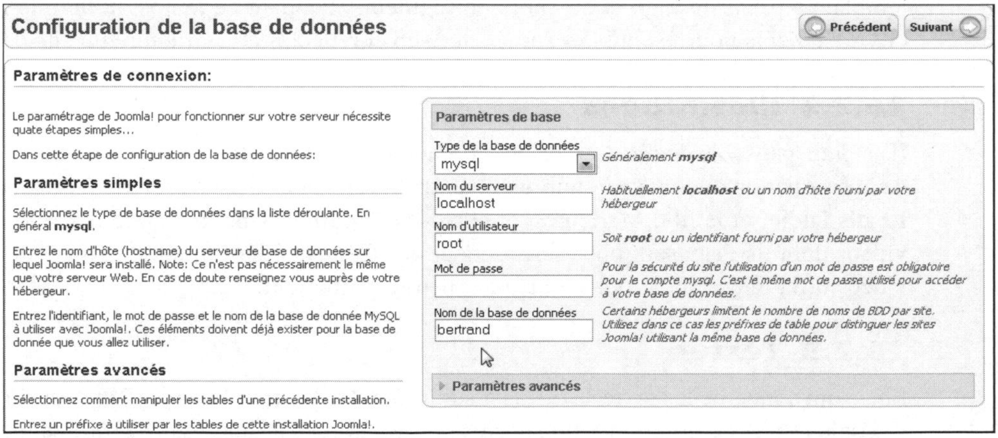

Figure 16.3

Installation de Joomla!

Il clique donc sur le bouton SUIVANT. L'installateur créé un site Joomla! vide. Dans le haut de la page d'administration apparaît déjà le nom *Les Vins de Bertrand* (voir Figure 16.4).

Figure 16.4

La partie publique du site
sans données d'exemples.

Le site n'est pas totalement vide. Après avoir accédé à la partie d'administration, M. Bertrand choisit la commande EXTENSIONS > GESTION DES MODULES. Il constate qu'il y a un module activé, Main Menu (voir Figure 16.5).

Figure 16.5

Un seul module est activé
pour le menu général.

M. Bertrand se demande où sont passés tous les autres modules système, comme le module de connexion Login. En utilisant le bouton NOUVEAU, il est rassuré. Tous les modules sont bien là, il suffit de les activer (voir Figure 16.6).

Figure 16.6

Accès aux modules
du système.

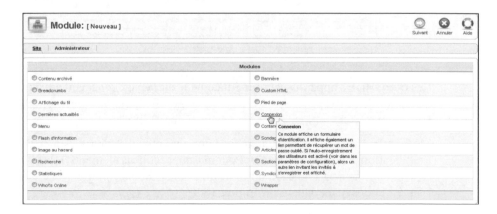

LE CAMPUS

Langues de l'interface

M. Bertrand vérifie que la langue de la partie publique et de la partie administrative est bien le français. Cela devrait être le cas puisqu'il a installé un Joomla! en français.

Trois premiers articles...

M. Bertrand veut maintenant dégrossir la structure en insérant trois premiers articles au format blog et visibles sur la page d'accueil du site. Ces trois articles n'entreront dans aucune catégorie. Il utilise la commande CONTENU > GESTION DES ARTICLES, le bouton NOUVEAU et crée tour à tour trois articles d'actualité (Article 1, 2 et 3). Il en profite immédiatement pour créer un chapeau en positionnant le curseur à l'endroit de la rupture puis en cliquant sous la fenêtre d'édition sur le bouton LIRE LA SUITE. Il voit apparaître la ligne rouge. Il choisit NON catégorisé pour la section et pour la catégorie, et vérifie que l'option PAGE D'ACCUEIL est bien activée par OUI (voir Figure 16.7).

Figure 16.7

Rédaction d'un premier article.

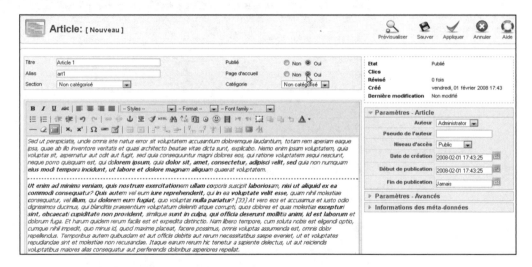

Les trois articles apparaissent immédiatement sur la page d'accueil ainsi que dans la liste CONTENU > GESTION DE LA PAGE D'ACCUEIL. M. Bertrand en profite pour activer le template *Beez* par la commande EXTENSIONS > GESTION DES TEMPLATES (voir Figure 16.8).

M. Bertrand voudrait immédiatement faire une retouche pour masquer la date de création, celle de modification et le nom de l'auteur. Pour masquer ces trois éléments, il utilise la commande CONTENU > GESTION DES ARTICLES, le bouton PARAMÈTRES puis choisit l'option MASQUER dans les trois champs de l'auteur et des deux dates (voir Figure 16.9).

Figure 16.8

La page d'accueil avec
les trois articles dans le
template Beez.

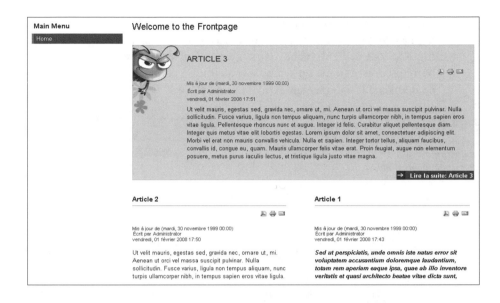

Figure 16.9

Retouche de la
configuration des
trois articles.

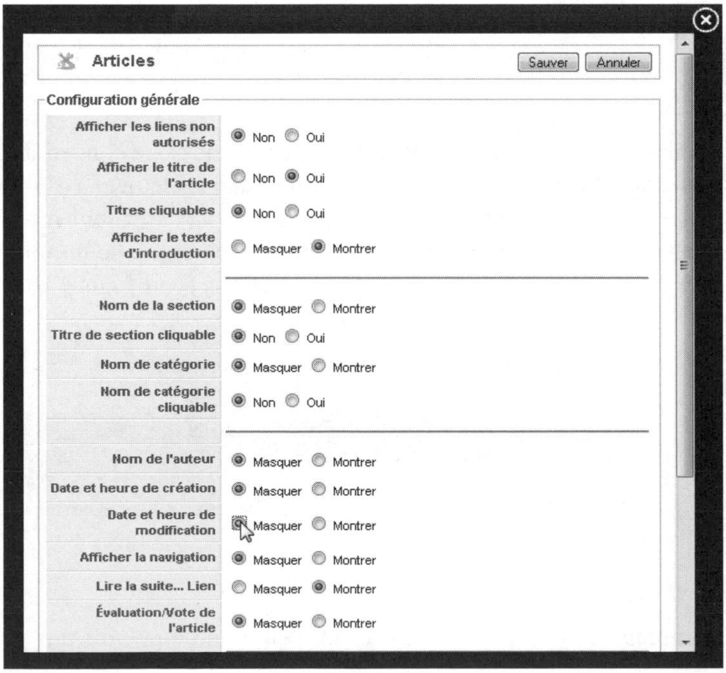

Sa page d'accueil est maintenant à peu près achevée (il reste éventuellement à mettre du vrai texte à la place du texte d'attente). Il constate avec joie que Joomla! a automatiquement créé un fil d'actualité RSS qui devient visible dans Internet Explorer à partir de la version 7 et dans Firefox dans la barre d'adresse (c'est un symbole orange). En cliquant dans ce symbole, il voit apparaître une page de demande d'abonnement (voir Figure 16.10).

Figure 16.10

La page de demande d'abonnement à un fil d'actualité dans Firefox.

Une fois qu'il se sera abonné, le visiteur obtiendra un message concernant l'apparition de nouveaux articles sur la page d'accueil. Ce mécanisme s'applique également à d'autres programmes de lecture d'actualité. Le concept est d'ailleurs devenu accessible aux appareils mobiles tels que les téléphones portables et les assistants personnels. M. Bertrand espère que de nombreux clients s'abonneront à ses actualités et s'intéresseront ensuite à ses promotions (voir Figure 16.11).

Figure 16.11

Les articles dans un menu de fil d'actualité du navigateur.

Mentions légales

Dans de nombreux pays d'Europe, il est indispensable de prévoir une page pour y rassembler les mentions légales et le nom du responsable du site. Le visiteur doit toujours pouvoir contacter le directeur de publication du site.

Dans le cas de M. Bertrand, le cartouche de mentions légales peut s'écrire ainsi :

```
Directeur de la publication:
GAEC Bertrand
2 impasse de Beauchamps
66200 Menfort
France
Messagerie : atruc@tortifer.com
Téléphone : 05 12 90 00 01
N° TVA Intracommm. : 232 009 112 012
```

Puisque le site présente une partie commerciale, il est obligatoire d'ajouter le numéro de TVA intra-communautaire.

Pour obtenir cette page, il crée par la commande CONTENU > GESTION DES ARTICLES, bouton NOUVEAU un article non catégorisé appelé Mention légale. Cette fois-ci, il ne fait pas afficher l'article dans la page d'accueil. Le lien qui permettra d'afficher les mentions légales devra se trouver en tant qu'élément du menu général (Main Menu). M. Bertrand sélectionne la commande MENUS > MAIN MENU, puis le bouton NOUVEAU. Dans l'assistant de création d'élément, il choisit la catégorie ARTICLES, puis ARTICLES puis encore ARTICLE LAYOUT (voir Figure 16.12).

Figure 16.12

Création d'un élément de menu pour un article.

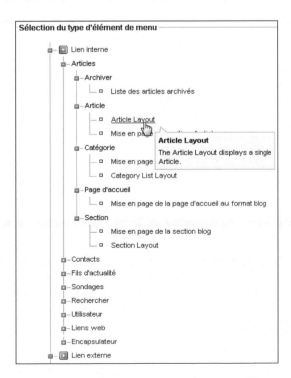

Arrivé dans la page d'édition de l'élément de menu, M. Bertrand saisit le nom (Mentions légales). Dans le volet des paramètres à droite il doit choisir quel article associer à cet élément de menu (voir Figure 16.13). (Vous avez remarqué que nous avons écrit le titre de l'article au singulier et le titre de l'élément au pluriel pour les distinguer plus aisément.)

Figure 16.13

Création d'un lien (élément de menu) pour les Mentions légales.

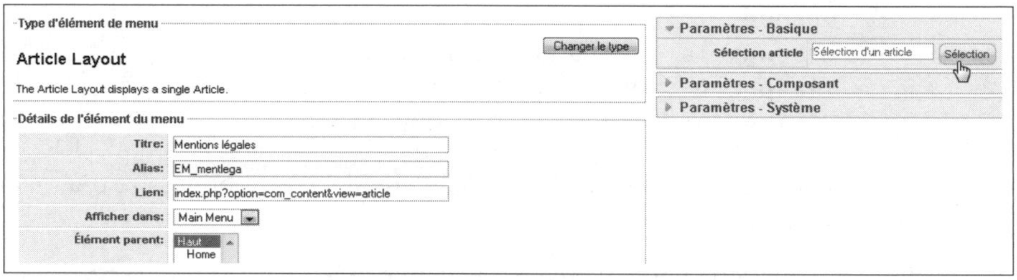

En cliquant sur le bouton SÉLECTION, il voit apparaître la liste de tous les articles disponibles (voir Figure 16.14).

Figure 16.14

Sélection d'un article pour l'élément de menu.

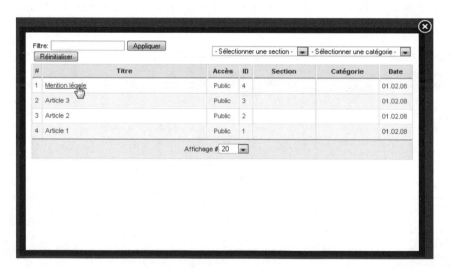

M. Bertrand choisit l'article Mention légale. Son élément est terminé. Il clique sur le bouton SAUVER pour l'insérer dans le menu. Il reste à vérifier que l'élément est bien publié (coche verte et non croix rouge). Notez qu'il s'agit de la publication de l'élément de menu et non de celle de l'article. Pour finir, il suffit de faire remonter le nouvel élément de menu d'une position au moyen des petites flèches vertes (voir Figure 16.15).

Le site Web donne le résultat suivant (voir Figure 16.16).

Figure 16.15

L'élément Mentions légales dans la liste du menu général.

Figure 16.16

Le cartouche des Mentions légales sur le site Web.

M. Bertrand constate que les trois icônes pour imprimer, afficher le PDF et envoyer un message sont inutiles. Il accède à son article Mention légale (CONTENU > GESTION DES ARTICLES, clic sur MENTION LÉGALE) pour aller modifier dans le volet PARAMÈTRES AVANCÉS la valeur des trois options PDF, Imprimer et Email. Il choisit MASQUER (voir Figure 16.17).

Figure 16.17

Masquage de trois boutons pour l'article Mention légale.

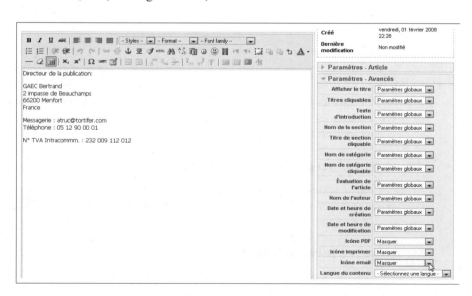

Notre premier élément de menu est terminé. M. Bertrand doit maintenant s'intéresser à la structure des sous-menus.

16.3.2 Création des sous-menus pour les vins et les terroirs

Pour l'instant, il n'y a qu'un seul menu Main Menu hébergeant deux liens, un pour revenir à la page d'accueil et un pour afficher les mentions légales. M. Bertrand aimerait tout de suite disposer d'un module d'identification du visiteur (Login).

Il commence par renommer le menu en Menu général et l'élément Home en Accueil du site. Pour modifier le titre de menu, il utilise la commande MENUS > EXTENSIONS > GESTION DES MODULES puis il choisit MAIN MENU et modifie le contenu du champ TITRE. Pour le module identification Login, il sélectionne d'abord EXTENSIONS > GESTION DES MODULES, bouton NOUVEAU (voir Figure 16.18). Il choisit immédiatement le bon titre pour le module en indiquant Accès membres.

Figure 16.18

Mise en place du module d'identification (Login).

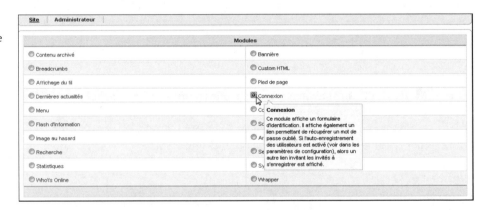

Enfin, pour changer le titre du premier élément du menu, il choisit la commande MENUS > MAIN MENU > HOME et indique comme titre Accueil du site. Il constate que le message dans la barre de titre de la fenêtre est toujours en anglais, *Welcome to the Frontpage*. Il décide donc de masquer ce message en accédant aux paramètres système (SITE > CONFIGURATION GLOBALE).

16.3.3 La structure des menus

M. Bertrand aimerait proposer trois menus : le menu général, un menu sous forme de barre horizontale en haut et un menu utilisateur réunissant les commandes qui ne doivent être accessibles qu'aux visiteurs identifiés.

Structure du menu général

Voici la structure prévue pour le menu général de la colonne gauche :

```
- Accueil du site - Actualités
- Nos vins       - Texte de présentation
-- Nos blancs    - Description de produit et commande
-- Nos rouges    - Description de produit et commande
```

```
-- Nos rosés    - Description de produit et commande
- Notre terroir - Texte de présentation
-- Les costières - Description avec lien vers le vin
-- Le littoral  - Description avec lien vers le vin
-- La plaine    - Description avec lien vers le vin
- Photographies - Composant Galerie sur les vendanges
- Promotions    - Opérations spéciales
- Contact
- Mentions légales
```

Structure du menu horizontal

Le menu horizontal va permettre d'accéder rapidement à plusieurs pages essentielles. Lorsque l'on clique dans ce menu, le lien équivalent dans le menu général doit s'ouvrir le cas échéant.

```
- Nos vins      - Texte de présentation
- Notre terroir - Texte de présentation
- Reportages    - Composant Galerie sur les vendanges
- Contact
```

Structure du menu utilisateur

Lorsque le visiteur s'est identifié par le module Login, il doit pouvoir accéder à une partie privée du site proposant des promotions. Le but est de renforcer les liens entre producteur et consommateurs. Il est prévu de leur proposer une page fréquemment mise à jour contenant des promotions, avec une possibilité de commander et de payer en ligne. De plus, M. Bertrand veut proposer un lien de téléchargements qui permet aux utilisateurs enregistrés de puiser dans le lot de documents qu'il met à leur disposition.

```
- Promotions
- Téléchargements
- Déconnexion
```

Insertion des textes et des liens dans le menu général

Pour l'instant, tous les textes, hormis le formulaire de contact et la galerie de reportages qui vient plus loin, sont de type Non catégorisé. M. Bertrand les crée par la commande CONTENU > GESTION des articles. Il vérifie bien qu'aucun de ces nouveaux contenus ne va apparaître sur la page Accueil du site (Frontpage). Tous les articles doivent être munis des trois boutons PDF, Email et Imprimer, mais il faut masquer la date de création.

Une fois les articles générés, il faut passer à la création des éléments de menu. Pour que les trois liens NOS BLANCS, NOS ROUGES et NOS ROSÉS constituent un sous-menu, il faut sélectionner chaque fois l'élément parent Nos vins (voir Figure 16.19) qui doit donc être créé d'abord.

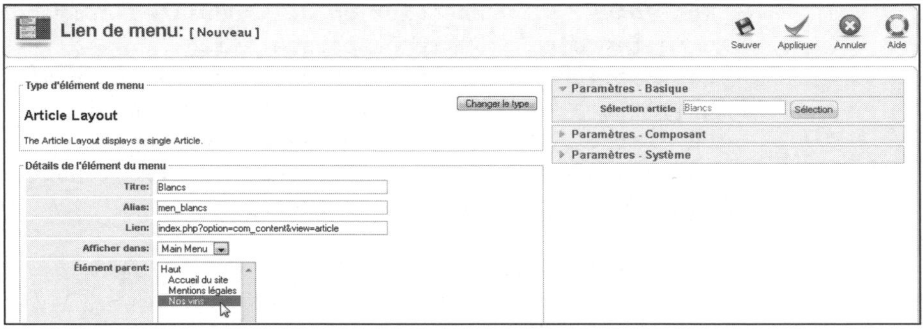
Lien de menu: [Nouveau]
Sauver
Appliquer
Annuler
Aide
Type d'élément de menu
Changer le type
Article Layout
The Article Layout displays a single Article.
Détails de l'élément du menu
Titre: Blancs
Alias: men_blancs
Lien: index.php?option=com_content&view=article
Afficher dans: Main Menu
Élément parent: Haut
Accueil du site
Mentions légales
Nos vins
Paramètres - Basique
Sélection article Blancs
Sélection
Paramètres - Composant
Paramètres - Système

Figure 16.19

Création de liens dans un sous-menu.

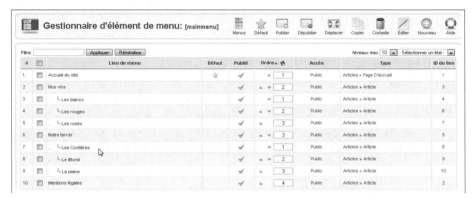

Il faut procéder de même avec les trois éléments du sous-menu Notre terroir. Au final, la liste de MENUS > MAIN MENU doit montrer une structure arborescente comme en Figure 16.20. Le nom Main Menu est conservé, seul le titre qui apparaît sur le site indique dorénavant Menu général.

Gestionnaire d'élément de menu: [mainmenu]
Menus
Défaut
Publier
Dépublier
Déplacer
Copier
Corbeille
Éditer
Nouveau
Aide
Filtre:
Appliquer
Réinitialiser
Niveaux max 10
- Sélectionner un état -
Lien de menu Défaut Publié Ordre Accès Type ID du lien
1 Accueil du site 1 Public Articles » Page D'accueil 1
2 Nos vins 2 Public Articles » Article 3
3 Les blancs 1 Public Articles » Article 4
4 Les rouges 2 Public Articles » Article 6
5 Les rosés 3 Public Articles » Article 7
6 Notre terroir 3 Public Articles » Article 5
7 Les Costières 1 Public Articles » Article 8
8 Le littoral 2 Public Articles » Article 9
9 La plaine 3 Public Articles » Article 10
10 Mentions légales 4 Public Articles » Article 2

Figure 16.20

Structure arborescente des menus et sous-menus.

Création d'un lien de contact

M. Bertrand désire profiter du composant standard de Joomla! nommé Contact. Il doit d'abord créer une catégorie de contacts en lui donnant le nom GAEC Bertrand. Pour y parvenir, il choisit la commande COMPOSANTS > CONTACT, page CATÉGORIES (voir Figure 16.21).

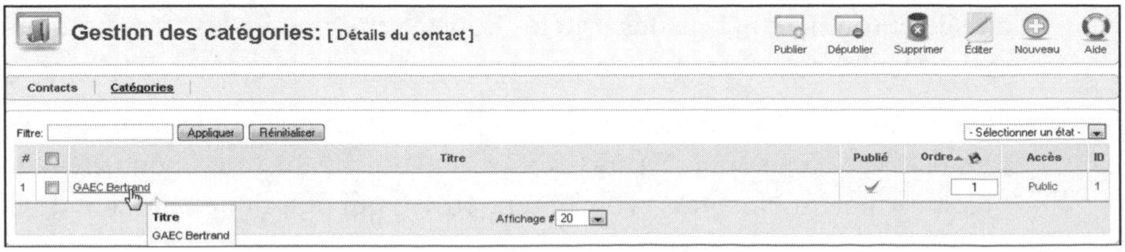
Gestion des catégories: [Détails du contact]
Publier
Dépublier
Supprimer
Éditer
Nouveau
Aide
Contacts
Catégories
Filtre:
Appliquer
Réinitialiser
- Sélectionner un état -
Titre Publié Ordre Accès ID
1 GAEC Bertrand 1 Public 1
Titre
GAEC Bertrand
Affichage # 20

Figure 16.21

Création d'une catégorie de contact.

Il clique ensuite en haut à gauche sur le lien CONTACT (nous avons présenté cela au Chapitre 9 en section 9.2). Il ne définit au départ qu'un seul contact pour lui-même. D'autres pourront être ajoutés plus tard. Un seul formulaire suffit pour l'instant (voir Figure 16.22).

Figure 16.22

Création d'un nouveau contact dans la seule catégorie existante.

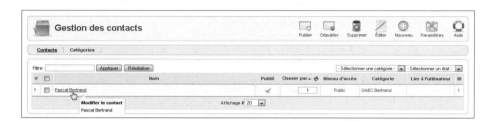

Il reste à insérer un élément dans le menu général pour accéder à ce contact. Par la commande MENUS > MAIN MENU > NOUVEAU, M. Bertrand aboutit à la fenêtre de choix du type et sélectionne CONTACT puis MISE EN PAGE STANDARD DES CONTACTS. Il arrive ensuite dans la page d'édition de l'élément. Les contacts existants sont sélectionnables dans le volet droit des PARAMÈTRES – BASIQUE. Pour l'instant il n'y en a qu'un. Il sélectionne sur son nom puis clique sur le bouton SAUVER (voir Figure 16.23).

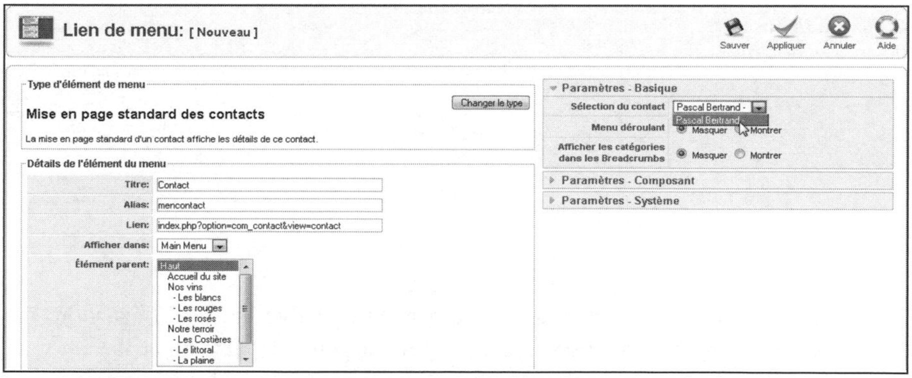

Figure 16.23

Création de l'élément de menu pour le contact.

Il ne reste plus qu'à vérifier par MENUS > MAIN MENU que l'élément pour le contact est bien publié (colonne Publié ou *Activated*). Il repositionne éventuellement l'élément pour qu'il ne soit pas en dernier dans le menu.

En allant voir le résultat sur le site Web, il suffit de cliquer sur le lien CONTACT pour voir apparaître les coordonnées de Pascal Bertrand suivies d'un formulaire dans lequel le visiteur peut lui écrire.

Menu horizontal en haut (menu-barre)

Notre menu général est presque achevé. Il ne restera qu'à ajouter un lien pour accéder à la galerie des reportages. M. Bertrand veut maintenant créer un menu-barre horizontal en haut. Il choisit la commande MENUS > GESTION DES MENUS puis clique sur le bouton NOUVEAU. Il donne à son nouveau menu le nom MenuBarre (voir Figure 16.24).

Figure 16.24

Création d'un nouveau menu.

Le menu doit être immédiatement positionné à l'endroit désiré. Au moyen de la commande EXTENSIONS > GESTIONS DES MODULES, M. Bertrand opte pour la position user3. Il vérifie que le menu est activé. Le titre choisi n'a pas d'importance, car les menus barre ne présentent généralement pas de titre, et celui-ci restera donc masqué (voir Figure 16.25).

Figure 16.25

Choix de la position des nouveaux menus.

Pour peupler le nouveau menu qui reste invisible tant qu'il est vide, pourquoi ne pas profiter des éléments qui existent déjà dans le menu général ? Il choisit la commande MENUS > MAIN MENU, sélectionne par la coche les trois éléments NOS VINS, NOTRE TERROIR et CONTACT puis clique sur le bouton COPIER (voir Figure 16.26).

Figure 16.26

Copie de trois éléments de menu.

Dans la page qui apparaît, il faut sélectionner le menu destinataire, Top menu puis cliquer sur le bouton Copier. En allant vérifier sur le site, le nouveau menu-barre apparaît en haut. Il contient bien les trois éléments. Lorsque l'on clique sur l'un des éléments, l'article s'affiche. En revanche, le choix d'un des deux menus ne fait pas ouvrir les détails de l'élément correspondant du menu général. En étudiant le contenu de la barre d'adresse, M. Bertrand constate que la fin de l'adresse est différente selon que l'on clique par exemple sur Nos vins par le menu général ou par le nouveau menu-barre. La solution est de modifier le type des éléments du menu-barre pour qu'ils fassent référence au menu ouvert par un lien externe. (Pour réussir cette modification, le plus confortable est de disposer de deux onglets dans votre navigateur, un avec le site et l'autre avec la partie administration.)

M. Bertrand a donc modifié le type des deux liens Nos vins et Notre terroir en récupérant l'adresse exacte qui permet d'en afficher les détails par le menu général.

En choisissant la commande Menus > Menu Barre puis l'élément Nos vins, il bascule dans la page d'édition dans laquelle il peut cliquer sur le bouton Changer le type puis choisir le type Lien externe (voir Figure 16.27).

Figure 16.27

Changement du type d'un élément de menu.

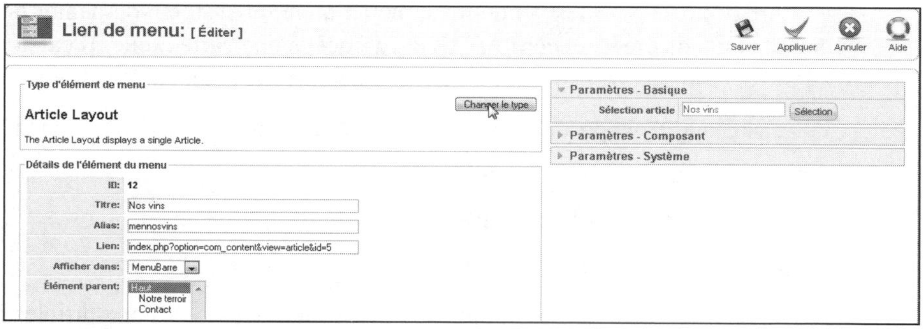

Au retour dans la page d'édition, le champ nommé Lien devient accessible. Il ne reste plus qu'à insérer les bonnes coordonnées dans la fin du nom. Les valeurs exactes varient d'une installation à l'autre, car elles dépendent de l'ordre dans lequel vous avez créé les différents éléments. Il peut par exemple s'agir des valeurs suivantes :

- pour Nos vins :

    index.php?option=com_content&view=**article&id=5&Itemid=4**

- pour Nos terroirs :

    index.php?option=com_content&view=**article&id=9&Itemid=8**

Une solution simple consiste à sélectionner dans la barre d'adresse la fin du lien à partir du a de article puis de basculer dans la partie administration pour coller cette mention à la place de la fin du lien dans le champ Lien. Notez qu'il ne faut pas ajouter de barre oblique au début avant *index.php*.

Cette barre oblique ferait chercher dans le dossier des documents du serveur Web Apache. Le résultat sera d'afficher la page de bienvenue de XAMPP lite que nous avons vue lors de l'installation. Les liens doivent être relatifs à la position courante. C'est ce qui permet de transplanter un site Web d'un endroit à l'autre. Les liens relatifs restent valables au sein de la sous-structure. Avec des liens absolus, il faut tout mettre à jour dès que l'on implante la sous-structure dans une racine située ailleurs.

16.3.4 La boutique (shop)

Pour que les clients puissent commander et régler en ligne, il faut ajouter au site un système de prise de commande et de paiement. À l'heure où nous mettons sous presse, il n'existe aucun composant de e-commerce qui fonctionne de façon suffisamment stable avec la nouvelle version Joomla!1.5 (mais l'excellent *VirtueMart* en version 1.1 sera sans doute disponible quand vous lirez ceci). De plus, M. Bertrand aimerait ne pas installer trop de composants additionnels, pour limiter les efforts de maintenance et de mise à jour.

Son fils Didier a alors l'idée de mettre en place un panier de commande PayPal, le système de paiement Web le plus répandu au monde qui appartient à la société eBay. PayPal propose un grand nombre d'outils pour les vendeurs, et notamment un système de panier de commande. M. Bertrand décide donc de créer un compte PayPal associé à une carte bleue. Il existe des systèmes concurrents à PayPal, comme WorldPay, qui offrent à peu près les mêmes fonctions.

Pour l'instant, trois produits sont proposés à la vente :

- un blanc à 10 euros la bouteille ;
- un rosé à 10 euros la bouteille ;
- un rouge à 12 euros la bouteille.

PayPal permet de créer des boutons qui peuvent être associés aux articles décrivant ces produits. En cliquant sur le bouton, l'article est déposé dans le panier PayPal. Précisons que les frais d'expédition et les taxes sont gérés (voir Figure 16.28).

M. Bertrand décide d'ajouter des boutons pour PayPal dans l'affichage du texte des articles Blancs, Rouges et Rosés (pas dans les éléments de menu !). Il va créer un module à cet effet. Pour simplifier l'injection du code HTML, il choisit No Editor dans le paramètre Éditeur WYSIWYG par défaut accessible par la commande SITE > CONFIGURATION GLOBALE, page SITE. Par la commande EXTENSIONS > GESTION des modules, bouton NOUVEAU, il sélectionne le type de module Custom HTML. Il ne reste plus qu'à insérer le code HTML récupéré depuis la page adéquate du site PayPal dans la zone de texte de l'éditeur (s'il avait conservé un éditeur Wysiwig, il aurait fallu utiliser le bouton HTML pour insérer le bloc HTML). Le nouveau module sera placé dans la colonne gauche sous le menu général. Il reste à choisir les pages dans lesquelles le bouton doit apparaître au moyen de la liste en bas à gauche (voir Figure 16.29).

Figure 16.28

Définition des boutons
du panier de commande.

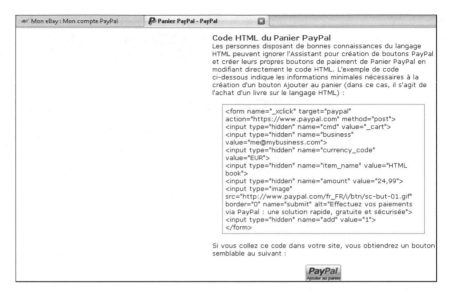

Figure 16.29

Le nouveau module pour
accéder à la boutique.

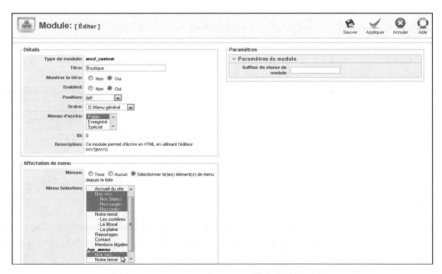

Dans cet exemple utilisant PayPal, l'adresse de messagerie de M. Bertrand est obligatoire dans le
code source, mais le plugin Email Cloaking activé en standard masque l'adresse pour des raisons
de sécurité. PayPal ne peut pas dans ce cas accéder correctement au panier de commande. Il faut
donc désactiver le plugin par la commande EXTENSIONS > PLUGINS. Le site Web montre ensuite l'aspect
de la Figure 16.30.

Figure 16.30

Un bouton de commande PayPal sur le site Web.

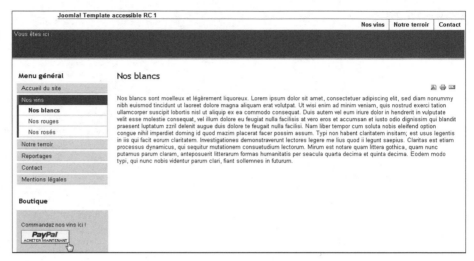

Lorsque le visiteur clique sur un tel bouton, il bascule dans l'affichage d'un panier de commande PayPal. Nous n'expliquons pas les détails de cette préparation ici, mais sachez que cela permet de choisir le nombre d'articles puis de passer au règlement (voir Figure 16.31).

Figure 16.31

Exemple de panier de commande sur PayPal.

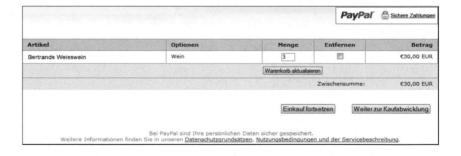

Si le client possède un compte PayPal, il peut payer immédiatement. Les internautes qui achètent sur le Web disposent souvent d'un tel compte PayPal, et leur nombre ne fera qu'augmenter.

16.3.5 Les reportages

Pour offrir aux visiteurs de son site un aperçu de la région dans laquelle il est implanté, M. Bertrand décide de donner accès à des images et à des vidéos. Il installe d'abord le composant de galerie de photos Exposée (revoyez la section 12.3 du Chapitre 12). Il crée une collection Vendanges contenant un album 2007, une collection Fiesta vinicole avec un Album 2007 et une collection Production (voir Figure 16.27). Son fils Didier ajoutera d'autres documents ultérieurement.

Figure 16.32

Le gestionnaire
d'album Exposé.

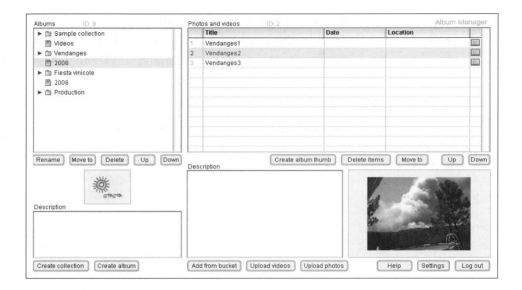

Il crée ensuite un élément de menu vers le nouveau composant par la commande MENUS > MAIN MENU, bouton NOUVEAU. Il donne au lien le titre Reportages. Une fois qu'il l'a sauvé, il peut définir exactement la position de l'élément au sein du menu. Les images sont ensuite disponibles à partir du nouveau lien REPORTAGES (voir Figure 16.33).

Figure 16.33

La section Reportages
du site Web.

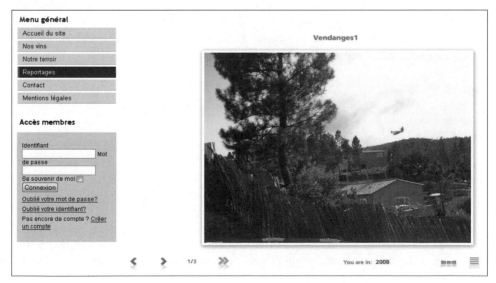

16.3.6 L'espace réservé aux membres

L'espace réservé aux visiteurs qui possèdent un compte d'utilisateur doit leur proposer des promotions, un plateau de téléchargement de documents au format PDF (certificats, analyses du sol, etc.) ainsi qu'un moyen de modifier les coordonnées du compte.

Le menu utilisateur

M. Bertrand crée un nouvel article non catégorisé portant le titre Promotions. Il vérifie que l'article est publié, qu'il n'apparaît pas sur la page d'accueil et qu'il n'est accessible qu'aux utilisateurs enregistrés (voir Figure 16.34).

Figure 16.34

Le nouvel article
Promotions

Par la commande MENUS > GESTION DES MENUS, bouton NOUVEAU, il crée un nouveau menu qu'il appelle Menu utilisateur (voir Figure 16.35).

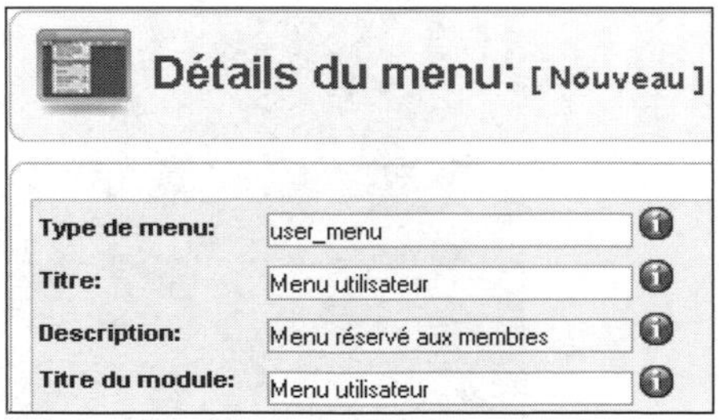

Figure 16.35

Création du
troisième menu,
Menu utilisateur.

Il place par la commande EXTENSIONS > GESTION des modules le nouveau menu dans la colonne gauche, il l'active et en limite l'accès aux utilisateurs enregistrés (voir Figure 16.36).

Figure 16.36

Le menu utilisateur dans
la gestion des modules.

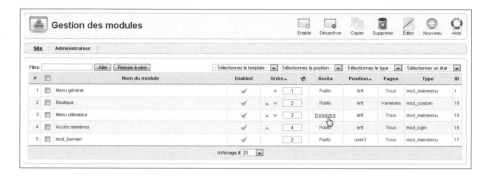

Il connecte ensuite l'article à son nouveau menu en réglant le niveau d'accès sur ENREGISTRÉ (voir
Figure 16.37).

Figure 16.37

L'élément du
menu utilisateur.

Il va alors vérifier le résultat sur son site Web. Il ouvre une session avec son compte d'administrateur
pour constater l'apparition de son nouveau Menu utilisateur conditionnel. De plus, ayant ouvert la
session en mode Administrateur, il dispose d'une icône de crayon permettant de modifier tous les
contenus depuis la partie publique (voir Figure 16.38).

Figure 16.38

Le nouveau Menu
utilisateur sur le site Web.

Il en profite pour cliquer sur l'icône d'édition pour modifier le contenu d'un article. Il peut même accéder aux paramètres et aux métadonnées. Il se souvient tout à coup que le bouton DÉCONNEXION n'est peut être accessible que sur la page ACCUEIL DU SITE. Dans l'administration, il choisit la commande EXTENSIONS > GESTION DES MODULES et accède aux paramètres du module LOGIN (Accès membres) pour choisir l'option Tous dans la section Affectation de menu à gauche.

Le plateau de téléchargement

Il faut ensuite définir une section du site proposant des documents à télécharger. M. Bertrand voudrait permettre aux visiteurs d'obtenir les certificats, mais seulement après qu'ils se soient identifiés. Il va utiliser à cet effet le composant standard Lien Web de Joomla.

Par la commande COMPOSANTS > LIENS WEB, page CATÉGORIES, il commence par créer trois catégories :

- Communiqués ;
- Certificats ;
- Analyses du sol.

Il prévoit pour chaque catégorie une petite description et pourra ajouter plus tard une image. Les catégories ne doivent être accessibles qu'aux utilisateurs enregistrés (voir Figure 16.39).

Figure 16.39

Création d'une
catégorie de liens Web.

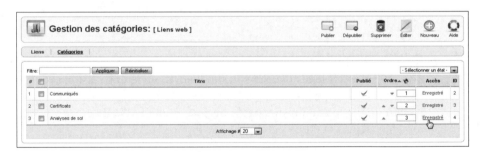

Les fichiers PDF à télécharger doivent être stockés dans un sous-dossier spécial du dossier des médias (SITE > GESTION DES MÉDIAS). Il crée ce sous-dossier en saisissant dans le champ à côté du chemin d'accès le nom pdf puis en cliquant sur CRÉER UN DOSSIER (voir Figure 16.40).

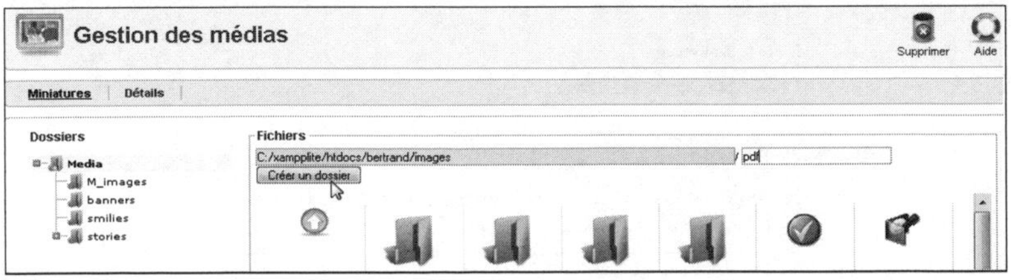

Figure 16.40

Création du
sous-dossier pdf.

Il ne reste plus qu'à transférer tous les documents PDF. Pour les tests en local, il suffit de copier les fichiers dans le sous-dossier de XAMPP lite *[CheminJoomla]/bertrand/images/pdf*. Ils pourront être transférés sur serveur *via* FTP plus tard (voir Figure 16.41). (Quelques fichiers sont fournis sur le CD-ROM.)

Figure 16.41

Les fichiers PDF accessibles depuis Joomla!

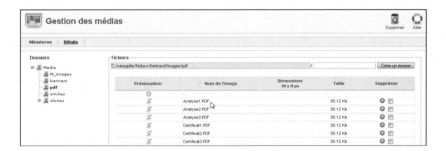

Il reste à créer les moyens d'accéder au moyen d'une adresse URL à ces documents PDF *via* la commande COMPOSANTS > LIENS WEB, bouton NOUVEAU. Le lien à indiquer doit effectivement permettre d'accéder aux documents (voir Figure 16.42). Il faut également choisir la catégorie de rattachement. Nous décidons de faire ouvrir le document dans une nouvelle fenêtre sans navigation. Rappelons qu'en local, l'adresse URL s'écrit *http://localhost/bertrand/images/pdf*. Lors du transfert vers le site Web public, il faudra mettre à jour ces adresses ou bien saisir directement le nom de domaine approprié.

Figure 16.42

Création d'un lien Web.

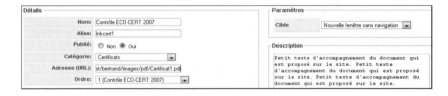

Après quelques opérations répétitives, M. Bertrand dispose de plusieurs liens menant à des documents PDF (voir Figure 16.43).

Figure 16.43

La série de liens de téléchargement.

Il reste à donner accès à cette série de liens par le Menu utilisateur. M. Bertrand utilise la commande MENUS > MENU UTILISATEUR, bouton NOUVEAU. Dans la fenêtre de choix du type, il sélectionne Liens Web puis le sous-type LISTE DES CHAMPS DES CATÉGORIES DE LIENS WEB (voir Figure 16.44).

Figure 16.44

Choix du type
et du sous-type
pour un lien Web.

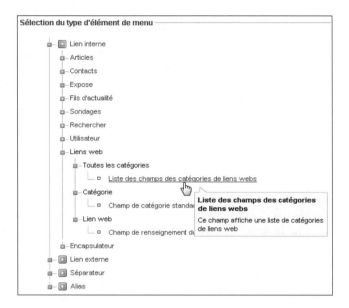

Dans la fenêtre de définition de l'élément de menu, il choisit le titre Téléchargements. Seul les utilisateurs enregistrés doivent y accéder. Dès qu'il clique sur Sauver, il peut dans la liste positionner le nouveau lien sous le lien des promotions. Sur le site Web, le lien apparaît effectivement. Il donne accès aux trois catégories. En cliquant sur une catégorie, cela fait apparaître une liste de fichiers PDF avec un lien pour les afficher ou les transférer (voir Figure 16.45).

M. Bertrand est très satisfait. Il ne s'agit pas d'un véritable système de gestion documentaire mais il suffit amplement à ses besoins, d'autant plus qu'il peut tout de même suivre le nombre de clics pour chaque document. Les descriptions et le mode d'affichage du tableau peuvent être paramétrés par MENUS > MENU UTILISATEUR > TÉLÉCHARGEMENTS, bouton PARAMÈTRES.

16.3.7 Coordonnées de l'utilisateur

M. Bertrand se souvient que les données d'exemples de Joomla! possédaient un lien dans le Menu utilisateur. Il permettait au visiteur identifié de modifier ses coordonnées (adresse de messagerie, mot de passe, etc.). Il veut qu'un tel lien soit disponible dans son propre menu utilisateur. Il crée donc un nouvel élément de menu et choisit comme type Utilisateur, puis encore Utilisateur, puis User form layout (Mise en page formulaire utilisateur). Son menu dispose ensuite d'un lien appelé Mes coordonnées accessible dès qu'une session nominative est ouverte (voir Figure 16.46).

Figure 16.45

Le plateau de téléchargement sur le site Web.

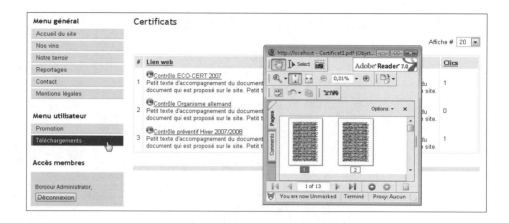

Figure 16.46

Accès aux coordonnées d'un utilisateur enregistré.

16.3.8 Conclusion d'étape

M. Bertrand est étonné de la vitesse à laquelle tout cela a progressé. Il contacte Ruth pour lui faire part de l'avancement des travaux. Mais Ruth est un peu décontenancée parce que les templates qu'elle avait conçus été destinés à la version Joomla!1.0.x. Or, elle vient de constater que bien des choses ont changé dans la version 1.5. Elle pense cependant mettre à jour ses templates pour le lendemain.

Elle transmet par messagerie deux captures d'écran des travaux en cours (voir Figure 16.47 et Figure 16.48).

Lorsqu'elle a essayé d'installer l'un de ses templates dans Joomla! 1.5, Ruth a très vite remarqué que de nombreuses classes CSS avaient changé de nom.

Pour mieux étudier les noms de ces classes et les autres paramètres, Ruth décide d'installer et de faire afficher la barre d'outils appelée Web Developer pour Firefox (voir Figure 16.49). Cette extension de Firefox est fournie sur le CD-ROM en français.

Figure 16.47

Le projet de templates du site Web public.

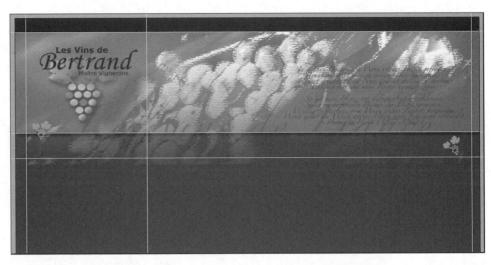

Figure 16.48

Le projet de templates de la partie boutique.

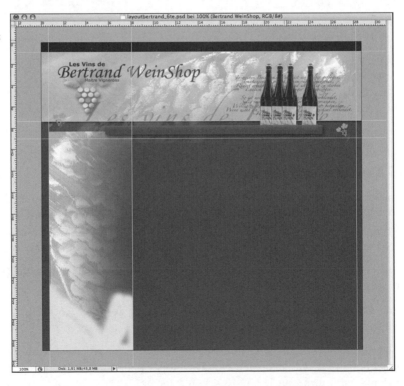

Figure 16.49

Affichage des noms des classes CSS grâce à l'extension Web Developer de Firefox.

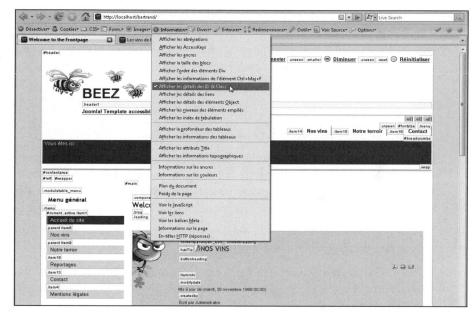

Ruth et M. Bertrand décident que M. Bertrand implantera son site Web sur le serveur public avec un template standard. Les templates spécifiques seront mis en place plus tard.

16.3.9 M. Bertrand découvre le langage CSS

M. Bertrand n'est plus un débutant en langage HTML. Il aimerait bien savoir plus précisément comment fonctionne son template.

S'en suit une longue discussion avec Ruth...

Ruth lui explique que l'aspect visuel du template est défini par deux fichiers CSS qui indiquent au navigateur du visiteur comment celui-ci doit présenter les données. Ce sont ces fichiers qui déterminent par exemple la couleur rouge ou brune de l'arrière-plan, l'ajout d'un graphique, et bien d'autres choses.

Le langage CSS se fonde sur un concept de feuilles de styles en cascade (une arborescence) et les deux fichiers CSS se nomment *template.css* et *joomlastuff.css*.

Ruth a optimisé ces deux fichiers pour les navigateurs les plus répandus, c'est-à-dire Internet Explorer 6.0 et Firefox 1.5 sous Windows d'une part, et Firefox 1.06 et Safari 2.03 sous Mac OS X 10.

Mais M. Bertrand aimerait apprendre le CSS pour créer lui-même des templates ou modifier ceux qui lui sont fournis.

Ruth lui explique alors le principe des feuilles de style en cascade (*Cascading Stylesheets CSS*) : le terme *cascade* signifie que les formats sont lus de haut en bas, et que certains formats sont des sous-formats de formats précédents. En cas de redéfinition d'un style, la nouvelle définition remplace l'ancienne. Voici à quel endroit les définitions CSS peuvent être implantées :

- dans un fichier CSS externe indépendant ;
- dans la partie d'en-tête d'un fichier HTML ;
- directement imbriqués dans une balise HTML.

Les instructions CSS rencontrées dans les balises HTML ont priorité sur celles de même nom trouvées dans un fichier CSS externe. Cette remarque a son importance car Joomla! prédéfinit certains formats CSS et les injecte directement dans les balises HTML, remplaçant vos propres définitions. Vous devez en être averti.

Pour que la feuille de styles du template de M. Bertrand reste simple, Ruth décide de bien utiliser la structure hiérarchique offerte par CSS.

Elle choisit de faire contrôler l'aspect des textes par les balises HTML classiques : `body`, `table`, `div`, `p` et `form`. Tous les contenus de ces éléments doivent apparaître avec la police Verdana dans un certain corps et une couleur grise.

Lorsqu'il est nécessaire de diverger de ce style de base à un certain endroit du site Web, il suffit de lier les balises HTML à une classe de style. Si nous partons par exemple de la classe nommée `.tableaugris` possédant la propriété suivante :

```
{ background-color: #333; }
```

Elle devient utilisable dans une balise HTML de la façon suivante :

```
<table class="tableaugris">
```

Il est donc possible de personnaliser des éléments individuels grâce aux classes CSS.

Joomla! propose un grand nombre de classes prédéfinies, ce qui permet de concevoir assez facilement ses propres templates. En guise d'exemple, étudions le code servant à la colonne gauche de navigation (voir Figure 16.50).

Cette colonne héberge trois modules Joomla! :

- Main Menu/Menu général ;
- User Menu/Menu utilisateur ;
- User Login/Accès membres.

L'aspect visuel de cette zone de navigation est contrôlé par les classes suivantes (voir Listing 16.1).

Figure 16.50

La colonne gauche de
navigation sur le site.

Listing 16.1 : Le code HTML de la colonne de navigation

```
...
<div class="moduletable_menu">
<h3>Menu général</h3>
<ul class="menu">
<li id="current" class="active item1">
<a href="http://localhost/bertrand/">Accueil du site</a>
</li>
<li class="parent item4">
<a href="index.php?option=com_content...>Nos vins</a>
</li>
<li class="parent item8">
<a href="index.php?option=com_content...">Notre terroir</a>
</li>
...
</ul>
</div>
<div class="moduletable">
<h3>Connexion</h3>
<form action="index.php" method="post" name="login" id="form-login">
```

```
<fieldset class="input">
<p id="form-login-username">
<label for="modlgn_username">Identifiant</label><br>
<input id="modlgn_username" name="username" class="inputbox"
alt="username" size="18" type="text">
</p>
...
</fieldset>
<ul>
<li>
<a href="index.php?option=com_user...">Mot de passe oublié ?</a>
</li>
...
</ul>
<input name="option" value="com_user" type="hidden">
...
</form>
</div>
<div class="clear"></div>
...
```

Le formatage CSS pas à pas

Schéma

L'étude du code HTML laisse deviner une certaine systématique.

Pour atteindre son objectif de présentation, Ruth a décidé de demander dans le fichier *index.php* de générer les données du module sous l'effet de l'instruction style="xhtml".

Sous l'effet de cette demande, tous les modules utilisés dans le projet voient leurs données générées à l'intérieur de couples de balises <div> sous forme d'éléments list. Les containers <div> reçoivent des titres désignés par la balise HTML <h3> suivie de listes. Les listes contiennent les liens. Cette approche offre beaucoup de souplesse car toutes les balises HTML peuvent être contrôlées soit directement, soit *via* les classes prédéfinies dans Joomla!.

Les modules présentent une image de fond estompée définie dans une balise HTML globale pour s'appliquer à tous les modules. Les classes conçues pour l'ensemble HTML sont réunies dans le fichier nommé *template.css*, de même pour la couleur de fond de la colonne de navigation (voir Listing 16.2).

Listing 16.2: Code CSS de .naviside

```
.naviside {
  background: url(../images/naviseite_oben.jpg) top left; /*Image de fond */
  width: 210px;          /* Largeur */
  vertical-align: top; /* Placement des contenus sur le bord supérieur */
  border: 0px;           /* Bordure */
  padding: 0px;          /* Marge interne*/
  margin: 0px;           /* Marge externe*/
  background-color: #fff; /* Couleur de fond*/
  text-align: left;      /*Placement aligné à gauche*/
  float: left;           /* Position globale dans le bloc HTML */
}
```

Ruth décrit ensuite les différentes balises <div> qui sont exploitées par les classes moduletable_ menu et moduletable (Login Form). Elles déclarent les propriétés applicables à tous les menus.

Il s'agit de la largeur, des marges et de la couleur. Il suffit pour cela de connaître les deux classes .moduletable et .moduletable_menu.

Ces deux classes sont prédéfinies dans Joomla!. Ruth a distribué logiquement ses propres classes et celles prédéfinies par Joomla! dans les deux fichiers CSS *joomla_stuff.css* et *template.css*.

Listing 16.3: Code CSS

```
.naviside .moduletable, .moduletable_menu {
  width: 210px;      /* Largeur */
  background: none; /* Fond */
  margin-top: 18px; /* Ecart du module en haut */
  text-align: left; /* Aligné à gauche */
  padding: 0px;      /* Pas de marge interne entre module et contenu */
}
```

Titres des modules

Pour obtenir un titre conservant le même aspect dans tous les modules (voir Figure 16.51) il suffit de faire référence au style de titre depuis le module *via* la balise <h3>.

Dans le fichier CSS, il faut d'abord rappeler la classe qui est ici .navioben. Tous les modules sont englobés dans cette division <div> *via* la classe .navioben. Cette manière de faire assure que seules les données des titres dans la région .navioben subissent un formatage avec ces styles CSS. Il ne reste plus qu'à stipuler l'indispensable balise <h3>. Ruth a prévu une image de fond pour les titres afin d'enrichir l'aspect des menus (Listing 16.4).

Figure 16.51

Exemple de titre de module.

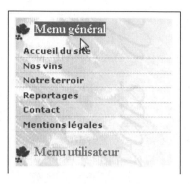

Listing 16.4: Style de titre de module

```
/* Définition des titres du module lié */
.navioben h3 {
  font: 18px/18px Times New Roman, serif;   /* Corps/Police*/
  font-weight: normal; /* Variante de police */
  color:  #A49A66;     /* Couleur */
  background: url(../images/blatt.gif) top left;  /* Image de fond */
  background-repeat: no-repeat;  /* Répétition du fond */
  padding-left: 25px; /* Marge interne du bord gauche */
  height: 25px;       /* Hauteur div */
  width: 185px;       /* Largeur */
}
```

Éléments des menus

Après le titre, il faut s'intéresser à la mise en forme des liens dans les listes HTML (voir Figure 16.52).

Figure 16.52

Exemples d'éléments de menu (sous-menu).

Ruth ne veut pas voir de puce à gauche des liens, ni de retrait vers la droite. Elle fait référence à une liste en exploitant les classes prédéfinies de Joomla! appelées .menu et .moduletable (Listing 16.5).

Listing 16.5: Formatage d'une liste de module

```
ul.menu, .naviside .moduletable ul {
  list-style: none; /* Liste sans puces */
  display: block;   /* Element de bloc, */
                    /* formatable comme boîte */
  width: 210px;     /* Largeur */
  margin: 0px;      /* Marge externe */
  border: 0px;      /* Bordure */
  padding: 0px;     /* Marge interne */
}
```

Filets séparateurs

Pour séparer visuellement les différents éléments de menu, Ruth utilise des balises <li> dans la liste :

```
ul.menu li {
 border-bottom: 1px dotted #ccc; /* Bordure inférieure */
}
```

Il est possible de faire référence aux sous-rubriques des liens, par exemple pour forcer un retrait sur la bordure gauche (Listing 16.6).

Listing 16.6: Exemple de sous-rubrique

```
/* Format des listes des sous-rubriques */
ul.menu ul  {
  /* Marge externe simulant un retrait du texte */
  margin-left: 10px;
  background-color: #EEE; /* Autre couleur de fond */
  width: 200px;           /* Largeur réduite */
}
```

La bordure inférieure des sous-rubriques est personnalisée en harmonie avec la couleur de fond :

```
ul.menu ul li {
  border-bottom: 1px solid #fff;  /* Bordure inférieure */?
}
```

Il serait même possible de personnaliser l'aspect de chaque élément de la liste puisque chaque balise <li> possède sa propre classe :

```
level1 item1, .level1 item2 parent, .level1 item3 parent, .level1 item4
```

Liens vers les contenus

Nous en arrivons enfin aux liens. Le formatage concerne la balise <a> située dans la liste <ul> et se base sur la classe .menu.

Voici comment tous les liens doivent se présenter :

```
ul.menu a {?
  text-decoration: none;   /* Lien sans soulignement */
  color: #6B5E588;         /* Couleur de texte */
  font-size: 11px;         /* Corps de texte */
  padding-left: 10px;      /* Marge gauche de bordure */
}
```

L'effet visuel appelé hover (survol) permet de faire varier la couleur de fond ou de texte d'un lien lorsque le pointeur est amené au-dessus sans cliquer. Ruth a décidé de gérer ce cas de la manière suivante :

```
ul.menu a:hover {
  color: #CAC303;
  text-decoration: none;
}
```

Finalement, la classe suivante est utilisée pour mettre en valeur l'élément de menu de la page actuellement affichée :

```
.menu li#current a {
  color: #B22819; /* Couleur de texte */?
}
```

... et ce sera tout !

Après toutes ces explications, M. Bertrand se réjouit de constater que le formatage CSS n'est pas aussi complexe qu'il l'avait craint. Il a encore la tête qui bourdonne, mais Ruth lui conseille quelques sites pour parfaire ses connaissances. Les styles CSS ont fait l'objet de nombreux tutoriaux sur le Web.

16.3.10 Prise en compte de nouveautés de la version 1.5

Si vous avez déjà conçu ou pris une certaine habitude d'utiliser des templates Joomla! 1.0.x, vous apprendrez avec joie que Joomla! 1.5 permet de continuer à les exploiter si vous les basculez dans le mode compatibilité Legacy (voyez aussi le Chapitre 12)!

Il y a quelques précautions à prendre lorsque l'on est concepteur de templates. Les anciennes instructions mosload() du code PHP ainsi que les anciennes classes CSS situées dans le fichier *index.php* du template ne fonctionnent parfois plus dans certains contextes car le formatage a évolué.

Évolutions au niveau du menu

Les possibilités de mise en forme des modules et des composants ont énormément augmenté par rapport à Joomla!1.0. Il était possible auparavant de les personnaliser en faisant référence à des extensions de classes CSS définies par le programmeur. Dorénavant, vos données HTML générées peuvent être contrôlées au niveau du format au moyen des instructions suivantes placées dans le fichier *index.php* du template.

Voici les options disponibles :

- table (par défaut). Les données du module sont présentées dans une colonne de tableau.
- horz. Le module est présenté horizontalement dans la cellule du tableau environnant.
- xhtml. Le module est présenté dans un élément `div` simple.
- rounded. La sortie utilise un format permettant d'afficher des coins arrondis. Le nom de l'élément `<div>` passe de `moduletable` à `module`.
- none. Les données du modules s'affichent sans aucune mise en forme.

Cette évolution est fantastique ! Il devient possible de produire tout un site Joomla! sans utiliser aucune balise de tableau. Cela permet de garantir un contenu présenté de façon logique et qui peut atteindre ses objectifs d'accessibilité.

Par ailleurs, en adoptant le principe des balises `<div>`, on dispose d'une bien plus grande liberté qu'avec les tableaux HTML, qui n'avaient à l'origine pas été conçus pour une si lourde tâche.

16.4 Implantation sur le serveur Web

Pour l'instant, le site Web de M. Bertrand est purement local, mais il possède maintenant l'aspect désiré pour le lancer dans le vaste cybermonde. M. Bertrand a fait une étude de marché pour sélectionner un fournisseur d'accès à Internet et a fini par opter pour une petite entreprise géographiquement proche. Elle lui a proposé une interface d'administration sécurisée SLL avec Plesk pour le paramétrage du serveur Web, de la base de données et de la configuration de messagerie (voir Figure 16.53).

L'interpréteur PHP fonctionne en mode sécurisé, Safe Mode. La base de données est administrée par le très connu outil phpMyAdmin. M. Bertrand tenait à administrer son serveur avec un outil Web, pour ne pas avoir à éditer manuellement différents fichiers de configuration (c'est d'ailleurs dangereux pour celui qui ne s'y connaît pas bien).

Il existe bien d'autres interfaces d'administration en dehors de Plesk, comme par exemple Confixx, Visas ou encore Webmin. La plupart des fournisseurs d'accès à Internet proposent soit l'un des outils standard, soit une version personnalisée.

Figure 16.53

Exemple d'interface
d'administration Web.

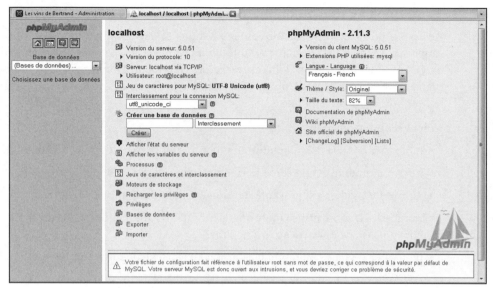

16.4.1 Procédure d'installation

Dans son installation locale, M. Bertrand s'est d'abord servi de l'installateur Web intégré à Joomla! pour configurer le programme. Il a ensuite procédé à la création de son site en le peuplant de données. Il aimerait fortement pouvoir transférer les données et les définitions de son site. Au moins deux possibilités s'offrent à lui :

- Il transfère tous les fichiers de Joomla! par FTP sur le serveur du fournisseur d'accès puis modifie manuellement les fichiers de configuration et importe enfin la base de données *via* phpMyAdmin.

- Il charge un fichier Joomla! par FTP sur le serveur puis procède à l'installation à distance avec l'installateur de Joomla! pour importer enfin les données *via* phpMyAdmin.

M. Bertrand opte pour la première approche. Il lui faut d'abord rassembler ses données de connexion FTP, son nom et son mot de passe MySQL, et bien sûr son nom de domaine.

Voici les données d'accès dont il a besoin (ces données sont évidemment différentes pour vous) :

FTP

- Machine hôte : bertrand.cocoate.com ;
- Identifiant (user) : fusfusfus ;
- Mot de passe : pwpwpw.

MySQL

- Machine hôte : localhost ;

- Identifiant (user) : dbusdbus ;

- Mot de passe : pwpwpwpw ;

- Base de données : dbdbdb.

16.4.2 Installation de Joomla! sur le site public

M. Bertrand démarre son programme de transfert FTP et se connecte à son espace. Il utilise l'outil FTP proposé par son fournisseur (FileZilla est fourni sur le CD-ROM).

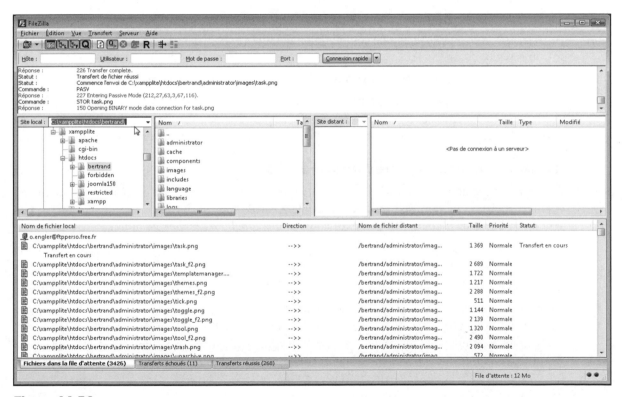

Figure 16.54

Transfert FTP.

1. Il transfère toute la sous-structure de dossiers *c:\xampplite\ htdocs\bertrand* dans le dossier *httpdocs* (ou autre) du serveur chez son fournisseur d'accès.

2. Il crée une sauvegarde de son fichier local *configuration.php* sur son propre PC puis ouvre l'original dans un éditeur de texte.

Il doit en effet modifier quelques paramètres pour que la version locale puisse fonctionner sur le serveur distant.

```
/* Paramètres de base de données */
...
var $host = 'localhost'; // Normalement = localhost
var $user = '';          // Identifiant MySQL
var $password = '';      // Mot de passe MySQL
var $db = '';            // Nom de la base MySQL
```

3. Il transfère ensuite le fichier de configuration modifié *via* FTP dans le dossier *httpdocs* (ou autre) du serveur

4. Puis il règle les droits d'accès (permission) de ce fichier avec la commande chmod 0777.

Quasiment tous les programmes FTP savent exécuter des commandes système pour modifier les droits d'accès à un dossier ou à un fichier. Au niveau des dossiers, Joomla! a besoin au minimum du niveau d'accès correspondant à chmod 755. Pour les fichiers, le niveau chmod 644 suffit.

16.4.3 Importation des données SQL

Pour que la base de données MySQL chez votre fournisseur d'accès puisse disposer de vos données, il faut d'abord les extraire de l'installation locale XAMPP lite. M. Bertrand accède *via* son navigateur à son interface d'administration par l'adresse *http://localhost/phpmyadmin.*

1. Il sélectionne la base de données bertrand dans la liste de gauche puis clique sur le bouton Exporter en haut.

2. Il clique si nécessaire sur l'option Tout sélectionner car toutes les tables doivent être exportées.

3. Dans la zone Structure, il active l'option générale Structure ainsi que l'option supplémentaire Ajouter drop table. Ce choix permet d'ajouter une instruction SQL pour supprimer d'éventuelles tables homonymes avant de créer les nouvelles et d'insérer leurs données. Cette option est obligatoire puisque l'installateur Web a créé des tables vides qui entreraient en conflit sans cette option.

4. Dans le groupe d'options Données, il active l'option globale Données ainsi que l'option Insertions étendues.

5. Tout en bas, au niveau de Compression, il choisit l'option Zippé, pour réduire la taille du fichier à transférer.

6. Il active bien sûr en bas l'option TRANSMETTRE, pour que les données exportées soient proposées *via* téléchargement.

7. Il ne reste plus qu'à cliquer sur le bouton EXÉCUTER (voir Figure 16.55). Un fichier portant le nom *bertrand.sql.zip* est proposé au téléchargement (voir Figure 16.56).

Figure 16.55

Préparation
de l'exportation
des données.

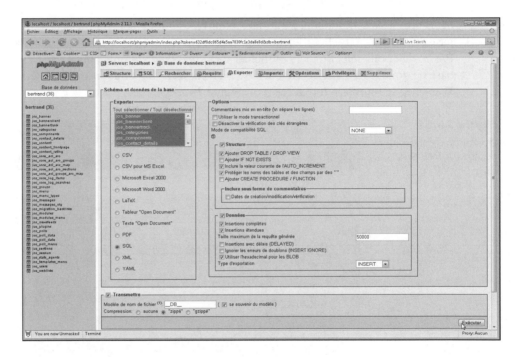

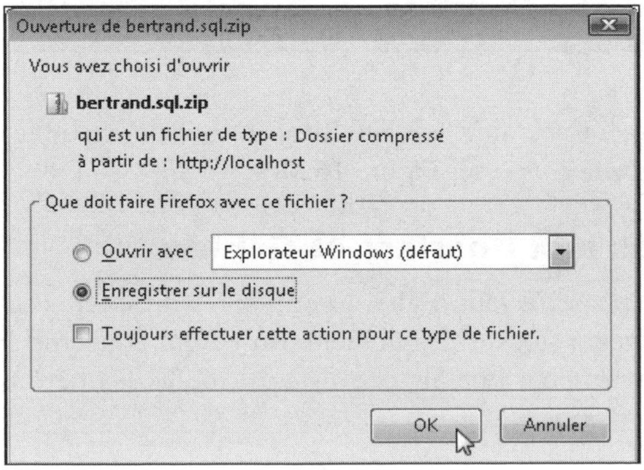

Figure 16.56

Récupération du
fichier d'exportation
bertrand.sql.zip.

Cette archive contient toutes les bases de données avec les données contenues. Le fichier doit être stocké dans un dossier extérieur à la structure de dossiers de Joomla!. Il faut ensuite décompacter l'archive afin d'obtenir le fichier nommé *bertrand.sql*. Il contient une longue série d'instructions SQL (vous pouvez le visualiser avec un éditeur) qui permettent de recréer la structure de la base puis d'y injecter toutes les données présentes au moment de l'exportation.

M. Bertrand accède donc à l'interface phpMyAdmin de son fournisseur d'accès. Il sélectionne sa base de données actuelle (il faut l'avoir créée) puis clique sur le bouton IMPORTER. Il se sert du bouton PARCOURIR pour sélectionner son fichier local *bertrand.sql* puis clique sur EXÉCUTER pour recréer la base de données à distance. Si tout s'est bien passé, il doit pouvoir immédiatement accéder à son site Web chez le fournisseur d'accès (voir Figure 16.57).

Figure 16.57

Opération d'importation des instructions SQL.

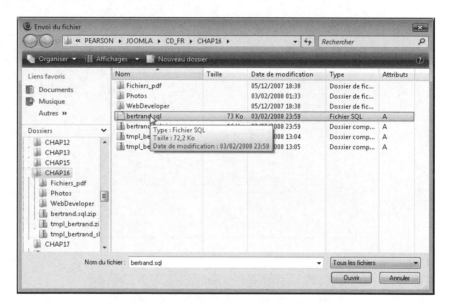

Le site Web doit avoir le même aspect que son site local. Dans son exemple, l'adresse correspondante était *http://bertrand.cocoate.com* (voir Figure 16.58).

16.4.4 Droits d'accès aux dossiers et fichiers

Au moindre souci dans cette phase, il faut d'abord vérifier les droits d'accès ou permissions des dossiers dans lesquels vous avez à stocker des fichiers. En ce qui concerne Joomla!, choisissez la commande AIDE > INFOS SYSTÈME pour obtenir une liste de toutes les permissions en cours (voir Figure 16.59).

Figure 16.58

Aspect du site Web public
http://bertrand.cocoate.com.

Figure 16.59

Liste des permissions
d'accès aux dossiers.

Le fournisseur d'accès sélectionné par M. Bertrand utilise le système Linux sur ses serveurs. Sous Linux, les accès sont gérés par utilisateurs et par groupes. Un utilisateur est défini pour M. Bertrand et un autre pour le programme serveur Web Apache. Dans certaines configurations, ces deux utilisateurs ne font pas partie du même groupe. Dans ce cas, il faut forcer les permissions pour que l'un puisse accéder aux données appartenant à l'autre, grâce à la commande en mode ligne chmod 0777.

M. Bertrand en profite pour aller personnaliser le mot de passe du composant de galerie de photos Exposé qui est au départ manager.

16.5 Moteurs de recherche

M. Bertrand effectue deux opérations pour que son site soit aisément trouvé par les moteurs de recherche Internet.

16.5.1 Adresses URL optimisées

Chez la plupart des fournisseurs d'accès, il possible d'utiliser une option pour que les adresses URL prennent un aspect adapté aux moteurs de recherche. Le fournisseur choisi par M. Bertrand autorise ces adresses optimisées. M. Bertrand active donc la fonction par la commande SITE > CONFIGURATION GLOBALE > PARAMÈTRES SEO (dans la page Site). Il modifie ensuite le nom *htaccess.txt* en *.htaccess*. Cela permet ensuite d'accéder à la galerie Exposé en écrivant l'adresse ainsi :

http://bertrand.cocoate.com/Reportages

(Voir aussi la section 6.4.1 du Chapitre 6.)

Notez que cette reformulation des adresses ne fonctionne qu'avec le serveur Web Apache.

16.5.2 Balises Méta

M. Bertrand avait pris soin d'ajouter une petite description et quelques mots clés dans tous ses articles (revoyez la section 6.4.1 du Chapitre 6 au sujet des mots clés).

16.6 Ajout des templates spécifiques

Le lendemain matin, la fête du vin est terminée. Didier et Marlène ramènent de nombreux documents photographiques. M. Bertrand met en place les fichiers PDF sur son site.

La connexion pour le paiement par PayPal a été testée.

Tout le monde se retrouve pour le déjeuner, car Ruth a entretemps terminé la conception de ses deux templates. Elle rapporte les fichiers sur une clé USB et raconte les détails du processus de réalisation.

16.6.1 Installation des templates

M. Bertrand décompresse les deux fichiers zip des templates pour obtenir deux dossiers avec des sous-dossiers pour chacun d'eux. Il transfère ensuite chacun des deux sous-dossiers *via* FTP dans le dossier *bertrand/templates* de son site Web (il faut d'abord supprimer un éventuel sous-dossier portant le même nom). Il choisit ensuite la commande EXTENSIONS > GESTION DES TEMPLATES pour instaurer son nouveau template *tmpl_bertrand* comme template par défaut (voir Figure 16.60).

Figure 16.60

Activation du nouveau template dans le gestionnaire des templates.

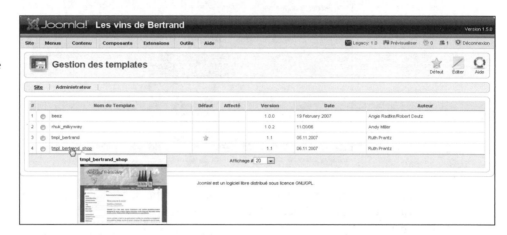

Le template secondaire *tmpl_bertrand_shop* doit être utilisé uniquement dans les pages concernant le vin, pour permettre une commande directe. Il suffit pour cela d'aller dans les paramètres détaillés de ce template (voir Figure 16.61).

16.6.2 Évolution des templates

Ruth a conçu les deux templates avec plusieurs objectifs en tête.

Évolution

M. Bertrand veut faire évoluer son site, y compris au niveau de son aspect. La conceptrice en a tenu compte. Elle a créé un gabarit bien structuré qui permettra à M. Bertrand de remplacer les images dans la partie supérieure lorsqu'il en aura le désir.

Mise en page

Ruth explique la manière dont elle a travaillé pour concevoir les templates :

« L'aspect visuel d'un site Web offre de nombreuses possibilités.

M. Bertrand veut vendre du vin.

Figure 16.61

Sélection des pages pour lesquelles le template de boutique doit être utilisé.

Son template doit donc véhiculer une idée de recherche de la qualité dans la tradition, pour que l'on devine que l'on pourra acheter ici du vin de qualité.

Il aurait été inefficient de concevoir un template de style technologique avec des effets métalliques, même si cela aurait donné un aspect moderne.

Nous avons choisi des visuels de grappes de raisins et des couleurs de terroir. Les tons ont été appareillés au niveau des couleurs de fond et des éléments graphiques.

Plusieurs éléments participent à l'aspect visuel : le logo, le choix des couleurs, le style des photographies et des graphiques (les graphiques regroupent tous les éléments qui ne sont pas des photographies, et donc aussi les boutons et symboles) et enfin les polices de caractères.

Tous ces éléments doivent être correctement positionnés pour occuper l'espace de la page.

Les éléments doivent bien s'adapter et cohabiter pour donner un effet visuel harmonieux. Mieux vaut n'utiliser qu'une seule police de caractères, en la faisant varier par le gras et l'italique.

Dans les templates Bertrand, j'ai opté pour une police de caractères très classique pour les titres, afin de donner un aspect traditionnel. Il s'agit de la police Times, très utilisée dans les quotidiens. Il n'est pas nécessaire de vouloir toujours être original. La sobriété a du bon. »

Un portrait retrouvé

Pendant toutes ces discussions, Ruth a griffonné un petit portrait de M. Bertrand qu'elle lui transmet par messagerie. Il l'ajoute immédiatement à sa galerie de photos.

16.7 Tout est bien qui finit bien

Le site est en ligne et les travaux n'ont effectivement durés que deux jours.

Au cours des deux semaines suivantes, M. Bertrand insère les nombreuses photographies des vendanges et peaufine ses textes. Il demande à des amis et connaissances de venir visiter le site et de s'enregistrer pour le tester. Il obtient même déjà une première commande.

Après avoir discuté longuement avec son fournisseur d'accès au sujet des procédures de mise à jour de Joomla!, M. Bertrand signe un contrat de maintenance dans lequel le fournisseur s'engage à procéder automatiquement aux mises à jour de Joomla! dès qu'elles sont disponibles.

Le site reste assez simple à maintenir dans son état actuel. Il utilise en effet les composants standard de Joomla!. La galerie Exposé fonctionne dans un cadre `iframe` HTML sur le même principe que le composant Wrapper.

M. Bertrand est rassuré de savoir que les mises à jour sont déjà organisées.

Vous pouvez visiter le site de la conceptrice Ruth à l'adresse *http://www.ateliersite.de* si vous êtes germanophone.

16.7.1 Retour d'expérience

La majorité des petits sites Web naissent comme celui de M. Bertrand. J'ai personnellement vécu très souvent cette approche. Même si les grandes entreprises ne l'avouent pas aisément, leurs propres sites Web aussi commencent modestement.

Les principes restent en effet les mêmes. Une agence de conception graphique prend en charge la création visuelle et une équipe technique se charge de la programmation et des traitements. Souvent des équipes spécifiques sont définies pour rédiger les textes, pour se charger de la charte graphique et pour se soucier de la sécurité. L'équipe technique s'occupe également de l'implantation sur les machines hôtes des serveurs.

Généralement, tout se déroule sans souci sous Joomla!.

17 Quelques templates supplémentaires

Après avoir découvert dans les chapitres précédents comment concevoir des composants, des modules, des plugins, des templates et même un site Web complet, vous avez certainement envie de créer vos propres templates. Remercions Alex Kempkens qui a supervisé la création des deux templates que nous vous proposons de découvrir.

> **Attention** Sachez que vous êtes autorisé à réutiliser ces modèles dans le cadre de vos propres projets, qu'ils soient privés ou commerciaux, à deux conditions : les templates ne doivent pas être revendus (c'est l'auteur qui seul peut en décider) et vous devez prendre connaissance de quelques limitations au niveau des contenus (regardez parmi les fichiers du template concerné).

Nous avons cherché à sélectionner des templates significatifs dans deux domaines d'application importants.

Les vainqueurs de notre sélection rigoureuse sont les deux templates suivants :

- un template pour association ou organisation non gouvernementale de Tom Bohaček ;
- un template pour entreprise de Andy Miller.

Tout en rédigeant le Chapitre 16, le projet de site d'un viticulteur s'est étoffé au point d'avoir entraîné la création de nouveaux templates :

- deux templates conçus par Ruth Prantz destinés à un négociant en vin du Languedoc.

Le Chapitre 16 a présenté la création et l'exploitation de ces deux templates.

17.1 NGO : un template pour ONG

L'acronyme ONG se dit en anglais NGO (*Non Governmental Organization*) et désigne les organisations non gouvernementales, c'est-à-dire des entités réunissant des individus dans le cadre d'une action humanitaire ou culturelle à but non lucratif. Au sens large, les syndicats, les associations sportives ou culturelles sont également des ONG. Une association conforme à la loi 1901 à but non lucratif entre dans ce périmètre.

Le designer Tom Bohaček a comme mission de proposer à d'autres professionnels et à des entreprises de les aider à résoudre des problèmes de communication au moyen des technologies modernes. Il a décidé d'utiliser Joomla! pour une raison très simple, comme il le dit lui-même :

« Parce que c'est avec cet outil que j'ai le plus de liberté pour concrétiser mes idées. »

Laissons donc Tom nous présenter son template.

17.1.1 Un template de «connaissance mondiale»

«Au départ, j'ai eu l'idée de concevoir un template capable de s'adapter aux fréquentes évolutions des contenus et aux nombreuses sources d'information que doit souvent gérer une ONG.

Figure 17.1

Le modèle NGO.

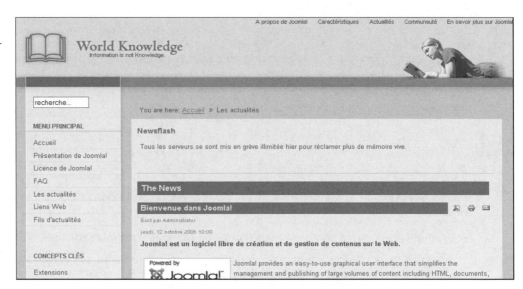

C'est ainsi que j'ai imaginé le concept de connaissances du monde ONG. J'ai cherché à trouver comment gérer et valoriser des trésors de connaissances culturelles.

17.1.2 Approche visuelle

Me remémorant la phrase de Goethe comme quoi «Ce qui est gris n'est que de la théorie», j'ai choisi un assortiment de couleurs agréables rappelant le parchemin et les bibliothèques, c'est-à-dire la connaissance. J'ai mis en valeur les éléments importants et les aides à la navigation en bleu turquoise. Cette couleur contrastante incarne bien le concept de connaissances. La même teinte est reprise pour la couverture du livre de la demoiselle en haut à droite.

De nombreuses ONG étant actives dans des contextes multiculturels, j'ai pris soin de ne pas charger la présentation pour donner plus de chances à des individus de cultures différentes de s'y retrouver vite.

Au niveau des textes, j'ai opté pour la famille de polices Helvetica. Elle revient à la mode, non seulement suite à la vague d'enthousiasme pour le Web 2.0, mais aussi parce que c'est une police lisible qui inspire le sérieux. De plus, elle est disponible sur quasiment toutes les machines.

17.1.3 Approche structurelle

La mise en page du site présente quatre parties. La partie d'en-tête, la barre de navigation et les deux sections de contenu. Dans ces dernières aboutissent les articles, une section destinée à recevoir les images, des informations et des liens appropriés au contexte courant.

Il n'y a pas de sous-niveaux dans les menus de la colonne gauche. Il est cependant possible d'y insérer plusieurs sections de navigation (par exemple Présent et Futur). Pour bien transmettre l'esprit de l'association concernée, nous proposons un accès direct à une page qui en présente les détails au format d'un article ou d'un blog. Tous les niveaux inférieurs d'informations sont rendus accessibles par des liens contextuels, soit à côté du corps des articles, soit directement dans l'article. Cela garantit une structure de navigation cohérente, tout en permettant d'offrir une bonne dynamique d'affichage des articles individuels. »

Tom Bohacek (http://www.bohacek.de)

17.2 Versatility : un template pour entreprise

Une entreprise est une entité privée pilotée par un comité de direction. Mais les choses ne sont jamais simples. L'objectif statutaire d'une entreprise est la création de bénéfices. Cela suppose de transmettre une image de sérieux pour établir la confiance des clients actuels et futurs. Ce sérieux doit également se refléter par le site Web de l'entreprise en sorte que les clients qui viennent le visiter aient immédiatement confirmation qu'ils ont fait le bon choix. Transmettre une image de professionnalisme *via* le site Web de l'entreprise occupe des milliers d'agences de création Web.

Le template conçu par Andy Miller constitue un outil pour véhiculer de telles valeurs d'entreprise auprès des clients.

17.2.1 À propos d'Andy Miller et de son projet

Andy Miller est programmeur et concepteur Web. Il a plus de10 ans d'expérience dans la création d'applications Web destinées aux professionnels.

Il fait partie de l'équipe de développement Joomla!, et faisait déjà partie de celle de Mambo. Ses responsabilités au sein de Joomla! concernent surtout l'interface utilisateur, l'aspect visuel et l'accessibilité.

Andy peut donc se prévaloir d'une connaissance approfondie de Joomla!, notamment dans le domaine de la création des templates. Tous les templates standard de Mambo et de Joomla!, pour la partie publique et la partie administrative sont passés entre ses mains (son nom d'utilisateur est rhuk).

Par ailleurs, Andy a fondé la société RocketTheme (*http://www.rockettheme.com*) qui propose à ses clients de leur fournir de nouveaux templates sous forme d'abonnement mensuel et d'intégrer une communauté d'utilisateurs pour faire évoluer les templates existants. Ses forums de discussion sont accessibles aux non-abonnés.

Son template nommé Versatility II est une évolution du template Versatility qui a bénéficié d'une sérieuse optimisation technique. Vous disposez par exemple de 15 positions de modules (ils ne sont tous visibles sur le site que si les modules correspondants sont installés). Cette structure riche donne toute la souplesse à ce template.

Figure 17.2

Le template Versatility II
de Andy Miller.

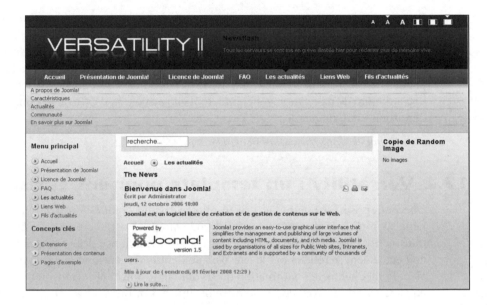

Vous disposez de quatre options au niveau des menus dans ce template :

- SplitMenu ;
- SuckerFish ;
- menu déroulant drop-down ;
- menu SuperSucker.

De plus, des systèmes de menus spécifiques ou conçus par d'autres programmeurs peuvent aisément être intégrés. La Figure 17.3 montre l'interaction avec le système de menus standard de Joomla!.

Les visiteurs du site Web peuvent choisir parmi trois largeurs pour le template Versatility II.

Il en va de même pour la taille des caractères du template pour lequel trois tailles différentes peuvent être sélectionnées par les visiteurs.

Figure 17.3

Un système de menus
dans Versatility II.

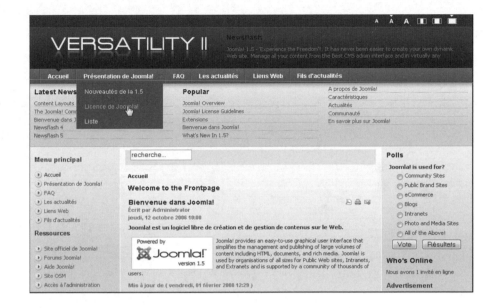

A **Annexe**

A.1 Ressources Web

Joomla! est un projet libre Open Source qui représente le fruit des idées et de l'expérience des milliers d'individus qui l'exploitent, le font évoluer et le mettent à disposition sur le Web.

Les sites Web de référence pour Joomla sont ceux-ci :

http://www.joomla.fr

http://www.joomlafrance.org

http://www.joomlafacile.fr

http://www.joomlabs.net/

Voici le site de référence en langue anglaise et en langue allemande :

http://www.joomla.org/

http://forge.joomla.org/

http://www.joomla.de/

Vous y trouverez réponse à presque toutes vos questions. Fouillez surtout dans les forums. Ainsi armé, vous êtes assuré de pouvoir exploiter Joomla! avec satisfaction.

Voyez aussi le site xing qui héberge un forum Joomla! particulièrement actif :

http://www.xing.com/net/mambo

Enfin au niveau sécurité, voyez ce site :

http://help.joomla.org/component/option,com_easyfaq/task,view/id,167/Itemid,268/

A.2 Téléchargements et CD-ROM d'accompagnement

 Contrairement à un réflexe habituellement sain, ne vous jetez pas sur la version la plus récente de Joomla!, d'un composant ou d'un module ! Entre la version allemande et cette adaptation française, bien de l'eau a coulé sous les ponts de Paris comme de Berlin. Si vous mettez en place la version 1.1, il est possible que certains éléments fonctionnels ne se comportent plus de la même manière.

En installant uniquement les fichiers fournis sur le CD-ROM et présentés dans le Tableau A.1 (aucun téléchargement), vous vous placez dans les conditions du livre et pourrez suivre exactement nos conseils.

Si vous rencontrez un problème, vérifiez si une version plus récente (d'un composant, d'un template ou ou de Joomla!) ne serait pas disponible.

Tableau A.1 : Contenu du CD-ROM

Chapitre	Fichier	Description
CHAP02	Joomla-1.5.0.Stable-FR.zip	Version 1.5.0 de Joomla! français
	FileZilla_3_0_6	Programme FTP
	XAMPP lite	Environnement logiciel (Apache, MySQL, PHP) pour Apple OS X, Windows et Linux
	tugzip3402.exe	Compresseur/décompresseur
CHAP04	Quelques fichiers d'images	
CHAP06	xstandard_1_0.zip	Plugin d'éditeur pour Joomla!
CHAP12	Exposé	Composant de galerie photo Exposé (cherchez une version plus récente si possible)
	RivaEncoderSetup.exe	Outil de création de fichier vidéo .flv
	Fireboard_Forum_1.0.3.zip	Composant Forum
	com_docman_x.x.x	Composant DOCman
CHAP13	livrejoomla150.zip	Template d'exemple
CHAP15	ACopierDans...	Dossier d'images à copier à l'emplacement indiqué
	com_hallo.zip	Composant
	com_auto.zip	Composant
	mod_auto.zip	Module
	plu_auto.zip	Plugin
CHAP16	web-developer.xpi	Extension pour Firefox
	tmpl_bertrand.zip	Template Bertrand
	tmpl_bertrand_shop.zip	Template Boutique Bertrand
CHAP17	ngo.zip	Template ONG
	rt_versatility_ii_sienna.zip	Template Entreprise

 Le contenu exact du CD-ROM peut diverger de cette liste car sa production est postérieure à la mise sous presse du livre papier.

A.3 Instructions jdoc et templates

L'élément nommé <jdoc> vous permet de définir des sections à contenu dynamique dans votre templates sans devoir utiliser la moindre instruction PHP (voir Tableau A.2).

Tableau A.2 : Instructions <jdoc:...> dans le fichier index.php d'un template

Code dans le template	Effet

```<jdoc:comment>```
 	
```Votre commentaire```
 	
```</jdoc:comment>```
	Commentaires

```<?php echo '<?xml version=»1.0» encoding=»utf-8»?'.'>'; ?>```
 	
```<!DOCTYPE html PUBLIC «-//W3C//DTD XHTML 1.0 Transitional//EN» «http://www.w3.org/TR/xhtml1/DTD/xhtml1-transitional.dtd»>```
 	
```<html xmlns=»http://www.w3.org/1999/xhtml» xml:lang=»<?php echo $this->language; ?>» lang=»<?php echo $this->language; ?>» dir=»<?php echo $this->direction; ?>» >```
	Déclaration du type de document (en-tête XHTML)

HEAD	
```<meta http-equiv=»Content-Type» content=»text/html; <?php echo _ISO; ?>» />```	Désignation du type de contenu valide

```<link rel=»stylesheet» href=»<?php echo $this->baseurl ?>/templates/system/css/system.css» type=»text/css» />```
 	
```<link rel=»stylesheet» href=»<?php echo $this->baseurl ?>/templates/system/css/general.css» type=»text/css» />```
 	
```<link rel=»stylesheet» href=»<?php echo $this->baseurl ?>/templates/<DOSSIER_DU_TEMPLATE_/css/template.css» type=»text/css» />```
	Références au fichier CSS

```<?php if($this->direction == 'rtl') : ?>```
 	
```<link href=»<?php echo $this->baseurl ?>/templates/rhuk_milkyway/css/template_rtl.css" rel="stylesheet" type="text/css" />```
 	
```<?php endif; ?>```
	Réglage du support de l'écriture de droite à gauche par CSS

Tableau A.2 : Instructions <jdoc:...> dans le fichier index.php d'un template (*Suite*)

Code dans le template	Effet
BODY	
`<jdoc:include type=»message» />`	Affichage des messages système de Joomla!
`<jdoc:include type=»modules»` `name=»[position]» style=»[Style]» />`	Chargement du module à la position `[position]`. Pour `[Style]` (voir le Chapitre 13)
`<?php if($this->countModules('left')) : ?>` `<?php endif; ?>`	Instruction conditionnelle : s'il y a des modules en colonne gauche, les charger dans le template.
`<jdoc:include type=component />`	Affichage du composant dont le nom est tiré de l'adresse URL.

A.4 Échange d'une image dans le template

Pour changer l'image constituant le logo, vous devez accéder au code source du modèle. Vous pouvez faire référence à des images dans la structure HTML ou dans la structure CSS. Normalement, les graphiques à positionner sont déjà préparés pour posséder la taille requise dans la zone réceptrice.

Pour se limiter à remplacer une image, deux approches sont possibles.

Variante 1

1. Créez le graphique en tenant compte de la résolution, des dimensions et du poids de fichier à respecter.

2. Chargez le fichier d'image dans le Gestionnaire de médias de Joomla!.

3. Cliquez dans l'image pour établir le lien vers elle.

4. Dans le code source du modèle, ajoutez une balise `<img src= >` appropriée pour référencer la nouvelle image.

Variante 2

1. Créez le graphique en tenant compte de la résolution, des dimensions et du poids de fichier à respecter et sauvegardez-le sous exactement le même nom que celui qu'il doit remplacer dans le modèle.

2. Écrasez l'ancien fichier dans son dossier.

A.5 L'interface fonctionnelle API de Joomla!

L'interface API (*Application Program Interface*) est une série de noms conventionnels qui désignent les fonctions et méthodes du code source dont l'exécution est autorisée à partir d'un programme extérieur. Cette interface contient sa propre documentation. Il est possible de l'extraire automatique-ment du code source pour la consulter *via* un programme de documentation. La plupart des descrip-tions sont accompagnées d'au moins un exemple d'utilisation. L'équipe de développement Joomla! propose à l'origine ces aides au codage en langue anglaise depuis le site d'aide situé à l'adresse *http://api.joomla.org* (voir Figure A.1).

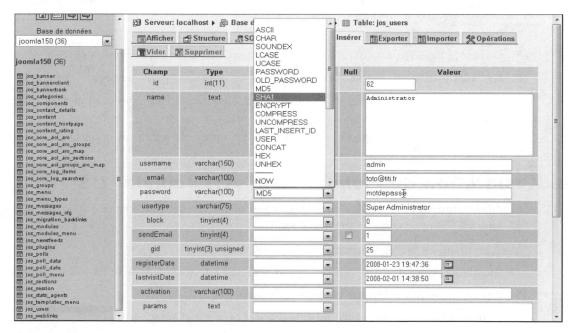

Figure A.1

Exemple de documentation de l'API de Joomla!

A.6 Mot de passe de l'administrateur oublié ?

Si vous avez perdu ou oublié votre mot de passe pour accéder à l'administration de Joomla!, vous voici bien dépourvu. Heureusement, vous pouvez en définir un en accédant à une table spéciale de votre base de données. Vous utilisez à cet effet un outil tel que phpMyAdmin.

Dans l'environnement XAMPPLITE, vous le lancez en vous rendant à cette adresse locale :

http://localhost/phpmyadmin/

1. Dans la liste des bases à gauche, sélectionnez celle que vous utilisez pour votre site (pour ce livre, c'est joomla150).

2. Faites défiler la liste des tables à gauche pour sélectionner la table système nommée jos_users.

3. Affichez les données de cette table (bouton AFFICHER) et cherchez l'enregistrement de l'utilisateur nommé admin.

4. Le mot de passe est crypté par le mécanisme MD5 (voir ce mot sur *http://fr.wikipedia.org*). Pour le modifier sans le connaître, cliquez sur l'icône MODIFIER (un crayon) de la ligne concernée pour basculer en mode fiche.

5. Ouvrez la liste déroulante des fonctions du champ PASSWORD pour choisir MD5.

6. Replacer le contenu du champ de droite par votre nouveau mot de passe.

7. Cliquez enfin sur EXÉCUTER en bas après avoir bien mémorisé le nouveau mot de passe ! (voir Figure A.2).

La plupart des hébergeurs proposent l'outil phpMyAdmin pour administrer vos bases de sites Web.

A.7 Migration de Joomla! 1.0.x vers Joomla! 1.5

Certains parmi vous gèrent des sites Web basés sur la version précédente 1.0 de Joomla! ou sur Mambo 4.5.x. Vous voulez migrer vers Joomla!.

Voici les quelques règles à respecter :

1. Avant tout, la totalité des données du site Web doit être sauvegardée.

2. Actualisation des fichiers de code source communs.

3. Actualisation des composants, modules et mambots complémentaires.

4. Actualisation ou propagation éventuelle des modifications de programmes faites par vous.

5. Test de compatibilité des données avec le nouvel environnement.

6. Conversion des contenus au format de codage des caractères UTF8.

Vous en déduisez que moins votre configuration est personnalisée par des composants spécifiques, plus la migration sera rapide et simple. Il n'existe pas de règle unique de mise à jour. Vous devez donc recueillir le maximum d'informations pour établir sur papier un plan de migration individualisé de votre site Web.

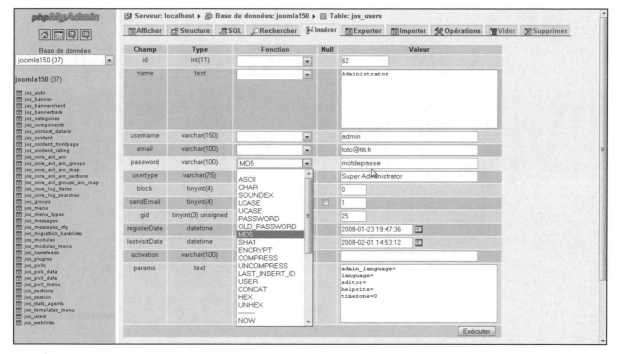

Figure A.2

Modification du mot de passe.

Sauvegarde des données du site

Avant tout essai de migration, vous devez créer une sauvegarde de vos données. Servez-vous de l'outil de sauvegarde proposé par votre hébergeur pour créer un vidage (*dump*) MySQL. Dans la plupart des cas, vous utiliserez *phpMyAdmin* (l'outil choisi dans XAMPPLITE). Cliquez sur le bouton de la page EXPORTER, sélectionnez toutes les tables de votre base (cliquez sur le lien TOUT SÉLECTIONNER) et activez toutes les cases du groupe d'options STRUCTURE. Dans le groupe DONNÉES, cochez INSERTIONS COMPLÈTES. Dans le groupe du bas, TRANSMETTRE, choisissez le format de sortie. Si l'hébergeur l'autorise, optez pour le format compressé (« zippé ») qui permet d'économiser à peu près 95 % d'espace ! Validez vos choix en cliquant sur le bouton EXÉCUTER (voir Figure A.3).

Les tables de données sont copiées de la base dans le fichier archive qui est alors proposé en téléchargement (même localement). Cette archive contient toutes les requêtes SQL permettant de reconstruire les tables dans une nouvelle base avec tous les contenus. C'est la meilleure solution de sauvegarde des données du site.

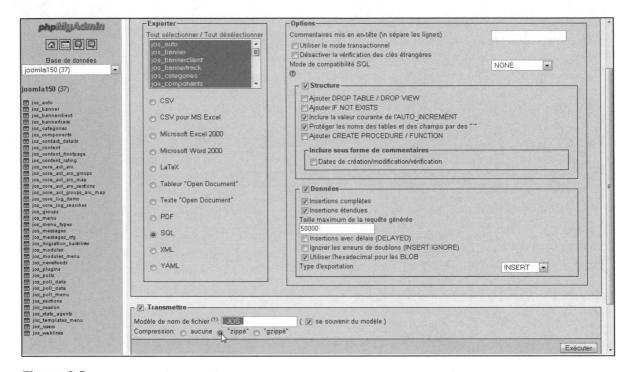

Figure A.3
Sauvegarde d'une base MySQL dans phpMyAdmin.

Si vous avez besoin de restaurer la base en cas d'avarie ou de la dupliquer, dans phpMyAdmin, cliquez sur le bouton IMPORTER (voir Figure A.4), désignez le fichier d'archive *via* le bouton PARCOURIR et cliquez sur EXÉCUTER. Toutes les requêtes SQL sont exécutées dans l'ordre adéquat, puis les données sont injectées dans les tables (voir Figure A.5).

A.7.1 Sauvegarde des fichiers sources

En plus des données d'exploitation, vous devez aussi sauvegarder les fichiers de code source. Avec votre outil client FTP habituel, faites une copie de la totalité du dossier d'installation de Joomla!.

A.7.2 Le script de migration

Vous devez d'abord installer un composant de migration dans l'ancienne version 1.0.x de Joomla!. Grâce à lui, vous pouvez générer trois fichiers compressés .zip en cliquant sur le lien DUMP IT :

- une sauvegarde complète du site Web ;
- une sauvegarde des composants du noyau ;
- une sauvegarde des composants additionnels.

Figure A.4

La page d'importation
MySQL.

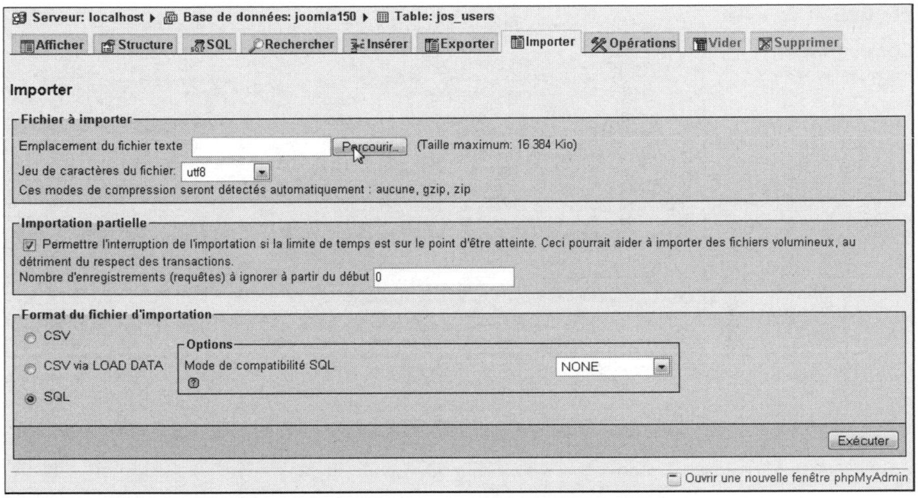

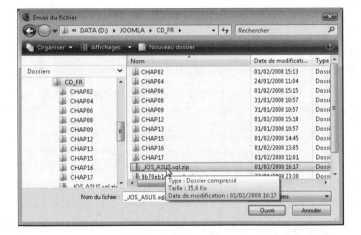

Figure A.5

Sélection de l'archive
de sauvegarde.

Rangez ces fichiers en lieu sûr.

Ils contiennent les données initiales non modifiées de votre site Web Joomla! en version 1.0.x,
notamment au niveau du codage des caractères !

A.7.3 Nouvelle installation de Joomla! 1.5.0

Créez un dossier puis copiez-y tous les fichiers de Joomla! 1.5.0.

Configurez l'installation de Joomla! 1.5.0 comme expliqué au Chapitre 2 pour arriver jusqu'à l'étape
6 (voir Figure A.6).

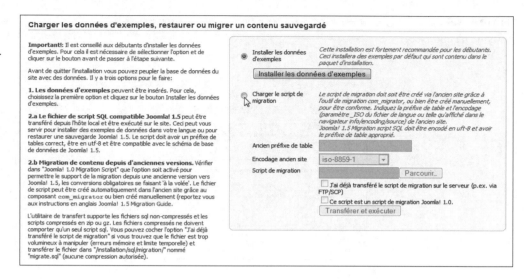

Activez l'option CHARGER LE SCRIPT DE MIGRATION. Saisissez l'ancien préfixe de base de données (souvent mos_ ou jos_) puis sélectionnez l'ancien codage des caractères (dans ENCODAGE ANCIEN SITE). Si vous n'êtes pas sûr de votre réponse, ouvrez un fichier de langues et cherchez la valeur de la variable _ISO.

Toujours dans la même page, désignez le fichier de sauvegarde des composants du noyau puis cliquez sur le bouton TRANSFÉRER ET EXÉCUTER.

La suite dépend de la nature de votre site. Vous devriez voir apparaître un message de bonne fin d'exécution de la conversion des données. Si une erreur survient en rapport avec la base de données, ce n'est souvent pas grave. Essayez de bien comprendre l'origine probable du problème et corrigez la situation *via* l'interface phpMyAdmin. (Les sites utilisant beaucoup de composants additionnels rencontrent plus souvent des problèmes de migration.)

Dans tous les cas, terminez correctement le processus de configuration en indiquant le nom du site et le mot de passe de l'administrateur.

Que s'est-il passé ?

Tous les composants du noyau (com_content, com_weblinks, com_banner, com_contact, com_newsfeed, com_poll et com_users) ont été mis à jour.

Les liens de menus de ces composants ont été adaptés. Les modules ont cependant été au départ marqués comme dépubliés. La position d'affichage et les paramètres doivent encore être vérifiés et adaptés.

Aucun composant additionnel n'a été pris en compte, ni aucun fichier externe (bannières, images, fichiers PDF, etc.).

A.7.4 Variante de migration manuelle

Passons aux mauvaises nouvelles. Vous ne pouvez pas réussir la modification des tables par phpMyAdmin, parce que les lettres accentuées ne sont pas correctement converties lors du basculement de l'encodage ! Toutes les données sont récupérées, mais les lettres accentuées et signes spécifiques de l'ASCII (à, é, è, ù, ç, etc.) sont mal affichés.

Il faut faire transiter les données par une exportation vers le format UTF8 et retoucher quelque peu la structure des tables. L'exportation se fait aisément dans phpMyAdmin.

Pensez à activer la case de l'option INSERTIONS COMPLÈTES.

Les données exportées doivent être stockées dans le format UTF8 avec un éditeur qui en est capable. (Si le volume de données reste réduit, le Bloc-notes de Windows fera l'affaire.)

 Vérifiez bien de n'exporter que les données des table et pas leur structure.

Adaptation du schéma de la base de Joomla! 1.5

Il n'y a réellement que deux champs de données à renommer :

- dans la table `jos_core_acl_aro`, le champ `aro_id` se nomme dorénavant `id` ;
- dans la table `jos_core_acl_aro_groups`, le champ `group_id` se nomme dorénavant `id`.

Importation des tables

Voici la liste des tables pouvant être importées :

- `jos_banner` ;
- `jos_bannerclient` ;
- `jos_bannerfinish` ;
- `jos_categories` ;
- `jos_contact_details` ;
- `jos_content` ;
- `jos_content_frontpage` ;
- `jos_content_rating` ;
- `jos_core_acl_aro` ;
- `jos_core_acl_groups_aro_map` ;
- `jos_core_log_items` ;

- jos_core_log_searches ;

- jos_messages ;

- jos_messages_cfg ;

- jos_newsfeeds ;

- jos_poll_data ;

- jos_poll_date ;

- jos_poll_menu ;

- jos_polls ;

- jos_sections ;

- jos_users ;

- jos_weblinks.

La table jos_usertypes n'est plus utilisée dans Joomla! 1.5.

Les menus et les modules peuvent être reconfigurés *via* phpMyAdmin ou *via* l'interface d'administration.

Et vous en avez fini avec la migration.

 Si vous avez un peu d'expérience avec *phpMyAdmin*, MySQL et le langage SQL, vous réussirez sans problème la migration des composants du noyau.

La migration des composants tiers est moins aisée, mais il est certain que des scripts de migration vont apparaître sous peu.

Si l'on excepte le changement d'encodage, il n'y a pas eu de changement notable au niveau des tables. L'essentiel du travail de l'équipe de développement a concerné le code source des composants notamment pour les adapter à la nouvelle version.

Vous trouverez un guide de migration complet sur *joomla.org*.

A.8 La sécurité sans variables globales

Les anciennes versions de Joomla! ainsi que Mambo se fondaient sur un paramètre PHP global appelé register_globals = on. Il contrôle le degré de visibilité des variables globales, qui peuvent permettre d'accéder de l'extérieur à vos programmes *via* un formulaire ou une chaîne Get.

Ce paramètre constituant un point faible au niveau sécurité, il est toujours préférable de désactiver cette globalité par register_globals = off. Vous n'êtes pas prémuni contre tous les problèmes par cette désactivation, mais elle n'a qu'un effet bénéfique sur la sécurité du système.

Il était et il reste possible de profiter aussi de ce réglage dans les anciennes versions de Mambo et de Joomla!. D'ailleurs, depuis Joomla! 1.0.11 un message prévient clairement l'administrateur des dangers de laisser cette variable dans l'état on.

Joomla! 1.5.x (comme depuis Joomla! 1.0.11) propose par défaut `register_globals = off`. Le noyau de Joomla! peut ainsi fonctionner en sécurité et de façon plus stable.

Vous trouverez des conseils en matière de sécurité sur le site *joomla.org*. Il y a même une Checkliste de sécurité de l'administrateur datant de Joomla! 1.0 et applicable à Joomla! 1.5.

C'est à vous de vérifier ensuite si toutes vos extensions fonctionnent après avoir activé cette option de sécurité. Certaines extensions utilisent encore les variables globales, mais de nombreux clients ont pris en compte ce souci de sécurité depuis la version 1.0.11 (septembre 2006) et ses messages insistants. Les dernières extensions non compatibles vont donc se mettre en conformité rapidement.

Index

LE CAMPUS

Dépôt légal : septembre 2010
IMPRIMÉ EN FRANCE

Achevé d'imprimer le 6 septembre 2010
sur les presses de l'imprimerie « La Source d'Or »
63039 Clermont-Ferrand
Imprimeur n° 10600